旅游体育概论

刘朝霞 编著

经济管理出版社

图书在版编目（CIP）数据

旅游体育概论/刘朝霞编著. —北京：经济管理出版社，2011.8

ISBN 978-7-5096-1580-5

Ⅰ.①旅…　Ⅱ.①刘…　Ⅲ.①体育—旅游—概论　Ⅳ.①F590.7

中国版本图书馆 CIP 数据核字（2011）第 168380 号

出版发行：经济管理出版社

北京市海淀区北蜂窝 8 号中雅大厦 11 层

电话:(010)51915602　　　邮编:100038

印刷：北京广益印刷有限公司　　　　　　经销：新华书店

组稿编辑：王光艳　　　　　　　责任编辑：王光艳　郭春燕

责任印制：黄　铄　　　　　　　责任校对：超　凡

720mm×1000mm/16　　　　　　21 印张　　　400 千字

2011 年 9 月第 1 版　　　　　　2011 年 9 月第 1 次印刷

定价：39.80 元

书号：ISBN　978-7-5096-1580-5

高等院校"十二五"旅游管理类课程系列规划教材

编委会成员

总主编:

　　杨振之（四川大学旅游学院教授、博士生导师）

主　任:

　　邹统钎（北京第二外国语学院旅游学院院长、教授）

　　杨永德（广西大学旅游科学研究院常务副院长、教授、博士生导师）

成　员:（按姓氏笔画排序）

　　王成慧（北京第二外国语学院旅游学院副院长、教授）

　　王　琳（海南大学旅游学院院长、教授）

　　王　静（北京联合大学旅游学院副教授、硕士生导师）

　　朱创业（成都理工大学旅游与城乡规划学院院长、教授、博士生导师）

　　肖　晓（成都理工大学旅游与城乡规划学院副教授、硕士生导师）

　　李柏槐（四川大学旅游学院教授、硕士生导师）

　　汪艳丽（北京联合大学旅游学院教授）

　　黄　平（成都信息工程学院管理学院副院长、教授）

　　蔡寒松（华南师范大学教授、硕士生导师）

丛书策划:

　　张洪林（经济管理出版社编审室主任）

　　王光艳（经济管理出版社副编审）

总　序

经济管理出版社准备出版一套全国高等院校旅游管理专业教材，主要针对本科教学，嘱我作序，诚惶诚恐。

随着我国旅游业的蓬勃发展，各高等院校在近些年开始竞相创办旅游专业，对旅游管理专业各类教材的需求随之扩大，各大出版社不断推陈出新，不同版本的教材之间竞争激烈，然而，编写得好的教材却没有几套，此话不是危言耸听。

从大处来说，我国非常重视旅游业的发展，国家已将旅游业作为战略性支柱产业和人民群众更加满意的现代服务业来培育，"十二五"期间，旅游业的发展目标是要向建设旅游强国迈进。目标甚宏，然软肋却在人才。从深处来说，有关方面对旅游业的人才培养尚未给予新的重视。首先，对旅游研究的投入明显不够，所以教材也就编不好；其次，对旅游学科的地位重视不够，尤其是在研究实力强的综合性大学，旅游学科被边缘化，好像老师、学生都不务正业，学科地位与产业地位相差甚远，更无法与美国、澳大利亚等国旅游学科的地位相提并论了。

从大学教育来看，本科教育是学科人才培养的基石。然而，旅游管理学科的本科教学肯定是出了问题。其课程设置和教材内容交叉重复甚多，理论无新意，实践又太少，甚至授课的老师由于缺乏实践经验，也在课堂上照本宣科，以致不少学生踏进这个专业后大呼上当。所以，二年级后，学生兴趣索然，至毕业之时，就业者少，跳槽者众。

要解决这一问题，归根结蒂，还是要回到教材建设上。

旅游学科的学科边界仍较模糊，它的理论来自于各相关学科，如管理学、经济学、地理学、人类学、社会学和心理学等。我们以前主要停留在生硬地照搬这些学科的理论（尤其是在 20 世纪 90 年代中期前），而对旅游的实践涉足不深，认识不足，所以编出的教材难免不尽如人意。

如今，我们面临着两个让人惊喜的形势：一是在高校，将理论与实践相结合来研究问题的学者越来越多，且成就斐然，这是我们这个学科的希望所在；二是在国外，从事管理学、经济学、人类学、社会学等学科研究的学者转而研究旅游，其研究理论、研究方法和视角无疑为国内学者做出了表率，这在很大程度上丰富了旅游学科研究的理论和方法。此二者，必将推进旅游学科研究走向成熟，也将推进我国旅游管理专业教材建设走向成熟，实乃莘莘学子之大幸。

不消说，我的观点已十分明了，作为一套好的旅游管理专业教材，首先是要理论联系实际。我们所倡导的理论是要能解决旅游业，尤其是中国旅游业发展的实际问题，并在实践中丰富和发展这些理论。其次是要充分汲取西方发达国家研究旅游的理论与方法，将其介绍到国内，通过教材的编写与传播，结合中国实际，发展和创新出新的理论与方法。

这应该是这套教材的宗旨，也应该是这套教材的特色。

这一宗旨，应成为我们每一个撰写人的行动指南。

若是，则学界幸甚，学子幸甚。

是为序。

杨振之

2011 年 8 月 23 日

前　言

我国改革开放三十多年来，中国特色社会主义建设取得的辉煌成就，为旅游业的迅猛发展创造了雄厚的基础和十分有利的条件，我国已成为继法国、美国和西班牙之后第四大入境旅游接待国，亚洲最大的旅游客源国和第四大出境旅游客源国。世界旅游组织预测，到2015年，中国将成为世界第一大入境旅游国。2009年12月，国务院颁布的《关于加快发展旅游业的意见》中提出："把旅游业培育成国民经济的战略性支柱产业和人民群众更加满意的现代服务业。"这标志着我国旅游业进入了国家战略体系，将迎来新一轮的发展高潮，同时，也意味着对旅游专业人才的需求不仅数量巨大，而且对旅游人才的素质也提出了更高要求。

旅游业作为国民经济战略性支柱产业和人民群众更加满意的现代服务业，服务是最显著的特点，具有很强的实践性，尤其是旅游服务，是一项脑力劳动和体力劳动高度结合的工作。如旅行社的外联、导游，饭店的公关销售人员、前厅的服务员、餐厅的服务员，旅游景区的导游、解说员等，不仅要掌握一定的专业知识和技能，热情服务，善于沟通，活泼外向，而且还要具备健康的体质、高雅的气质、秀美的身材，并具有吃苦耐劳的精神，较强的应变能力，只有这样才能胜任接待、服务工作。

因此，旅游体育教学应遵循"以学为本、健康第一、塑体强身、寓教于乐"的指导思想；从旅游行业不同于其他行业的性质、特点、岗位需求出发，制定教学计划，编写教材，设置课程，加强实践教学，培养学生德、智、体、美全面发展。

为了适应新形势下旅游体育教学的要求，在本书的研究、编写过程中，我们除遵循公共体育教学"健康第一"的主导思想外，还从旅游工作岗位对员工的特殊需求出发进行变革创新，打破了传统的体育教学模式。通过田径课的跑、跳、投增强学生的体质，使其体魄更强壮，能更快地适应这种纷繁复杂、量大面广、流动性强、脑力劳动和体力劳动高度结合的工作；通过形体塑身、健美操、瑜伽的理论学习与实训，努力塑造、培养学生良好的仪态、仪表，通过武术课的教学使学生加深对中国历史文化的了解，进一步增强学生的爱国主义精神；通过加大羽毛球等球类运动的训练，以及增加野外训练、攀岩等体育旅游项目的教学，培养学生吃苦耐劳、顽强拼搏的精神，以适应学生日后将从事的导游、前台等工作。旅游业是典型的服务行业，服务对象是来自五湖四海不同国家、不同民族的宾客。在接待与服务过程中，与客人友好交流、沟通和联系是十分重要的。因此，教学中有意识地通过球类课使学生之间增强交往，建立良好的人际关系，特别是通过大型球类运动的训练、比赛，培养学生的团队合作精神，有利于他们进入旅游行业后职业素质的养成。旅游人员在陪同游客的旅游过程中，可能会遇到一些突发事件，为使旅游活动得以顺利进行，保证游客的安全，应学习、掌握必要的卫生和保健知识。体育课通常可分为理论课和实践课两种类型。理论课教学内容之一就是卫生保健知识。在实践课的各种身体练习的过程中，可通过一些突发事件对学生进行直接或间接的卫生保健的教育。

在旅游体育教学中，引导学生"乐学"，激发学生的学习积极性的关键在于科学、新颖的教学内容和生动的教学方法。只有学生对旅游体育产生浓厚的兴趣，才能将"知学"转化为"好学"，从而升华为"乐学"。因此，如何激发学生的学习兴趣是教学成功的关键。据调查，旅游院校学生对于业余体育锻炼颇感兴趣，进行锻炼的人数高达94.1%，通过对学生锻炼的动机、特征进行研究得出：他们业余体育锻炼的首要动机是健身、塑形。同时，还具有复合性特点，即纯粹的爱好以及减轻心理压力。他们主要以结伴锻炼的形式进行活动。男同学多以篮球、足球、器械为主，女同学多以健美操、健身以及长跑为主。鉴于此，如何科学、正确地引导学生将业余体育锻炼和课堂体育教学紧密地联系起来，将学生业余体育锻炼项目和课堂体育教学科目有机衔接起来，也是本书潜心研究的重要课题。

此外，本书除了紧密结合旅游行业工作岗位需求设置相应的专业理论、技能的课程教学内容外，还从大旅游的视角观察分析体育旅游这一新型业态。目前，体育旅游已成为一种时尚，市场已初具规模，人们通过旅游参与一些体育活动，如骑车郊游、汽车自驾游、攀岩、漂流、游泳等，既达到旅游观光和休闲的目的，又进行了体育锻炼，使身心愉悦。体育旅游中很多项目都带有一定的刺激性和挑战性，同时又有一定的危险性，如攀岩、登山、漂流及其他探险活动等，因此，要求体育旅游的组织者、服务提供者必须掌握此项运动的基本理论和基本技能，必须经过相应的专业训练才能上岗。针对这一现状，旅游体育教学中将适应旅游市场的需要，增设漂流、高尔夫、保龄球、攀岩等运动项目的教学，使学生成为旅游业中新型的、优秀的旅游体育专业人才。

目　录

第一章　田径运动

"健康第一"是学校体育要树立的指导思想，根据学生身体发育的规律，发展学习体能，提高学生的健康水平，是学校体育的首要和基本任务，是推进素质教育的重要途径和手段。大学阶段的学生年龄大约为 19~22 岁，学生在此年龄阶段的生长发育已基本完成，大学也是大部分学生学校生活的最后阶段，为此大学体育教学的主要目标是在增强学生体质，增进学生健康的基础上，使学生较好地掌握锻炼的手段与方法，养成锻炼的习惯，为终身从事体育活动打下基础。

体育课不仅能提高学生的生理健康水平，还能调节感情、激发情绪、陶冶情操，提高学生的心理健康水平。游戏、田径中的跑、跳、投等都是提高身体素质和运动能力、增强体力的运动项目。旅游工作是一项脑力劳动和体力劳动高度结合的工作，工作纷繁、量大面广、流动性强、体力消耗大。体育教学目标的首要任务就是增强学生的体质。体育教学是一种能动的实践活动，表现出一种鲜明的身体运动实践性。它一般都是在室外进行，是集身体活动、心理活动和情绪体验于同一过程的复杂活动。体育教学通过身体运动，有助于学生身体的协调发展，使学生体态端正，提高学生的健康水平，同时又能培养学生吃苦耐劳、顽强拼搏的精神。

本章重点介绍田径运动的几个主要项目。田径运动能全面发展人的身体素质，促进各项运动技能的形成及成功地运用战术，还能减少运动损伤。经常从事田径运动锻炼，可以发展人的力量、速度、耐力、柔韧性、灵敏性和协调性等身体素质，提高人的呼吸系统、循环系统、运动系统的健康水平，提高人体的适应能力。长时间的工作后，体内能量物质被大量消耗，又得不到及时补充，于是就产生疲劳。耐力素质是指人体在长时间进行工作或运动中克服疲劳的能力，也是反映人体健康水平或体质强弱的重要标志。因此，提高耐力素质对促进体能的发展和提高人体克服疲劳能力非常重要，同时它也是培养学生坚毅、顽强、勇于克服困难等意志品质的过程。

第一节　田径运动概况

一、田径运动的发展

据记载，最早的田径比赛，是公元前 776 年在古希腊奥林匹克村举行的第一届古代奥运会上进行的，项目只有一个——短距离赛跑，跑道为一条长 192.27 米的直道。公元前 708 年的第 10 届奥运会上，才正式列入了跳远、铁饼、标枪等田赛项目。当时只准男子参加，女子连观看也不行，违者处以死刑。1894 年，在英国举行了最早的现代田径运动国际比赛，比赛共分 9 个项目。真正的大型国际比赛是 1896 年开始举行的现代奥运会。它沿用古代奥运会每隔 4 年举行一次的制度，每届奥运会上，田径运动都是主要的比赛项目之一。1928 年，第 9 届奥运会增设了女子田径项目，此后，女子便参加了田径项目的比赛。公元前 776 年，在古希腊奥林匹克村举行了第一届古奥运会，从那时起，田径运动成为正式比赛项目之一。1894 年，在法国巴黎成立了现代奥运会组织。1896 年，在希腊举行了第一届现代奥运会，在这届奥运会上，田径的走、跑、跳跃、投掷等项目被列为大会的主要项目。至今已举行的各届奥运会上，田径运动都是主要比赛项目之一。田径运动包括田赛、径赛以及由田赛和径赛两类各部分项目组成的全能项目和短跑团体接力项目，是比速度、比高度、比远度和比耐力的体能项目，它要求在很短的时间内表现出最快的速度和最大的力量，或要求在很长的时间内表现出最大的耐力，是最能体现奥林匹克"更快、更高、更强"的比赛。至今，田径运动仍然是体育比赛中观赏性极强的运动之一。

二、田径运动的分类

田径运动是人类在长期社会实践中发展起来的，包括男女竞走、跑跃、投掷，以及由跑跳、跳跃、投掷部分项目组成的全能运动，共计四十多项。以时间计算成绩的竞走和跑的项目，叫"径赛"。以高度和远度计算成绩的跳跃、投掷项目叫"田赛"。田径运动是径赛、田赛和全能比赛的总称。田径是世界上最为普及的体育运动之一，也是历史最悠久的运动项目。田径与游泳、射击被视为奥运金牌三大项目，"得田径者得天下"也由此而来。

1. 短距离跑

简称短跑。跑是人类与生俱来的基本能力，自古以来就常以比赛的形式出现。现代短跑起源于欧洲，最早被列入正式比赛是在 1850 年的牛津大学运动会上，当时设有 100 码跑、330 码跑、440 码跑项目。19 世纪末，为规范项目设置，将赛跑距离由码制改为米制。运动员比赛时必须使用起跑器，听信号统一起跑，必须自始至终在自己的跑道内跑动。奥运会比赛项目男、女均为 100 米跑、200 米跑和 400 米跑，其中男子项目 1896 年列入，女子 100 米跑和 200 米跑 1928 年列入，400 米跑 1964 年列入。

2. 中距离跑

简称中跑。最初项目是 880 码跑和 1 英里跑，从 19 世纪中叶开始，880 码跑和 1 英里跑项目逐渐被 800 米跑和 1500 米跑项目所替代。有的学者认为，中跑项目最早的正式比赛是 1847 年 11 月 1 日在英国伦敦举行的比赛，英国的利兰以 2 分 01 秒的成绩获得 800 码跑冠军。原为职业选手的表演项目，后逐渐扩展到业余运动员。运动员比赛时不使用起跑器，听信号统一起跑。奥运会比赛项目男、女均为 800 米跑和 1500 米跑，其中男子项目 1896 年列入，女子 800 米跑 1938 年列入，1500 米跑 1972 年列入。

3. 长距离跑

简称长跑。最初项目为 3 英里跑、6 英里跑，从 19 世纪中叶开始，逐渐被 5000 米跑和 10000 米跑替代。据记载，现代最早的正式长跑比赛是 1847 年 4 月 5 日在英国伦敦举行的职业比赛，英国的杰克逊以 32 分 35 秒的成绩夺得 6 英里跑冠军。奥运会比赛项目男、女均为 5000 米跑和 10000 米跑。

4. 跨栏跑

跨栏跑起源于英国。由牧羊人跨越羊圈栅栏的游戏演变而来。跨栏跑最早使用的栏架是掩埋在地面上的木支架或栅栏，1900 年出现可移动的倒 T 字形栏架。1935 年有人将 T 形栏架改成 L 形栏架，L 形栏架支脚的另一端朝向运动员的跑进方向，稍加阻力即可向前翻倒，减轻了运动员过栏时的恐惧心理。奥运会比赛项目分男子 110 米跨栏跑、400 米跨栏跑（1896 年列入）；女子 100 米跨栏跑（1932 年列入，当时为 80 米跨栏跑，1972 年改为 100 米跨栏跑）、400 米跨栏跑（1984 年列入）。男子 110 米跨栏跑的栏高为 106 厘米，400 米跨栏跑的栏高为 91.4 厘米；女子 100 米跨栏跑的栏高为 84 厘米，400 米跨栏跑的栏高为 76.2 厘米。比赛时，运动员必须跨越 10 个栏架。

5. 接力跑

接力跑是田径运动中惟一的集体项目。以队为单位，每队 4 人，每人跑相同距离。其起源有多种说法，有的认为起源于古代奥运会祭祀仪式中的火炬传递，有的认为与非洲盛行的"搬运木料"或"搬运水坛"游戏有关，也有的认为是从传递信件文书的邮驿演变而来。奥运会比赛项目分男、女 4×100 米接力跑和 4×400 米接力跑。1908 年第 4 届奥运会首次设立接力项目，但 4 名运动员所跑距离不等。1912 年第 5 届奥运会改设 4×100 米接力跑和 4×400 米接力跑。女子 4×100 米接力跑和 4×400 米接力跑分别于 1928 年、1972 年被列入奥运会比赛项目。接力跑运动员必须持棒跑完各自规定的距离，并且必须在 20 米的接力区内完成传接棒。

6. 障碍跑

此项目 19 世纪在英国兴起。最初在野外进行，跨越的障碍是树枝、河沟，各障碍间的距离也长短不一，19 世纪中叶开始在跑道上进行。1900 年第 2 届奥运会首次设立障碍跑，分 2500 米和 4000 米两个项目。从 1904 年第 3 届奥运会起将障碍跑的距离确定为 3000 米，并沿用至今。

7. 马拉松

马拉松原为希腊的一个地名。公元前 490 年，希腊军队在马拉松平原击退波斯军队的入侵。传令兵菲迪皮德斯从马拉松跑到雅典城，在报告胜利的消息后，因体力衰竭倒地而亡。1896 年举行首届奥运会时，顾拜旦采纳了历史学家布莱尔以这一史事设立一个比赛项目的建议，并定名为"马拉松"。比赛沿用当年菲迪皮德斯所跑的路线，距离约为 40 公里。此后十几年，马拉松跑的距离一直保持在 40 公里左右。1908 年第 4 届奥运会在伦敦举行时，为方便英国王室人员观看马拉松赛，特意将起点设在温莎宫的阳台下，终点设在奥林匹克运动场内，起点到终点的距离经丈量为 26 英里 385 码，折合 42.195 公里。国际田联后来将该距离确定为马拉松跑的标准距离。女子马拉松开展较晚，1984 年才被列入第 23 届奥运会。

1896 年首届奥运会后，马拉松赛在世界各地广泛举行，美国从 1897 年起举行波士顿马拉松赛，至 2000 年已举办了 104 届，成为世界上历史最悠久的马拉松赛。马拉松在公路上举行，可采用起点、终点在同一地点的往返路线或起点、终点不在同一地点的单程路线。比赛时，沿途必须摆放标有已跑距离的公里牌，并要每隔 5 公里设一个饮料站提供饮料，两个饮料站之间设一个用水站，提供饮水或用水。赛前需经身体健康检查，合格者方可报名参加比赛。因比赛路线、条件差异较大，故国际田联不设世界纪录，只公布世界最好成绩。

8. 竞走

19 世纪初，英国出现步行比赛的活动。19 世纪末，部分欧洲国家盛行从一个城市到另一个城市的竞走旅行。1866 年英国业余体育俱乐部举行首次冠军赛，距离为 7 英里。竞走分场地竞走和公路竞走两种。场地竞走设世界纪录；公路竞走因路面起伏等不可控因素较多，成绩可比性差，故仅设世界最好成绩。运动员行进时，两脚必须与地面保持不间断接触，不准同时腾空，着地的支撑腿膝关节应有一瞬间的伸直，不得弯曲。比赛时，运动员出现两脚同时腾空或膝关节弯曲，均给予严重警告，受 3 次严重警告即取消比赛资格。1908 年首次进入奥运会，当时的距离是 3500 米和 10 英里。2000 年奥运会将距离改为 20 公里。

9. 跳高

跳高在古代是人类在生活和劳动中越过垂直障碍的活动。现代跳高始于欧洲。18 世纪末苏格兰已有跳高比赛，19 世纪 60 年代开始流行于欧美国家。1827 年 9 月 26 日在英国圣罗兰·博德尔俱乐部举行的首届职业田径比赛中，威尔逊屈膝团身跳跃 1.575 米，这是第一个有记载的世界跳高成绩。跳高有跨越式、剪式、俯卧式、背越式等过杆技术，现绝大多数运动员都采用背越式。比赛时，运动员必须用单脚起跳，可以在规定的任一起跳高度上试跳，但第一高度只有 3 次试跳机会。男、女跳高分别于 1896 年、1928 年被列为奥运会比赛项目。

10. 撑杆跳高

起源于古代人类利用木棍、长矛等撑越障碍的活动。据记载，公元 554 年爱尔兰就有撑越过河的游戏。撑杆跳高原为体操项目，流行于德国学校。1789 年德国的布施跳过 1.83 米，这是目前世界上有据可查的最早成绩。撑杆最早使用木杆，最高成绩为 3.30 米；1905 年开始使用重量较轻、有一定弹性的竹杆，最高成绩达到 4.77 米；1930 年出现较为坚固的金属杆，运动员无撑杆折断之虑，可以提高握杆点，加快助跑速度，最好成绩达到 4.80 米；1948 年美国设计制造出重量更轻、弹性更强的玻璃纤维杆，目前使用该杆已突破了 6 米的高度。撑杆跳高的横杆可用玻璃纤维、金属或其他适宜材料制成，长 4.48~4.52 米，最大重量 2.25 公斤。撑杆的长度和直径不限，但表面必须光滑。运动员一般都自带撑杆参加比赛。比赛时，运动员必须将撑杆插在插斗内起跳；起跳离地后，握杆的手不得向上移动；可以在规定的任一起跳高度上试跳，但每一高度只有 3 次试跳机会。男、女撑杆跳高分别于 1896 年和 2000 年被列为奥运会比赛项目。

11. 跳远

源于人类猎取或逃避野兽时跨越河沟等活动，后来发展成为军事训练的手段。现代跳远运动始于英国，1827 年 9 月 26 日在英国圣罗兰·博德尔俱乐部举行的第一次职业田径比赛中，威尔逊越过 5.41 米的远度，这是第一个有记载的世界跳远成绩。跳远的腾空动作有蹲距式、挺身式和走步式。20 世纪 70 年代出现前空翻跳远，因危险性大，被国际田联禁用。最初运动员是在地面起跳，1886 年开始采用起跳板。起跳板白色，埋入地下，与地面齐平，长 1.22 米，宽 20 厘米，距沙坑近端不少于 1 米。起跳板前有起跳线，起跳线前有用于判断运动员起跳是否犯规的橡皮泥显示板或沙台。运动员必须在起跳线后起跳。比赛时，如运动员不足 8 人，每人可试跳 6 次，超过 8 人，则先试跳 3 次，8 名成绩最好的运动员再试跳 3 次。以运动员 6 次试跳的最好成绩排列名次。男、女跳远分别于 1896 年和 1948 年被列为奥运会比赛项目。

12. 三级跳远

起源于 18 世纪中叶的苏格兰和爱尔兰，这两个地方的跳法不同。苏格兰采用单足跳、跨步跳、跳跃，而爱尔兰用的是单足跳、单足跳、跳跃。现规定必须使用苏格兰跳法。最早的正式比赛可以追溯到 1826 年 3 月 17 日首次举行的苏格兰地区运动会，比蒂创造了 12.95 米的第一个纪录。比赛时，运动员助跑后应连续作 3 次不同形式的跳跃，第一跳为单足跳，用起跳腿落地；第二跳为跨步跳，用摆动腿落地；第三跳为跳跃，必须用双脚落入沙坑。男子三级跳远于 1896 年被列为首届奥运会比赛项目，女子三级跳远于 20 世纪 80 年代初逐渐广泛开展，1992 年被列为奥运会比赛项目。

13. 推铅球

起源于古代人类用石块猎取禽兽或防御攻击的活动。现代推铅球始于 14 世纪 40 年代欧洲炮兵闲暇期间推掷炮弹的游戏和比赛，后逐渐形成体育运动项目。铅球的制作经历了用铁、铅以及外铁内铅的过程。正式比赛男子铅球的重量为 7.26 公斤，直径为 11~13 厘米；女子铅球的重量为 4 公斤，直径为 9.5~11 厘米。早期推铅球没有固定的方式，可以原地推，也可以助跑推；可以单手推，也可以双手推；还出现过按体重分级别的比赛。最初采用原地推铅球技术，后逐渐发展到侧向推、上步侧向推。20 世纪 50 年代，美国运动员奥布赖恩发明背向滑步推铅球技术，该技术被称为"铅球史上的一场革命"。70 年代，苏联运动员巴雷什尼科夫发明旋转推铅球技术，由于旋转后难以控制身体平衡，至今只有极少数运动员使用。比赛时，运动员应在直径 2.135 米的圈内，用单手将球从肩上推出，铅球必须落在落地区角度线以内方为有效。男、女铅球分别于 1896 年和 1948 年被列为奥运会比赛项目。

14. 铁饼

起源于公元前希腊人投掷石片的活动。公元前 708 年第 18 届古代奥运会列为五项全能项目之一。铁饼最初为盘形石块，后逐渐采用铜、铁等金属制作。现代奥运会史上，曾有过双手掷铁饼的比赛项目（左手加右手）。掷铁饼技术经历过原地投、侧向原地投、侧向旋转投、背向旋转投几个发展过程。铁饼可用木料或其他适宜材料制作。比赛时，运动员应该在直径 2.50 米的圈内将饼掷出，铁饼必须落在 40° 的角度线内方为有效。男、女铁饼分别于 1896 年和 1928 年被列为奥运会比赛项目。

15. 链球

起源于中世纪苏格兰矿工在劳动之余用带木柄的生产工具铁锤进行的掷远比赛，后逐渐在英国流行。19 世纪后期，成为英国牛津大学和剑桥大学运动会的比赛项目。当时使用的器械是带木柄的铁球，后为便于投掷，将木柄改为钢链，链球由此而来。掷链球最初采用原地投，后逐渐改进为侧向投、旋转一圈投、两圈投、三圈投，现运动员多采用四圈投。男子链球重 7.26 公斤，总长 117.5~121.5 厘米，女子链球重 4 公斤，总长 116.0~119.5 厘米。比赛时，运动员必须在直径 2.135 米的圈内用双手将球掷出，链球必须落在 40°的角度线内方为有效。圈外有 U 形护笼，确保投掷安全。男子链球于 1900 年被列为奥运会比赛项目，女子链球于 2000 年被列入。

16. 标枪

起源于古代人类用长矛猎取野兽的活动，后长矛又发展成为作战的兵器。公元前 708 年被列为第 18 届古代奥运会五项全能之一。现代标枪运动始于 19 世纪的瑞典、希腊、匈牙利和芬兰等欧洲国家。1792 年瑞典的法隆开始举行标枪比赛。最初运动员使用的木制标枪前后一样粗，20 世纪 50 年代初，美国标枪运动员赫尔德研究出两端细、中间粗的木制标枪，延长了标枪在空中飞行的时间，因而被称为"滑翔标枪"。60 年代瑞典制造出金属标枪，使标枪的滑翔性能更强，大幅度提高了运动成绩。1984 年民主德国运动员霍恩以 104.80 米的成绩打破世界纪录。国际田联为保证看台观众的安全，1986 年将男子标枪重心向枪尖方向前移 4 厘米，以降低飞行性能，1999 年又将女子标枪重心向枪尖方向前移 3 厘米。标枪可用金属或其他适宜的类似材料制作。男子标枪重 800 克，长 260~270 厘米；女子标枪重 600 克，长 220~230 厘米。比赛时，运动员必须单手将标枪从肩上方掷出，枪尖必须落在投掷区角度线内方为有效。男、女标枪分别于 1908 年和 1932 年被列为奥运会比赛项目。

17. 全能

起源于希腊，早在公元前 708 年第 18 届古代奥运会上便设有五项全能，由赛跑、跳远、铁饼、标枪和摔跤项目组成。现代全能运动始于欧洲。18 世纪初，部分国家开展全能运动，但比赛项目不统一。1904 年第 3 届奥运会即设十项全能，项目包括 100 码跑、800 码竞走、120 码栏等；1912 年第 5 届奥运会改为在瑞典流行的十项全能，延续至今。此外，1912 年、1920 年、1924 年奥运会还设立过五项全能。女子全能运动 1923 年始于苏联，1948 年得到国际田联的认可，1964 年奥运会将五项全能列为比赛项目，1984 年奥运会改为七项全能。比赛按规定的项目顺序分两天进行。男子十项全能第一天为 100 米跑、跳远、铅球、跳高、400 米跑，第二天为 110 米跨栏跑、铁饼、撑杆跳高、标枪和 1500 米跑。女子七项全能第一天为 100 米跨栏跑、跳高、铅球、200 米跑，第二天为跳远、标枪和 800 米跑。根据各单项成绩查国际田联制定的全能评分表，以累加总分计算名次，总分高者列前。运动员必须参加所有项目的比赛，如某个项目弃权，则不能参加后续项目的比赛，也不计算总分，但如果某个项目因成绩太低或失败而没有得分，仍可计算总分。

第二节 短跑的基本技术

短跑是公元前 776 年古希腊奥运会惟一的竞技项目，距离为 192.27 米。奥运会比赛项目男、女均为 100 米跑、200 米跑和 400 米跑。

一、起跑

起跑的任务是获得向前冲力，使身体迅速摆脱静止状态，为起跑后加速创造有利的条件。

1. 蹲距式起跑

（1）起跑器的安装。起跑器安装的方法有"普通式"和"拉长式"两种。通常采用"普通式"，前起跑器安装在起跑线后一脚半（约 40~45 厘米）处，后起跑器安装在距离前起跑器一脚半处，后起跑器的支撑面与地面分别成 40°~45°角和 70°~80°角；两个起跑器的中轴线间隔约 15 厘米。

（2）起跑技术。起跑技术包括各就位、预备、鸣枪（或跑）三个阶段。听到"各就位"口令后，做 2~3 次深呼吸，轻快地走到起跑器前、两手撑地，两脚依次踏在前、后起跑器的抵足板上，后膝跪地，两手放在紧靠起跑线后沿处，两臂伸直，肩与起跑线平行，两手间隔比肩稍宽，四指并拢和拇指成八字形支撑。颈部自然放松，两眼视前下方约 40~50 厘米处，注意听"预备"口令。听到"预备"口令后，随之吸一口气，平稳地抬起臀部，与肩同高或稍高于肩，重心适当前移，肩部稍超出起跑线，这时体重主要落在两臂和前腿上。"预备"姿势应该稳定，两脚贴起跑器抵足板，注意力高度集中。听到枪声，两手迅速推离地，两臂屈肘有力地做前后摆动，两腿迅速蹬起跑器，使身体向前上方运动，前腿快速有力地蹬伸髋、膝、踝三个关节。

（3）起跑后的加速跑。加速起跑后的跑是从后腿蹬离起跑器，到途中跑之间的一个跑段。其任务是充分利用向前的冲力，在较短距离内尽快地获得高速度。当后腿蹬离起跑器并结束前摆后，便积极下压着地。第一步的着地应尽量靠近身体重心投影点，脚着地后迅速转入后蹬。前腿在蹬离起跑器后，也迅速屈膝向前摆动。起跑后的最初几步，两脚沿着两条相距不宽的直线前进，随着跑速的加快，两脚着地点就逐渐合拢到假定的一直线两侧。加速跑的距离，一般约为 25~30 米。

2. 站立式起跑

双脚前后开立，距离一脚到一脚半，屈膝降重心，身体力行前倾，前腿异侧臂屈肘在前，后臂于身后，听到"跑"的口令后，两脚用力蹬地，迅速前冲出去。

二、途中跑

途中跑是短跑全程中距离最长、速度最快的一段。其任务是继续发挥和保持高速度跑。摆动腿的膝关节，迅速有力地向前上方摆出，支撑腿在摆动腿积极前摆的配合下，快速有力地伸展髋、膝和踝关节，蹬离地面，形成支撑腿与摆动腿协调配合动作。

1. 腾空阶段

小腿随着蹬地后的惯性和大腿的摆动，迅速向大腿靠拢，形成大小腿边折叠边前摆的动作。与此同时，摆动腿以髋关节为轴积极下压，膝关节放松，小腿随摆动腿下压的惯性，自然向前下伸展，准备着地。

2. 着地缓冲阶段

着地动作应是非常积极的，在途中跑时，头部正直，上体稍前倾。两臂前后摆动要轻快有力。

三、弯道跑

从直道进入弯道跑时，身体应有意识地向内倾斜，加大右腿的蹬地力量和摆动幅度，右臂亦相应地加大摆动的力量和幅度，有利于迅速从直道跑进弯道。弯道跑中，身体应向圆心方向倾斜。后蹬时右腿用前脚掌的内侧用力，左腿用前脚掌的外侧用力。弯道跑的蹬地与摆动方向都应与身体向圆心方向倾斜趋于一致。

四、终点跑

终点跑是全程跑的最后一段，任务是尽力保持途中跑的高速度跑过终点。要求在离终点线 15~20 米处，尽量保持上体前倾角度，加快两臂摆动的速度和力量。在跑到距离终点线一步时，上体急速前倾用胸部或肩部撞终点线，并跑过终点，然后逐渐减慢跑速。

第三节　中长跑的基本技术

中长跑分中跑和长跑两部分。运动员比赛时不使用起跑器，听信号统一起跑。奥运会比赛项目男、女均为 800 米跑和 1500 米跑、5000 米跑和 10000 米跑。

一、呼吸

中长跑的距离长，消耗能量大，对氧气的需求量也大。因此掌握正确的呼吸方法至关重要。中长跑能量消耗大，机体要产生一定的氧债，为了保证机体对氧气的需求，呼吸必须有一定的频率和深度，还必须与跑的节奏相配合，一般采用两步两吸，两步两呼。呼吸时采用口进行呼吸的方法。随着速度的加快和疲劳的出现，呼吸的频率有所增快。

二、起跑及起跑后的加速跑

各就位时，运动员从集合线走到起跑线处，两脚前后开立，将有力的腿放在前面，前脚尖紧靠起跑线后沿，后脚距前脚一脚距离左右，两脚的左右距离自然开立，上体前倾，两膝弯曲，两臂一前一后，身体重心主要落在前脚上，保持稳定姿势，集中注意力听枪声。

起跑后上体保持前倾，脚尖着地，腿的蹬地和前摆以及两臂的摆动都应快速积极，逐渐加大步伐和加快速度，随着加速段的延长，上体逐渐抬起，进入到途中跑。加速段距离的长短和速度，应根据个人特点、战术需求和临场情况而定。

三、途中跑

途中跑分直道跑和弯道跑两种。跑直道时要求两脚沿平行线跑，抬腿既不靠内也不靠外，正直往前，两脚皆脚前掌去扒地跑。弯道跑时要求左脚前脚掌外侧、右脚前脚掌内侧着地，左腿膝关节外展和右腿膝关节内扣，身体重心向内倾斜协调用力，速度越快倾斜角度越大，右臂的摆幅稍微大于左臂摆幅。

四、冲刺跑

冲刺跑是临近终点前一段距离的加速跑。主要任务是运用自己的全部力量，克服疲劳，力争在最后阶段跑出好成绩。技术特点是加快摆臂速度和加大摆幅的同时配合腿部动作加快频率。冲刺跑的距离根据自己的体力情况、战术要求和临场情况而定。通过终点时，在接近终点一步前身体躯干前倾，做出撞线动作。

五、上体姿势

上体正直或稍前倾，头部与脊柱成一条直线，胸部正对前方，下颌微收，两眼平视，颈部放松，整个躯干自然而不僵硬。这里要格外注意上身不要过大地左右晃动。

六、摆臂姿势

两臂弯曲约成90°，两手放松或半握拳，肩带放松，以肩为轴，自然地做前后摆动。前摆时稍向内，后摆时稍向外。摆动幅度随速度变化而变化，速度快时臂的摆幅大。

七、腿部动作

跑步的速度是步幅和步频共同决定的，因此有大的步幅是非常重要的，而要获得大的步幅最重要的就是抬高大腿，因为只有抬高大腿了才便于前脚迈得更远。辅助动作练习：原地高抬腿跑和行进中高抬腿跑。

迈出小腿同时送髋及加强脚步后蹬，要想获得大的步幅，只抬高大腿是不够的，还要把小腿充分迈出去，而要小腿充分地迈出去，需要送髋及加强支撑脚的后蹬，由于迈小腿对大腿根部韧带的柔韧性要求较高，所以可以加一些练习大腿根部柔韧性的练习（如正压腿侧压腿）。辅助动作练习：正压腿侧压腿；原地做抬大腿迈小腿动作；高抬腿跑动中的迈小腿练习。

八、前脚掌后扒地

跑步的原理是由于脚部受到的向前的摩擦力使身体向前移动，跑步过程中如何获得更大的向前的摩擦力是非常重要的。而要获得更好的向前的摩擦力就是借助脚部给地面一个向后的力，根据作用力与反作用力原理，自然地面会给脚部一个向前的摩擦力。要做到这一点就是靠前脚掌向后扒地。

第四节　跳远的基本技术

跳远的基本技术包括：助跑、跳跃两部分。其中跳远的助跑速度与跳远成绩密切相关。跳远助跑的任务就是获得最高的助跑速度，并为准确踏板和快而有力的起跳做好技术、身体和心理上的准备。跳跃是跳远项目最关键的部分。

一、助跑

跑是跳的基础，跳是跑的发展与结果。跑不好，就跳不好。日常生活中经常可以见到这种现象，当欲跳跃一定宽度的壕沟时，人总要加上几步助跑。当汽车穿越同样的坡度时，快速行驶的汽车总比慢速行驶的汽车冲的要远得多。这足以说明，快速助跑对提高跳远成绩有积极作用。

1. 助跑的起动姿势

助跑的起动姿势直接影响助跑的稳定性与准确性。助跑的起动姿势有两种：一种是从静止状态开始，一般采用两腿微曲、两足左右平行站立的"半蹲式"，或两腿前后分立的"站立式"起动姿势。另一种是走几步或走跳步结合踩上第一个标志点，行进间开始的起动。第一种方法，前三步的步幅和速度变化较小，有利于提高助跑的准确性。第二种方法，助跑比较自然，动作比较放松。但由于是动态，每次踩上标志的位置和速度不易控制，对准确踏板提出了更高的要求。

2. 助跑的加速方式

助跑的加速方式有两种：一种是积极加速，另一种是逐渐加速。积极加速方式是从助跑一开始就跑得很积极。步频始终保持在较高水平上，这种加速方式能较早地摆脱静止状态，并获得较高的助跑速度。其特点是助跑开始几步的步长较短，步频较快，上体前倾也较大。这种助跑方式适合于绝对速度较快的运动员。但因助跑动作紧张，起跳的准确性差，所以世界优秀运动员很少采用这种方法。逐渐加速方式一般是在加大步长或保持步长的基础上提高步频。这种加速时间较长，加速过程比较均匀平稳。因此，跑的动作比较轻松、自然。起跳的准确性较好，每次试跳成绩也较稳定。

二、跳跃

跳跃是跳远项目最关键的部分。它包括起跳和腾空以及落地三个部分，此部分完成的好与坏直接关系到运动员最后的成绩。

1. 原地模仿起跳练习

两脚前后站立，摆动腿在前稍屈膝，起跳腿在后，身体重心落在前脚上。动作开始时，摆动腿蹬地，起跳腿积极地由后向前迈步，模仿向下放脚的踏板动作，全脚掌滚动着地，随即缓冲和蹬伸起跳，同时两臂要配合双腿的动作积极摆动。要和身体各部分配合协调，起跳腿蹬伸迅速，摆动腿向前上方积极摆动，身体重心迅速跟上。

2. 在跑道上连续做缓跑三步或五步结合起跳的练习，用摆动腿落地

改变身体重心向前运动的方面，使身体按照适宜的腾空角向空中腾起。

3. 学习起跳后腾空步动作的练习

在跑道上助跑四步至六步，起跳后完成腾空步动作。下落时以摆动腿落进沙坑，接着向前跑出。

4. 辅助练习

在离起跳标志2米左右处设置一个高约60~80厘米的跳箱，学生起跳后，摆动腿落在跳箱上；在沙坑边摆放一个低栏架（或拉一根高度约30~50厘米的横皮筋），短距离助跑后，起跳完成腾空步，摆动腿越过障碍物后下落沙坑并向前跑出；助跑起跳成腾空步，用头部触及前上方的悬挂物。

三、立定跳远的基本技术

在体育教学训练中，立定跳远是测试下肢爆发力和全身协调能力的最简单有效的手段。在体育教学中，完整的立定跳远技术动作由预摆（见图1-1）、起跳

（见图1-2）、腾空（见图1-3）、落地（见图1-4）四个部分组成。

图 1-1　预摆　　　　图 1-2　起跳　　　　图 1-3　腾空　　　　图 1-4　落地

1. 腾空

　　起跳离地以后可以用蹲踞式、挺身式或走步式的动作使身体在空中保持平衡并为落地动作做好准备。在空中保持起跳姿势，然后两腿在体前抬起伸直落入沙坑，就是"蹲踞式"跳远动作。"挺身式"的跳法是在空中上体充分伸展或稍有挺身动作，为使动作更加舒展、自然、连贯，两臂可经身体两侧向下后方摆，同时两膝微屈保持在空中平衡滑行，当滑行进入下落时，两臂自体侧继续向上向前绕环，同时两腿由身后摆至身前，抬起伸直，落入沙坑。近年来有更多的人采用"走步式"和更接近于跑步式的动作。"走步式"更有利于把助跑、起跳、腾空和落地协调而自然地结合为一个完整的连续动作。一些身材相对矮小而动作灵活的运动员往往是上体充分伸展，两腿以髋关节为轴，做大幅度的前后摆动。而身材高的运动员多是上体直而稳定，两腿的动作幅度不大，几乎完全是在空中跑步的动作。臂的动作和跑时的摆动一样，是以肩为轴与同侧腿相反而与异侧腿一致做绕环动作，以保持身体的平衡。空中动作是按个人保持在空中平衡的需要而产生的。腾空阶段是起跳的继续，是落地的准备。无论跳哪一种姿势，都必须把起跳动作做充分。

2. 落地

　　运动员在空中进入下降阶段，开始准备落地。首先是两腿同时或先后屈膝至体前，然后小腿随惯性摆出伸直，这一系列动作主要由收腹举腿的力量完成，上体应保持稳定。两臂自上方经前向下的绕环动作，是保持平衡的补偿动作，当两脚进入沙坑时，脚尖应勾起，两脚间保持约30厘米的距离。落入沙坑后要立即屈膝缓冲，两臂上提以提高身体重心，顺势立起。优秀运动员熟练地掌握了技术，可以利用向前的惯性在空中做充分的滑行，因此在落地时应有"自由落体"的感觉。落地时向前扑倒、后倒、侧倒的方法会使完整动作遭到破坏，往往达不到更好的成绩。跳远是一项大强度的运动项目，它的完整过程明显地表现出速度、力量、技术的突出作用和其他各种身体素质综合发挥作用的重要意义。因此，多年训练安排是必要的。各项球类活动及其他发展速度和力量的运动项目以及田径中的多项运动，作为训练手段也一直在跳远训练中占有重要地位。

第五节　投掷的基本技术

投掷包括推铅球、链球、铁饼和标枪四个项目。它对投掷区域和落地区域有严格的要求，动作要领非常重要。

一、投掷区域

在铅球、铁饼、链球比赛中，运动员都是在投掷圈中站立开始投掷。投掷圈外围是金属镶边，有 6 毫米厚，顶端涂白。投掷时，运动员不能接触铁边的顶端或者投掷圈以外的地面。铅球和链球的投掷圈直径 2.135 米，铁饼的投掷圈稍大一点，直径 2.5 米。圈内地面由水泥或者有相似的硬度又能防滑的物质构成，它的高度略低于地面高度。铅球投掷圈的正前方放着一个木质的抵趾板，用来防止运动员滑出圈外。运动员可以碰抵趾板的内侧，但不能碰抵趾板的顶部。

二、落地区域

在所有投掷比赛中，落地区都是草坪或者其他能留下印记的物质构成的平坦扇形区域。每一个扇形区由 5 厘米宽的白线分开（白线 5 厘米宽不包括在落地区之内）。铅球、链球和铁饼比赛的落地区的扇面角度是 34.92°，标枪比赛约为 29°。投掷包括推铅球、标枪，在奥运会和世界性田径比赛中使用的铅球应该用实心的铁、铜或者其他任何硬度不低于铜的金属制成。铅球的外形必须是球形，表面必须光滑。

三、裁判员的旗示

在投掷项目比赛中，通常是两名主裁判手中持有红、白旗帜各一面，用来示意运动员试投是否成功。举红旗表示试投失败，成绩无效；举白旗表示成功，成绩有效。其中一名站在投掷区附近的称为内场主裁判，主要判定运动员在试投过程中是否犯规；另一名在落地区内的称为外场主裁判，主要判定器械落地点是否有效。

四、原地推铅球的动作要领

握球手的手指自然分开，把球放在食指、中指和无名指的指根上，大拇指和小指支撑在球的两侧，以防止球的滑动和便于控制出球的方向，掌心不触球。

握好球后，身体左侧对投掷方向，两脚左右开立比肩稍宽，左脚尖指向斜前方并与右脚弓在一直线上；右膝弯曲，上体向右倾斜扭转，重心落在右腿上；左臂微屈于胸前，使球的垂直线离开右脚外侧，以加长用力距离和拉紧左侧肌肉。

推球时，右脚迅速用力蹬地，脚跟提起，右膝内转，右髋前送，使上体向左侧抬起，朝着投掷方向转动。当身体左侧接近于地面垂直一刹那，以左肩为轴，右腿迅速伸直，身体转向投掷方向，挺胸、抬头，右肩用力向前送，右臂迅速伸直将球向前上方约 40°~42° 角推出。球离手时手腕要用力，并用手指拨球。推球的同时，左腿用力向上蹬直，以增加铅球向前和向上的力量。球出手后，右腿迅速与左脚交换，左腿后举，降低身体重心，缓冲向前的力量，以维持身体的平衡。

五、滑步推铅球的动作要领

滑步推铅球是在初步掌握了滑步和最后用力的基础上进行的。

高姿站立，摆动腿摆到一定的高度后，在回收过程中，同时右腿逐渐弯曲，降低重心。当左腿回收到接近右腿时，完成屈膝团身，待身体稳定后，立即开始作滑步动作，动作熟练后可作连续滑步。

滑步结束时，右脚比左脚先着地。右脚着地后，右腿积极蹬伸，推动右髋向投掷方向转动。上体在转动中逐渐抬起，同时躯干的肌群积极收缩。左臂和左肩高于右肩，铅球尽可能保持较低位置，体重大部分仍在弯曲而压紧的右腿上。

右腿蹬伸，进一步将右髋向投掷方向送出，右臂迅速而有力地将球推出。铅球快出手时，手腕稍向内转同时屈腕，快速而有力地拨球，使铅球从手指离开。

铅球离开后，两腿弯曲或交换，降低重心，缓冲向前的冲力，维持身体平衡，防止出圈犯规。

六、易犯错误及纠正方法

推铅球时手指、手腕用力不当（有时导致挫伤）；推球时手指完全放松，手指、手腕力量较差；推球时用力过猛。纠正方法：要求握球时手指有一定紧张程度；注意锻炼手指、手腕的力量；多用较轻的铅球进行练习，注意用力顺序。

推铅球时肘关节下降，形成抛球。持球臂肘部过低，滑步过程中或开始推球时，头部过早转向投掷方向。纠正方法：注意持球时手臂的动作，多做正面推球，要求肘关节上抬（不高于肩），滑步和开始推球时（抬体阶段），两眼仍看前下方。

滑步距离太短。蹬地和摆腿力量不够，或结合不好，或拉收小腿不积极。纠正方法：徒手或持球反复练习蹬摆动作结合；连续做拉收小腿的练习；在地上画出两脚落地标志，要求滑步后落在标志上。

滑步时身体重心上下起伏大。蹬地或摆腿过于向上；右腿未蹬直，过早收小腿。纠正方法：滑步前身体重心先稍后移；左腿摆动时，要求触及后方（投掷方向）的标志物（标志物高度低于臀部）。

滑步结束后不能保持投掷前的正确姿势，上体过早抬起，身体重心在两腿之间。右腿拉收动作不完善，一是收腿速度慢或跳起，二是收的距离短，未落在身体重心下面。纠正方法：滑步中左臂向左摆动或头向投掷方向转动，带动上体的移动；滑步时抬起上体，身体重心向投掷方向移动。徒手或持球连续做收腿动作；教师在学生右侧（稍后）拉住学生的左手，或在背后压住上体，进行滑步练习。

滑步后停顿。左腿摆动过高，着地不积极；右腿力量弱，滑步后重心下降太大。纠正方法：背对投掷方向，两脚左右开立，两腿弯曲，上体前倾，然后左脚后撤一步，积极着地后，右脚快速蹬地；持球滑步后结合右腿蹬地动作；加强腿部力量训练。

推球时用不上腰背肌肉和下肢力量，单纯用手臂的力量。投掷臂过早用力，用力顺序不明确；身体各部分动作不协调；最后用力时姿势不正确，身体重心在两腿之间。纠正方法：学生做好预备推球姿势，教师在前面抵住学生的右手，或者是教师在后面拉住学生的右手，要学生反复做蹬腿、抬体动作；学生做好预备姿势，教师在后用左手压住学生左肩，结合学生做蹬腿时，用右手推右髋向投掷方向转动；原地（正面或侧面）推球，利用下肢和上体鞭打动作将球顺势推出。

推球时臀部后坐。右腿蹬地不充分，髋部未能转至正对投掷方向；最后用力时两脚前后之间的距离过长；左脚制动大；怕出圈犯规。纠正方法：教师站在后面，两手扶在学生髋的两侧，推球时帮助转髋、送髋；徒手做最后用力练习，要求用右手触及前上方一定高度和远度的标志物。

推球时身体向左侧倾倒。左臂过分向左后方摆动；左脚的位置过于偏左，形成两脚左右的间隔过大，造成左侧支撑不稳。纠正方法：先将左臂屈肘固定于体侧，做原地推球；右侧正前方固定标志物，原地推球时（也可徒手）按标志方向推出；地上画出两脚的位置，要求滑步后两脚落在标志上；背靠固定物体。徒手原地推球练习。

推球时出手角度过低。左脚支撑无力或膝关节弯曲；推球时低头或向右后下方转动；推球动作慢。纠正方法：在投掷前上方一定高度和远度处悬一标志物，要求推出的球触及标志物；推过一定高度和远度的横杆（横杆和标志物的高度和远度根据学生的成绩而定）。

思考题：

1. 田赛中包括哪些项目？

2. 径赛中包括哪些项目？

3. 完整的跳远技术包括哪些部分？

4. 田赛项目成绩相同如何判定名次？

第二章　健美运动

在游客的心目中，旅游人员是一个国家的代表，是人民的友好使者，是"民间大使"。它是游客对某一国家或地区的第一印象，因此旅游人员的外形是非常重要的。因此，旅游类院校体育教学大纲所规定的教材必须要注重对学生体形的塑造。形体塑身课中对女同学有针对性的形体的训练、对男同学有意识性的肌肉的练习，都不同程度地塑造着学生的体形。体育教师在形体塑身课中对学生最基本的体态的要求，如站要有站相，坐要有坐相。在站姿中要求学生要：抬头、挺胸、收腹、提臀、看人要平视等。这也是精、气、神的一种训练。通过这些训练不仅使学生的体形更加漂亮，满足了他们对美的需求，同时还能使他们认识到什么是真正的美以及在今后的生活中该怎样去体现美，为他们将来更好地工作打下良好的基础。

第一节　形体塑身运动

人对形体美的追求是在生存条件得以极大改善的基础上发展而来的一种审美需要。在市场经济繁荣、社会政治稳定的历史条件下，人处在无忧无虑的、积极乐观的状态中，在与自然相互协调中获得审美享受，也必然把高级形态——人体作为审美对象。这是健康进取的表现，是社会兴旺发达，国家经济稳定发展的标志。当然，追求形体美的程度也反映了每个人的文明水平和整个国家的文明程度。

我国古代敦煌绘画中的女子就是形体颀长，细细的腰肢，长长的手臂，骨骼纤细，肌肉圆滑，胸部发育良好，骨盆宽，瓜子脸，人体的比例恰当、合理，这是当时人体美的真实写照。在历史发展的不同时期、不同时代、不同的民族、不同的区域、不同的阶层、不同的地位、不同的生活条件，有不同的审美观点，对美的理解亦不同。我国盛唐时期的妇女以体胖为美。封建社会的妇女就曾以缠足为美，以病态为美。英国的皇室贵族为表达自己的地位，则以昂首挺胸、不屑一顾的神态为美。文艺复兴时期的资产阶级常以多愁善感、面色苍白、矫揉造作为美。现代人则追求健康的美——举止大方、身姿优美、体魄健壮。理想的人体形态美，比较流行的观点如巴龙通学说等，均从身高、三围、肌肉、骨骼、皮肤、毛发等方面论述。中国当代形体美的标准大致是：骨盆发育正常，骨节不粗大突出；肌肉发达均匀，皮下脂肪适当；五官端正，与头配合协调；双肩对称，男宽女圆；脊柱正视垂直，侧视曲度正常；胸部隆起，正、背面略呈"V"形，女性胸部轮廓丰满，有明显曲线；腰细而结实，微呈圆杜形，腹部扁平，男子腹有肌垒块隐现；臀部圆满适度，腿修长，大腿曲线柔和，小腿腓肠肌稍突出，足弓高。

当然形体美的标准是相对的，人的美不仅仅是指外表的美，还有内在的气质美。健康的体魄，适度的三围，均匀、协调的体态，坐、卧、立、行姿态优美，服饰得体，仪表大方等都是美的体现。通过积极的身体锻炼改善和弥补先天的不足，能使人的形体健美。

一、呼吸练习

呼吸方法的练习，重点是纠正学生用口腔和腹部呼吸的不良习惯，加强胸式呼吸的练习。通过横膈膜的升降，加强肺部呼吸，保持收腹、挺胸的站立姿态。用以适应服务人员热情、礼貌待客的需要。练习时要微闭嘴，通过鼻腔慢吸慢呼气。

动作要求：双手叉腰保持好收腹、立腰、立背形态，呼吸练习时要控制好双肩的位置和收腹动作。

练习方法：双手叉腰，立正站好。1×8 拍第 1~4 拍，匀速吸气至吸满气。第 5~8 拍，匀速呼气。反复练习 4×8 拍。

二、站立姿态与行走姿态的基本训练

站立姿态的基本训练主要是进行站立姿态最基础的训练。重点提高学生在各种情况下保持良好的身体形态的能力。行走是人的基本动作之一，行走姿态的好坏反映人的内心境界和文化素质的高低。我国是东方文明古国，旅游服务业也要充分反映我国的民族特点。服务人员的行走姿态直接影响服务质量。因此行走基本姿态训练是形体教学的重要内容之一。通过专门训练，使行走的姿态更规范、更优美、更有风度。

1. 基本站立姿态的练习

（1）站立控制练习。

动作要求：在立正姿态的基础上，双腿夹紧，收腹挺胸，立腰，立背，收紧提臀，双肩自然下垂，下颌略回收，头向上顶，背部成一平面，犹如靠在一面墙上。

练习方法：控制 4×8 拍。

（2）双手叉腰，双手提踵站立控制练习。

动作要求： 在改变了双肩和双足的位置，提高了身体重心的基础上，加强双肩、腿部及上体形态的控制能力。

练习方法： 第1拍提踵立，控制4×8拍，第8拍还原成双手叉腰立正形态。

2. 行走基本姿态的动作练习

动作要求： 保持上体形态和双臂的稳定性。行走要一腿经擦地绷脚面直腿踢离地面，另一腿蹬地重心前移完成。

练习方法：

1）立正站好，双手臂伸直放于体侧自然下垂。第1拍迈左脚，右脚蹬地成右后点地。第2拍换方向做。反复练习。

2）听口令做绷脚面踢离地面控制练习和蹬地移重心练习。听口令做连续行走动作练习。

3）听音乐做两个连续行走组合练习。

三、头部位置的基本训练

为了使站立形态和动作姿态更优美，头部的位置起着很重要的作用。通过头部最基础的专门练习，使学生站立的形态更端庄、更优美。

动作要求： 采用组合练习形式进行。可配2/4拍或4/4拍中速或慢速音乐。保持好站立姿态和立腰、立背、收腹、挺胸姿势，只做头部、颈部的活动。必须在站立形态控制较好的情况下完成头部位置练习。

练习方法： 双手叉腰，立正站好。每个头部位置做第1~7拍，第8拍还原成预备姿势。

（1）第1、2个8拍。

1）低头：挺胸，下颌贴住胸骨上端。

2）仰头：头后仰至最大限度。

3）左转头：面向左，下颌对准左肩。

4）左侧倒头：面向前，头向左侧倒。

5）侧斜下45°：面向左侧斜下45°。

6）右侧斜下45°：面向右侧斜下45°。

7）右侧斜上45°：面向右侧斜上45°。

8）还原。

（2）第3、4个8拍。

1）低头：挺胸，下颌贴住胸骨上端。

2）仰头：头后仰至最大限度。

3）右转头：面向右，下颌对准右肩。

4）右侧倒头：面向前，头向右侧倒。

5）右侧斜下 45°：面向右侧斜下 45°。

6）左侧斜下 45°：面向左侧斜下 45°。

7）左侧斜上 45°：面向左侧斜上 45°。

8）还原。

四、手臂、肩部、胸部的塑形训练

加强手臂的力量是服务专业的需要，又是学生形体素质中最薄弱的环节。教学中应努力采取措施加强上肢力量的练习，以适应工作需要。可双人配合练习也可单人练习。

肩和胸部是上体姿态优美的关键部位。教学中要加强肩和胸部的力量和柔韧性，进一步提高肩和胸部的控制能力，使站立形态更加完美。

1. 手臂、肩部的塑形练习

（1）双人压肩练习。

动作要求： 双臂伸直，塌腰、抬头、挺胸，将肩关节韧带拉开。

练习方法： 1×8 拍第 1 拍前半拍，上体下压双肩伸直振动一次。后半拍上体稍抬起，连续练习 4×8 拍。5×8 拍第 1 拍，上体下压至最大限度。控制 4×8 拍。

（2）单人压肩练习。

动作要求： 双手臂伸直，后夹肩、抬头、挺胸。后抬双臂至最大限度，上体保持直立。体前屈后举双臂至最大限度，将肩关节韧带拉开。

练习方法： 立正站好，双手臂伸直体后握好。1×8 拍第 1~4 拍，匀速后抬双臂至最大限度。第 5~8 拍，双臂匀速回落至预备位置。2×8 拍第 1~2 拍，体前屈同时双手臂后举。第 3~6 拍控制不动，第 7~8 拍还原成预备姿势。反复练习 4 次。

（3）双手握拳侧平举。

动作要求： 身体站直，双手握拳或手握装满水的矿泉水瓶（男同学可手握适合自己的哑铃），见图 2-1。由两

图 2-1 双手握拳侧平举

臂于体侧微屈姿势开始带动两臂做侧平举运动，稍停后再控制还原。

练习方法： 上举时吸气，复位时换气。如重量较轻，可随动作节奏采用短促自然换气方法。此练习可做 3~5 组，每组 10 次左右。重量掌握在完成第 2 组练习后手臂略有吃力感。

注意事项：

1）两肘应微屈。

2）勿借身体摆动或上下起伏助力完成练习。

3）每次还原复位均需控制进行。

（4）握拳直臂交替举。

动作要求：两脚开立与肩同宽，身体直立，两手握拳或各正握装满水的矿泉水瓶（男同学可握哑铃），交替做上举动作。着力部位要集中在手臂上，由两臂伸直下垂姿势开始。复位还原过程要控制进行。

练习方法：随动作节奏做短促自然换气。此练习做 3~5 组，每组 10~12 次。重量掌握在完成第 2 组练习后手臂有吃力感。

注意事项：

1）肘关节不可弯曲。

2）上体始终保持直立，勿前后摆动助力。

（5）双手握拳向上提举。

动作要求：两脚开立与肩同宽，两手握拳或各正握装满水的矿泉水瓶（男同学可握哑铃），做向上提肘将矿泉水瓶上举至与下颌同高位置或举至两臂在头上完全伸直。稍停，再顺势控制复位还原。

练习方法：向上提举前吸气，待复位还原后换气。可做 4~6 组，每组 8~10 次。重量掌握在完成第 2 组练习后手臂有比较明显的吃力感。

注意事项：

1）在动作过程中不得换气。

2）勿借助身体前后摇摆助力完成练习。

3）注意力始终集中在手臂上，即让受力肌群处于紧张状态。

2. 胸部的塑形训练

（1）胸部伸展训练。

动作要求：上体直立直角坐在地毯上，双手臂自然下垂于体侧。直角坐至仰卧，平躺动作要挺胸、抬头，开肩完成胸部练习。

练习方法：1×8 拍第 1~4 拍，平躺地毯上，双手臂上举伸直。5~8 拍用力向上挺胸，注意手臂不要用力撑地。2×8 拍第 1~4 拍，平躺地毯上。第 5~8 拍还原成预备姿势。反复练习 4 次。

（2）俯卧撑。

动作要求：撑架的距离分 3 种，即窄距离、正常距离和宽距离。可根据不同的训练时期和要求随时调整。两手正握直臂支撑于俯卧撑架（女同学可选择与腰同高的支架，男同学可选择同等高度的凳子），身体挺直，臀部略隆起，足尖蹬地，见图 2-2。男同学为收到更佳的训练效果，须加大强度，将脚部垫高，并在颈部或背部负重。如两肘部贴近体侧，对胸肌

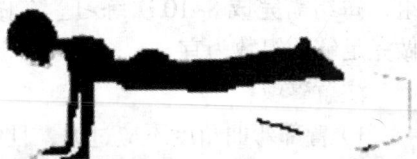

图 2-2 俯卧撑

的下半部和里半部刺激较大；若两肘外展，则对胸肌的上半部刺激较大。

练习方法： 不负重的练习，可采用短促自然换气法；若负重练习，则在身体回落前吸气，待撑直后呼气。此练习可做 4~6 组，徒手练习最多能做 20 次时，每组可掌握在 13~15 次左右，坚持完成足够组数。如负重练习，每组掌握在 8~10 次为宜。

注意事项：

1）勿塌腰；

2）呈屈臂支撑时，尽量下沉充分拉长胸肌；

3）动作要缓慢进行。

3. 仰卧推举

动作要求： 此练习需在特制的卧举架上进行。分窄卧距、正常卧距和宽卧距三种。窄卧距对胸肌外半部训练效果较好；正常卧距对胸肌下半部和里半部刺激较大；宽卧距对胸肌里半部训练效果最佳。见图 2-3，杠铃回落时应贴近乳头部，若将横杠回落时贴近颈部再往上推起，则对胸肌的上半部训练效果明显。故训练时可根据自己的情况灵活掌握。但卧推举杠铃的重量至少要超过自己的体重，否则效果不大。

图 2-3 仰卧推举

练习方法： 直臂支撑回落前吸气，臂部伸直时呼气，勿屏气。其练习的重量至少要大于自己的体重，甚至超过半倍或一倍。做 5~7 组，每组 8 次左右比较合适。

注意事项：

1）利用双臂力量将杠铃推出，勿借助反弹力完成；

2）上推动作过程中，避免拱腰助力；

3）做回落贴近颈部练习时，要有人保护。

4. 仰卧飞鸟运动

图 2-4 仰卧飞鸟

动作要求： 此练习需在牢固的长凳上进行。见图 2-4，双手各持相同重量的哑铃或其他易握的器械，两肘部微弯并保持角度不变，由胸前向两侧缓慢展开，似做扩胸运动。展开的幅度应最大，臂部要略向上展。这个练习对胸肌的里半部训练效果最为显著。在收紧两臂的过程中要用胸肌的力量带动来完成。

练习方法： 展臂前吸气（勿屏气），完成一次练习，呼气。此练习可做 5~7 组，每组需完成 8~10 次练习。在做到第 2 组的最后 2~3 次练习时稍有吃力感，做完足够的组数为宜。

注意事项：

1）臂部弯曲角度不应过大，且保持不变；

2）展臂时要放到最大幅度，以充分拉长胸肌；

3）展臂时速度要缓慢，收臂时有意识地用胸肌力量挤压带动。

5. 直立屈臂扩胸

动作要求：两脚开立，身体站直，臂部弯曲，两手各持哑铃或相同重量的器械于胸前，此时胸肌要保持紧张状态，然后做展臂动作，见图 2-5。在复位时要有意识地用力挤压胸肌。为加大动作幅度，两小臂在胸前做交叉，效果更加明显。

练习方法：展臂扩胸前吸气，臂部复位后呼气。亦可采用自然短促的换气方法。做此动作时，两手所持重量，应掌握在做第 3 组练习开始即有吃力感。做 6~7 组，每组 8~10 次为宜。

图 2-5　直立屈臂扩胸

注意事项：

1）腰、臂部不可摆动助力；

2）两臂部复位动作要做得缓慢，把力量集中在挤压胸肌上；

3）为增加动作难度，身体可靠墙练习。

6. 俯立飞鸟

动作要求：两脚开立，上体前倾与地面平行，挺胸塌腰，两手各持相同重量的哑铃或其他易握器械，见图 2-6。两臂由胸前伸直开始，缓慢地做向两侧展臂动作。回落时动作更要放慢，两肘关节稍弯曲并保持不变，要有意识地用力挤压胸肌。为加大动作幅度，两小臂在胸前做交叉，训练效果则更好。

练习方法：扩胸前吸气，回落时呼气，亦可采用短促自然换气法。此练习安排在开始阶段为好，其重量掌握在第 3 组练习时稍有吃力感。做 6 组，每组完成 8~10 次为宜。

图 2-6　俯立飞鸟

注意事项：

1）上体保持稳定，不得起伏助力；

2）两膝可微屈；

3）回落动作要用力挤压胸肌。

五 、腰、背部的塑形训练

腰、背部力量的强弱和柔韧性的好坏，直接关系到站立正确姿势的形成及姿态优美的程度。腰、背部力量强，立腰、立背能力也强。因此在教学中要加以重视，以提高学生腰、背部的力量。可采用双人练习和单人练习两种形式。

1. 腰、背部抻拉伸展的双人练习

动作要求：练习者动作过程中，挺胸、抬头、用力向后弯腰。双腿伸直，绷脚面。协助练习者动作过程中，上体稍前倾抓住练习者手腕，并逐渐转成稍后倾，双腿直立。

练习方法：练习者俯卧地毯上，双手臂向后伸出。协助练习者立于练习者膝关节两侧，双手与练习者相互拉紧。1×8拍第1~4拍协助者用力拉起练习者，使其上体离开地面成最大反背弓。用第4拍将练习者轻轻放回俯卧位置。两人互换练习。

动作要求：练习者动作过程中，要抬头、挺胸、向后弯腰、颤动。协助练习者随练习者弯腰的程度、颤动的幅度而用力。

练习方法：两人面对面，练习者跪立，协助练习者成弓步，双手扶住练习者的腰部。练习者一拍后弯腰小振一次，做2×8拍。3×8拍第1拍练习者后弯腰至最大限度，控制2×8拍。协助练习者扶好练习者腰部，两人互换练习。

动作要求：练习者动作过程中，要抬头、挺胸、向后弯腰颤动，不要做成上体后倾。协助练习者扶好练习者腰部，协助练习者完成颤动和拉腰动作。

练习方法：两人面对面站立，练习者右脚前点地，双手举起，协助练习者右脚后点地，双手扶住练习者腰部。练习者一拍后弯腰小振一次，做2×8拍。3×8拍第1拍练习者后弯腰至最大限度，控制2×8拍。协助练习者扶住练习者腰部，协助完成。两人互换练习。

动作要求：动作中保持抬头、挺胸、立背形态，上体用力侧屈，两人双脚相互抵住，上手拉紧，完成从手臂至脚，身体最大限度的侧屈动作。

练习方法：两人并排站立，双脚尽量贴近，拉好双手，里侧手自然下垂，外侧手上举在头上拉住。1×8拍第1拍两人均向里侧做最大限度的侧屈。第2~6拍控制不动，第7~8拍还原成预备姿势。反复练习4×8拍。换方向练习。两人互换练习。

动作要求：练习者动作过程中，保持抬头、挺胸，上体用力后屈形态。协助练习者用力按住练习者双脚协助其完成动作。

练习方法：练习者俯卧地毯上双手扶头后，双腿并拢伸直，绷脚面。协助练习者面对练习者跪坐地上，双手压住练习者双脚。1×8拍第1拍练习者上体后屈。第2拍回落成预备位置。连续做4×8拍。两人互换练习。本练习也可单人进行。

2. 挑腰练习

动作要求：跪立平躺时上体保持抬头、挺胸形态。大小腿折叠，从臀部至头部贴在地毯上，腰用力带动上体挑腰起。

练习方法：分腿跪立，上体正直，双手下垂。1×8拍第1~2拍臀部跪坐两腿之间。第3~4拍上体平躺地毯上。第5~6拍挑腰起，双手臂下垂，第7~8拍还原成预备姿势。反复练习4次。

3. 背弓练习

动作要求：动作过程中用力仰头，下后腰。

练习方法：俯卧地毯上，双手屈肘撑地。1×8拍第1拍双手臂撑直，上体后仰成最大反背弓。第2~7拍控制不动，第7拍还原成预备姿势。反复练习4次。

动作要求：动作过程中手臂上举或侧举，上体和双腿尽量抬高，成最大反背弓。

练习方法：俯卧地毯上，双腿伸直略分开，双手上举或侧举。1×8拍第1拍上体和双腿两头翘。第2~7拍控制不动，第8拍还原成预备姿势。反复练习4次。

4. 跪立涮腰

动作要求：上体前压时腹部贴近地面，上体左右侧倒时，腰要保持最大限度的侧屈姿态，下后腰时仰头。上体在整个动作中围绕腰平圆转动。

练习方法：上体正直，跪坐地毯上，双手体侧自然下垂。1×8拍第1~2拍上体前压。第3~4拍跪立，上体向左转拉右侧腰。第5~6拍跪立，成后下腰。第7~8拍跪立，上体向右转拉左侧腰。连续做2×8拍，换方向练习。

5. 摆浪

动作要求：两脚开立略比肩宽，腿微屈，上体前倾，与地面保持135°左右，挺胸塌腰，两手紧握哑铃，臂部稍弯曲，见图2-7。用处于比较紧张的背阔肌力量，带动两臂将哑铃向前摆出，再随惯性将哑铃从胯下摆到身后。

练习方法：随动作节奏调节呼吸。做6组，每组12~15次，重量掌握在完成第2组练习时背阔肌有明显吃力感。

图 2-7　摆浪

注意事项：

1）注意身体重心的掌握，向前摆哑铃时臀部应向后坐；

2）勿弓腰；

3）前摆过程中，肘部应有外转动作。

六、腹部的塑形训练

腹部力量的练习是形体教学基本功练习内容之一，腹部力量的强弱，决定一个人形体控制能力的好坏和形体的优美程度，腹部练习的方法多种多样，一般采用双人练习和单人练习两种形式进行教学。

1. 双腿上举练习

动作要求：练习者保持双腿并拢伸直，利用腹肌力量收腹、举腿和还原成预备姿势，见图2-8。协助练习者双臂伸直前平举，协助者双手触及练习者双腿时，轻轻将其双腿推回至准备位置，加大练习者腹肌的控制能力。

图 2-8　双腿上举练习

练习方法：练习者仰卧平躺地毯上，双腿并拢伸直，绷好脚面，双手抓住协助练习者踝部。协助练习者分腿立于练习者肩两侧，双臂伸直前平举。第1拍练习者双腿上举，触及协助练习者双手。第2拍协助练习者用双手轻推练习者双脚，练习者用腹肌的控制力量使双腿伸直，轻轻落下。反复练习4次。两人互换练习。

2. 上体后倾练习

动作要求：练习者保持抬头、挺胸、立腰、立背形态，用腹肌控制做上体斜后倾动作。协助练习者按住练习者双脚，协助完成动作。

练习方法：练习者仰卧平躺地毯上，双腿并拢伸直，绷脚面，双手扶在头后。协助练习者跪于练习者脚前，双手按住练习者双脚趾关节。第1拍练习者用力收腹使上体后倾斜45°，并控制2~4拍，第5拍上体慢回至准备位置。反复练习4次，两人互换练习。

3. 单人腹肌练习

动作要求：保持挺胸、抬头、立背形态，绷脚面。上体前屈至最大限度，腹部尽量贴近大腿。见图2-9。

练习方法：仰卧平躺地毯上，双腿并拢伸直，绷脚面，双手扶在头的后部。1×8拍第1拍练习者迅速收腹。经直立前屈，在第2拍恢复至准备位置，连续练习4×8拍。

图2-9　单人腹肌练习

动作要求：保持挺胸、抬头、立背形态，用收腹力量控制转体动作，转体时头与身体动作要一致。

练习方法：仰卧平躺地毯上，双腿并拢屈膝，手臂在身体两侧，手心向上。1×8拍第1~2拍用力收腹至上体成斜后倾45°，手心向上。第3~4拍上体回落至预备位置，反复1次。2×8拍第1~2拍用力收腹至上体成斜后倾45°，同时向右转45°，第3~4拍上体回落至预备位置，第5~6拍上体成斜后倾45°，同时向左转45°，第7~8拍上体回落至预备位置，反复练习1次。

动作要求：保持挺胸、抬头、立背形态，双腿并拢伸直，绷脚面。用收腹力量控制转体动作。

练习方法：仰卧平躺地毯上，双手在体侧手心向内。1×8拍第1~2拍用力收腹至上体成斜后倾45°，第3~4拍控制不动，第5~8拍慢回落至预备位置，反复练习4次。

动作要求：保持挺胸、抬头、立背形态，双腿并拢伸直，绷脚面。用收腹力量做上体直立转体动作。

练习方法：仰卧平躺地毯上，双腿并拢伸直，绷脚面，双手扶在头的后部。1×8拍第1拍收腹上体直立，向右转体90°，屈右腿小腿与地面平行。右肘对右腿膝关节控制1拍。第3~4拍还原成预备位置，第5~8拍换方向做，连续练习4×8拍。

动作要求：保持挺胸、抬头、立背形态，双腿并拢伸直，绷脚面。用收腹力量控制两头翘动作。

练习方法：仰卧平躺地毯上，双腿并拢伸直，绷脚面。1×8 拍第 1~2 拍用力收腹使上体和双腿同时向 45°抬起。第 3~4 拍还原成预备位置，连续练习 4×8 拍。

动作要求：保持挺胸、抬头、立背形态，双腿并拢伸直，绷脚面。用收腹力量控制两头翘动作。

练习方法：开肩仰卧平躺地毯上，双腿并拢伸直，绷脚面。1×8 拍第 1 拍用力收腹使上体和双腿同时抬起超过 45°。双手与脚在最高点接触。连续练习 2×8 拍。

动作要求：保持挺胸、抬头、立背形态，吸腿时要收紧，头用力上顶，开肩仰卧平躺时双腿并拢伸直，绷脚面。

练习方法：1×8 拍第 1 拍上体后倾双手贴于耳侧，双腿伸直，绷脚面。第 2 拍用力收腹迅速抬起上体和吸腿，形成预备姿势。连续做 4×8 拍。

动作要求：保持上体形态吸腿收紧，用收腹力量保持两头翘动作。

练习方法：坐在地毯上，上体正直，双腿并拢吸腿，脚尖点地，双手抱紧膝部。1×8 拍第 1~2 拍迅速弹小腿，使大小腿、脚尖成一直线，身体略向后倾，双臂伸直与腿平行。第 3~4 拍还原成预备姿势，反复练习 4×8 拍。

动作要求：保持挺胸、抬头、立背形态，双腿并拢伸直，绷脚面。用收腹的力量完成双腿 15°~25°上下和左右交错举腿动作。

练习方法：开肩仰卧平躺地毯上，双腿并拢伸直，绷脚面。双手上举贴于耳侧。1×8 拍双腿略抬离开地面 15°~25°，双腿上下交错，两拍一换，连续做 1×8 拍。2×8 拍双腿左右交错，连续做 1×8 拍。反复练习 4×8 拍。

七、髋部的柔韧性和臀部的塑形训练

髋部柔韧性的练习是形体训练的基本功练习之一，是增强整体柔韧性和全身协调性的重要环节。髋部柔韧性的优劣，直接影响着教学中动作的舒展、优美的程度。

1. 开胯练习

动作要求：保持立腰、立背、挺胸、顶头形态。侧吸腿时双脚尽量靠近髋关节，用力下颤。

练习方法：脚心相对，侧屈膝，坐在地毯上，双手扶住踝关节。双膝一拍向下颤动一次，练习 4×8 拍。

动作要求：双腿伸直，开肩平躺，动作过程中保持身体形态，动作腿尽量围绕髋关节做最大幅度的匀速转动。

练习方法：仰卧平躺地毯上，双腿并拢伸直，绷脚面，双手伸直上举。1×8

拍第1拍左腿上举至最大幅度。第2拍左腿从上举向旁侧落下贴于地面。第3拍左腿沿地面向右腿靠拢。第4拍还原成预备姿势。左右腿交替练习4×8拍。

动作要求：开肩平躺，双腿并拢伸直，绷脚面，擦地侧分腿，并拢上举时收紧腹部。

练习方法：仰卧平躺地毯上，双腿并拢伸直，绷脚面，双手伸直上举，手心向上置于耳两侧。1×8拍第1~2拍双腿侧分至最大限度。第3~4拍双腿由两侧并拢上举，绷脚面。第5~8拍双腿伸直慢落成预备姿势。反复练习4×8拍，中间不要停顿。

2. 顶髋练习

动作要求：双腿并拢，吸腿收紧，整脚掌着地。顶髋时，肩部、头部不可离开地毯，向上顶髋至最大限度。见图2-10。

图2-10　顶髋练习

练习方法：仰卧平躺地毯上，挺胸、收腹、立腰、立背，双腿并拢向正上方吸腿，双手心向下置于体侧。1×8拍第1拍用力顶髋展腹，控制2~4拍，第5~8拍还原成预备位置。反复练习4×8拍。

动作要求：大腿并拢，小腿分开，吸腿收紧，整脚掌着地。顶髋时，肩部、头部不可离开地毯，向上顶髋至最大限度。见图2-11。

图2-11　顶髋

练习方法：仰卧平躺地毯上，双手心向下置于体侧。大腿并拢吸腿，小腿分开，脚尖向前。1×8拍第1拍用力顶髋展腹，控制2~4拍，第5~8拍还原成预备位置。反复练习4×8拍。

动作要求：双腿开立，吸腿收紧，全脚掌着地。顶髋时，肩部、头部不可离开地毯，向上顶髋至最大限度。

练习方法：仰卧平躺地毯上，双脚开立吸腿至最大限度，手臂伸直，手心向下贴于体侧。1×8拍第1拍用力顶髋展腹，控制2~4拍，第5~8拍还原成预备位置。反复练习4×8拍。

八、腿部的力量、柔韧性及塑形训练

1. 脚面柔韧性练习

脚面柔韧性练习是上好形体课的重要环节。这对其他的练习以及组合练习都有着重要作用，是体现形体美、姿态美的一个重要标志。

（1）勾脚尖练习。

动作要求：保持紧臀、立腰、立背、挺胸、立颈、微抬头的姿态，双腿并拢伸直，绷脚面。

练习方法：直角坐于地毯上，双臂置于体侧，中指尖点地。1×8拍第1~2拍用力勾起双脚脚趾。第3~4拍勾起脚面，脚跟用力前蹬，使脚面与小腿的角度越小越好。第5~6拍再用力勾起双脚脚趾，第7~8拍绷脚面成预备姿态，反复1次。3×8拍第1~2拍勾左脚面，第3~4拍双脚交换，第5~8拍再勾左脚面、双脚交换。反复1次。5×8拍第1~4拍勾双脚，第5~8拍绷双脚。7×8拍第1~2拍双脚勾脚面，第3~4拍双脚外分开至最大限度，第5~6拍双脚经外侧向前，第7~8拍绷脚面结束。8×8拍第1~2拍双脚经外侧向前，第3~4拍双脚外分开至最大限度，第5~6拍双脚勾脚面，第7~8拍绷脚面结束。

（2）平躺吸腿绷脚面练习。

动作要求：收腹、绷脚面。见图2-12。

练习方法：平躺地毯上，双手心向下贴于体侧。1×8拍第1~4拍收左腿至胸前，使小腿与地面平行。绷直脚面，双手抱于左腿的膝关节处。第

图2-12　平躺吸腿绷脚面练习

5~8拍左腿伸直成准备姿势。2×8拍与1×8拍动作相同、方向相反，反复练习。

（3）单腿举绷脚面练习。

动作要求：保持紧臀、立腰、立背、挺胸、立颈、微抬头的姿态，双腿并拢伸直，腿侧落时不要转动膝关节。

练习方法：平躺地毯上，收腹、挺胸、绷脚面，双手心向下贴于体侧。1×8拍双腿并拢绷脚面控制，2×8拍左腿向正上方举起至最大限度，绷脚面控制，3×8拍左腿直腿向左侧落下，绷脚面控制，4×8拍直腿收腿至起始状态控制。第5×8~8×8拍动作同第1×8~4×8拍，方向相反。

（4）举腿勾、绷脚尖练习。

动作要求：勾、绷脚尖练习时双腿要伸直，控制好身体形态。

练习方法：平躺地毯上，收腹、挺胸、绷脚面，双手心向下贴于体侧。起始动作，4拍左腿向正上方绷脚面举起。1×8拍第1~4拍勾脚面，第5~8拍绷脚面。2×8拍动作同1×8拍，方向相反。4拍左腿还原成预备姿势。

（5）弹腿绷脚面练习。

动作要求：保持身体的基本姿态，收腿时大小腿夹紧，绷脚面，脚尖点地。弹腿时大腿不动小腿弹直。

练习方法：平躺地毯上，收腹、挺胸、绷脚面，双手心向下贴于体侧。1×8拍第1拍迅速向正上方吸左腿，控制3拍，第5拍左小腿弹直成举腿状态，控制3拍。2×8拍迅速向正上方吸左腿，控制3拍，第5×8拍左脚尖沿地面向前伸出至准备姿势，反复1次。

2. 腿部练习

腿部练习是基本功训练的主要部分，重点是加强髋关节、膝关节、踝关节的

坚固性和灵活性，以提高站立姿态的腿部支撑能力和优美的程度。

（1）压腿。

动作要求：保持立腰、立背、挺胸抬头的姿态，双腿伸直，绷脚面，向前压腿时双手沿地面远伸，腹胸贴地面。

练习方法：练习者分腿坐，双手体前扶地，协助练习者双手扶住练习者的后背肩胛骨处。1×8拍第1拍前半拍，协助练习者用力向前推练习者，后半拍回原位。第2~8拍动作同第1拍，反复练习4×8拍。5×8拍第1拍，将练习者推至最大限度，控制4×8拍。

动作要求：练习者保持身体形态的稳定性，双腿伸直，绷脚面。协助练习者双脚开立，夹住练习者膝关节处，双手推练习者的动作腿。

练习方法：练习者右手臂伸直，手心向下，左耳贴近右手臂，身体侧卧，手臂与脚尖成一直线。左手臂扶在胸前，左脚面外翻使脚面向上。协助练习者面对练习者站立。用4拍的时间。练习者左腿伸直侧举，协助练习者双手握住其踝关节。1×8拍第1拍前半拍，协助练习者向正前方用力推练习者的左腿，后半拍回原位。第2~8拍动作同第1拍。5×8拍第1拍，协助练习者将练习者的左腿向正前方推至最大限度，控制4×8拍。换方向练习。

动作要求：保持挺胸抬头的姿态，双腿并拢伸直，体前屈时腰部要用力下振。

练习方法：立正站立，双手体前交叉，手心向下。1×8拍第1拍前半拍，体前屈，手心贴近地面。后半拍上体稍抬起。第2~8拍动作同第1拍。5×8拍第1拍体前屈，双手手掌着地，控制4×8拍。

动作要求：保持上体姿态，双腿伸直，绷脚面，压腿时尽量用腹部贴近大腿。

练习方法：分腿坐，上体面对左腿，双手臂自然在左腿两侧扶地。用4拍完成上体下压、双手臂弯曲的起始动作。1×8拍第1拍前半拍，上体用力下压，后半拍上体略抬起，第2~8拍再上体用力下压，后半拍上体略抬起，反复练习4×8拍。5×8拍第1拍上体下压至最大限度，控制4×8拍。换方向练习。

动作要求：保持立腰、立背、挺胸抬头的姿态，后压腿时，动作腿要伸直。后下腰时，动作腿屈膝绷脚面。右腿大小腿折叠跪坐。

练习方法：左腿向后伸直，右腿大小腿折叠跪坐，上体正直，双手体侧指尖扶地。1×8拍第1拍前半拍上体用力后振，后半拍上体略回，第2~8拍再前半拍上体用力后振，后半拍上体略回，2×8拍动作同1×8拍，3×8拍第1拍左小腿向上屈膝，头向后仰，尽量贴近左脚尖。控制4×8拍，换方向练习。

（2）踢腿。

动作要求：保持双臂上举成开肩的形态，双腿伸直，绷好脚面，动作腿踢腿迅速，回落要有控制。

练习方法： 平躺地毯上，双手臂上举伸直，1×8 拍第 1 拍左腿向正前方踢出，第 2 拍左腿回落成预备姿势，反复练习 4×8 拍。5×8 拍第 1 拍左腿向正前方踢出至最大限度，控制 4×8 拍，换方向练习。

动作要求： 保持身体成一条直线，双腿伸直，绷好脚面，踢腿动作迅速而有力。

练习方法： 右手臂伸直，手心向下，右耳贴近右臂，身体侧卧，手臂至脚成一直线，左手臂扶在胸前，左脚面外翻向上。1×8 拍第 1 拍左腿向侧上方踢出，第 2 拍左腿回落成预备姿势，反复练习 4×8 拍。5×8 拍第 1 拍左腿向侧上方踢出至最大限度，控制 4×8 拍，换方向练习。

动作要求： 保持挺胸抬头的姿态，动作腿绷脚面伸直踢腿。

练习方法： 右腿跪撑，双手直臂撑地，左腿向后伸直绷脚面点地。1×8 拍第 1 拍左腿向左侧直腿踢出，第 2 拍左腿回落成预备姿势，反复练习 4×8 拍。换方向练习。

动作要求： 上体保持立腰、立背、挺胸抬头的姿态，双腿伸直绷脚面，踢腿离地 10 厘米即制动，脚面外翻。

练习方法： 右丁字步左侧对把杆站立，右手叉腰，左手扶杆。1×8 拍第 1 拍右脚擦地踢出，脚面外翻，第 2~6 拍控制，第 7 拍右脚点地，第 8 拍收成右丁字步，反复练习 4×8 拍。换方向练习。

动作要求： 上体保持立腰、立背、挺胸抬头的姿态，侧踢时髋关节不能晃动，动作腿脚尖离地 10 厘米即制动，脚面向上。

练习方法： 面对把杆，上体直立，双手扶杆。1×8 拍第 1 拍右腿向右擦地踢出，第 2~6 拍控制，第 7 拍右脚落地成右侧点地，第 8 拍收成右丁字步，双腿交换练习 8×8 拍。

动作要求： 上体保持立腰、立背、挺胸抬头的姿态，双腿伸直绷脚面，踢腿离地 10 厘米即制动，脚面外翻。

练习方法： 左侧面对把杆，上体直立，右手叉腰，右丁字步站立。1×8 拍第 1 拍右腿向后踢出，第 2~6 拍控制不动，第 7 拍右脚落地成后点地，第 8 拍收成右丁字步，双腿交换练习 8×8 拍。

（3）弹腿。

动作要求： 控制好开肩、平躺形态，吸腿时大小腿折叠至最小夹角，绷脚面，脚尖点地，弹腿时大腿不动，以脚面带动小腿弹直。

练习方法： 身体仰卧，双手臂伸直，平躺地毯上。1×8 拍第 1~2 拍向正上方吸腿，第 3~4 拍弹直左腿，第 5~6 拍再向正上方吸腿，第 7~8 拍还原成预备姿势。双腿交换练习 8×8 拍。

动作要求： 保持身体侧卧形态，脚尖沿伸直腿内侧运行至大小腿折叠最小夹角，膝关节向上，弹腿时大腿不动，脚背带动大腿弹直，连续弹腿时要迅速弹直，稍有停顿。

练习方法： 右手臂伸直，手心向下，右耳贴近右手臂，身体侧卧，从手臂至脚尖成一直线。1×8 拍第 1~2 拍左腿侧吸，第 3~4 拍弹直左腿，第 5~6 拍再向正上方吸腿，第 7~8 拍还原成预备姿势。双腿交换练习 8×8 拍。

动作要求： 上体保持立腰、立背、挺胸抬头的姿态，保持身体侧卧形态，脚尖沿伸直腿内侧运行至大小腿折叠最小夹角，膝关节向上，弹腿时大腿不动，脚背带动大腿弹直，连续弹腿时要迅速弹直，稍有停顿。

练习方法： 身体侧卧成一直线，右肘撑地，手指向前，手心向下，大臂垂于地面，左手体前扶地。1×8 拍第 1~2 拍左腿侧吸，第 3~4 拍弹直左腿，第 5、6、7 拍做快速吸腿、弹腿各一次，第 8 拍还原成预备姿势。

动作要求： 上体保持立腰、立背、挺胸抬头的姿态，吸腿时膝关节向前绷脚面，用脚背带动小腿弹直。

练习方法： 上体直立，左手扶把，右手叉腰，左腿支撑，右腿吸腿。1×8 拍第 1 拍右腿迅速弹直，第 2 拍控制不动，第 3 拍迅速收成预备姿势，第 4 拍控制不动，双腿交换反复练习 8×8 拍。

动作要求： 上体保持立腰、立背、挺胸抬头的姿态，吸腿时膝关节向前绷脚面，用脚背带动小腿弹直。侧吸腿膝关节向侧。

练习方法： 上体直立，左手扶把，右手叉腰，左腿支撑，右腿吸腿。1×8 拍第 1 拍右腿弹直，第 2 拍控制不动，第 3 拍迅速收成预备姿势，第 4 拍控制不动，双腿交换反复练习 8×8 拍。

（4）下蹲练习。

动作要求： 保持立腰、立背、挺胸抬头的姿态，下蹲时重心垂直升降，上体不能前倾后仰。见图 2-13。

练习方法： 上体直立，脚尖向前。1×8 拍第 1 拍双足提踵，第 2~4 拍匀速下蹲至全蹲状态，第 5~7 拍双腿匀速伸直至提踵立，第 8 拍成预备姿势，反复练习 8×8 拍。

图 2-13 下蹲练习

动作要求： 上体保持直立，前大吸腿，侧大吸腿时大腿尽量抬高，幅度要大。

练习方法： 上体直立，左手扶把，右手自然下垂，右丁字步站立。1×8 拍第 1~2 拍左脚提足踵至最高点，右腿前大吸腿，右手扶右腿膝关节处。第 3~4 拍左腿屈膝，右腿前点地，第 5~6 拍左脚提足踵至最高点，右腿向侧大吸腿，右手从后扶紧右膝关节处。第 7~8 拍左腿屈膝，右腿后点地，双腿交换反复练习 8×8 拍。

第二节 健美操运动

　　健美操运动作为一项集音乐、舞蹈、体操、美学于一体的新型独立的体育运动项目，它以其自身固有的价值和魅力，风靡世界，深受广大青年学生及群众的喜爱。健美操的起源可追溯到两千多年前，古希腊人对人体美的崇尚举世闻名，他们喜欢采用跑跳、投掷、柔软体操和健美舞蹈等各种体育项目进行人体美的锻炼。而古印度很早就有瑜伽术，其中的一些姿势与当前流行的健美操所常用的基本姿势是一致的。由此可见，古代人对健身、健美的追求是现代健美操形成与发展的基础。19世纪末20世纪初，欧洲出现了许多体操流派，他们的理论和时间上的创新对健美操的发展起到了推波助澜的作用。美国是对世界健美操的发展有着重要影响的国家。健美操源于英文原名"aerobics"，意为"有氧运动，有氧健美操"。aerobics原来只强调"有氧运动"的重要性，并且以训练心肺功能为主要目的。最早以有氧跑步健身为主，随着有氧运动的发展，到20世纪70年代末，健美操运动逐渐受到广大群众的欢迎，80年代初，美国健身影视明星简·方达根据自己的健身经验和体会大力推广有氧健美操的运动，1981年，她编辑出版的《简·方达健美术》引起了世界的轰动，这对健美操运动在全世界的发展起到了积极的促进作用。健美操运动于80年代初传入我国，随着遍及全球的健身热和娱乐体育的发展，健美操以其强大的生命力风靡全球。目前，健美操已列入我国学校体育教学大纲，成为学校体育教学的主要课程之一。

一、健美操运动的发展

　　1983年，美国举办了首届全美健美操锦标赛。1984年，首届远东区健美操大赛在日本举行。1984年起健美操运动在世界各地全面兴起。1990年美国主办了健美操世界冠军赛，日本主办了健美操世界杯赛。1995年国际体操联合会在法国举办了首届世界健美操锦标赛。

　　健美操是于20世纪70年代末传入我国的，随着各大新闻媒体对国外各种健美操的介绍，逐步推动了健美操在我国的广泛开展。1981~1983年，在健美操传入我国初期，不少高校教师陆续在报纸杂志上刊登了一些健美操和探讨美国教育的文章，并编排了一些健美操成套动作，如"哑铃健美操"、"形体健美操"，等等，从此追求人体健与美的"健美操"一词循序被广大体育工作者所采用。1984年，北京体育学院成立了健美操研究组，由其编排并推出的"青年韵律操"传遍全国各大专院校，掀起了无数青年学生学习它的热潮。健美操逐渐在我国各大院校得到普及，许多高校将健美操内容列入教学大纲，成为一项重要的体育教学内容，各种健美操教材也陆续出版，促进了健美操的理论研究。与此同时，表演性健美操和经济性健美操也开始在学校中出现，而高校良好的师资和场馆条件又为竞技健美操的普及奠定了基础，每年不少高校组织队伍参加各种形式的全国健美操比赛。

二、健美操运动的特点和分类

健美操运动的特点有：普及性，安全便捷，可适应性强；艺术性，是强身与健美的结合；文化性，丰富的内涵，鲜明的节奏，韵律的美感；普及与提高的结合，经济性健美操有一定的高难度，具有很高的欣赏价值。

健美操运动分为竞技性健美操、健身健美操和表演性健美操。竞技性健美操在练习场地的大小、练习人数的多少、特定动作、动作节奏快慢等方面有严格的统一标准，必须按规则进行，不得擅自更改。健身健美操的目的在于增进健康，改善体态。可为不同年龄层次的人所采用，它根据联系对象的需求进行创新，动作简单易学，节奏稍慢，时间长短不等，可编排5分钟到1小时，在练习的要求上可根据个体的需求，严格遵循健康、安全的原则，防止运动损伤的出现，最终达到锻炼身体的目的，健身健美操按练习形式可分为徒手健美操、器械健美操和特殊场地的健美操三大类。表演性健美操是我国特有的健美操种类，主要练习目的是"表演"，它是事先编排好的，为表演而设计的成套健美操。

三、健美操的基本动作

健美操的基本动作是健身健美操的核心，各种工作都是在此基础上产生和发展的。健美操任何组合动作都是以它为基本元素进行编排的，它的内容丰富，动作相对比较简单，练习者易于掌握和练习。

1. 常用的上肢动作

健美操的手臂动作除了自然摆动和一些舞蹈动作外，主要是模仿上肢力量练习的一些动作。这样做既美观，又使练习更加有效。

（1）常用手型。

1）并控式：五指伸直，相互并拢，大拇指微屈，指关节贴于食指旁。

2）分开式：五指用力伸直，充分张开。

3）芭蕾手式：五指微屈，后三指并拢，稍内收，拇指内扣。

4）拳式：握拳，拇指在外，指关节弯曲，紧贴于食指和中指。

5）立掌式：五指伸直，手掌用力上翘。

6）西班牙舞手式：五指用力，小指、无名指、中指自掌关节处依次屈，拇指稍内扣。

（2）常用的上肢动作。

1）屈臂：前臂与上臂角度不断减小。

2）伸臂：前臂与上臂角度不断增大。

3）侧举：臂伸直向两侧前方向抬起。

4）前举：臂伸直向身前方抬起。

5）屈臂摆动：屈肘在体侧自然地摆动，依次或同时进行。

6）上提：直臂或屈臂由下至上抬起，如直臂侧提。

7）下拉：臂由上举或侧上举拉至身体两侧。

8）胸前推：立掌，臂由肩部向前推。

9）肩上推：立掌，臂由肩部向上推。

10）冲掌：屈臂握拳，由腰间猛力向前冲拳。

11）绕和绕环：以肩关节为轴，手臂在 180°~360° 的运动为绕，大于 360° 以上的圆周运动为绕环。

12）摆动：以肩关节为轴，手臂在 180° 以内运动称为摆动。

13）交叉：两臂重叠成 X 形。

在进行上述上肢动作练习时，应注意肌肉的用力阶段，使动作富有弹性，避免上肢动作僵硬和肌肉的拉伤。

（3）健美操手臂的基本位置。前平举，见图 2-14；上举，见图 2-15；前上举，见图 2-16；前下举，见图 2-17；后下举，见图 2-18；下举，见图 2-19；侧上举，见图 2-20；侧下举，见图 2-21；侧平举，见图 2-22；胸前屈，见图 2-23；胸前平屈，见图 2-24；胸前上屈，见图 2-25；肩侧上屈，见图 2-26；肩侧下屈，见图 2-27；腰间侧屈，见图 2-28；叉腰，见图 2-29。

图 2-14 前平举

图 2-15 上举

图 2-16 前上举

图 2-17 前下举

图 2-18　后下举

图 2-19　下举

图 2-20　侧上举

图 2-21　侧下举

图 2-22　侧平举

图 2-23　胸前屈

图 2-24　胸前平屈

图 2-25　胸前上屈

图 2-26　肩侧上屈

图 2-27 肩侧下屈　　　　图 2-28 腰间侧屈 　　　　图 2-29 叉腰

2. 基本步伐

（1）脚与腿的基本位置。直立，见图 2-30；开立，见图 2-31；侧点地，见图 2-32；前点地，见图 2-33；后点地，见图 2-34；提踵立，见图 2-35；前弓步，见图 2-36；侧弓步，见图 2-37；半蹲，见图 2-38；全蹲，见图 2-39；跪立，见图 2-40。

图 2-30 直立 　　　　图 2-31 开立 　　　　图 2-32 侧点地

图 2-33 前点地 　　　　图 2-34 后点地 　　　　图 2-35 提踵立

图 2-36　前弓步

图 2-37　侧弓步

图 2-38　半蹲

图 2-39　全蹲

图 2-40　跪立

（2）基本步伐动作。基本步伐是健美操练习的重要组成部分，通过基本步伐的练习，能培养练习者的协调性和韵律感。

弹动：膝关节有弹性地屈伸，见图 2-41。

踏步：在原地两脚交替落地，见图 2-42。

图 2-41　弹动

图 2-42　踏步

走步：踏步移动身体，见图 2-43。

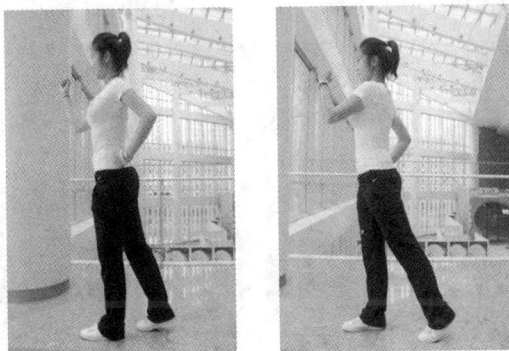

图 2-43　走步

一字步：向前一步并腿，向后一步并腿，见图 2-44。

图 2-44　一字步

V 字步：左脚向左前迈一步，紧接着右脚向右前迈一步，屈膝，然后依次退回原位，见图 2-45。

图 2-45　V 字步

漫步：左脚向前踏一步，屈膝，右脚稍抬起然后落回原处，接着左脚再向后踏一步，右脚同样稍抬起然后落回原处，见图 2-46。

图 2-46　漫步

并步：右脚向右侧迈一步，左脚前脚掌并于右脚脚弓处，稍屈膝下蹲，反之，见图 2-47。

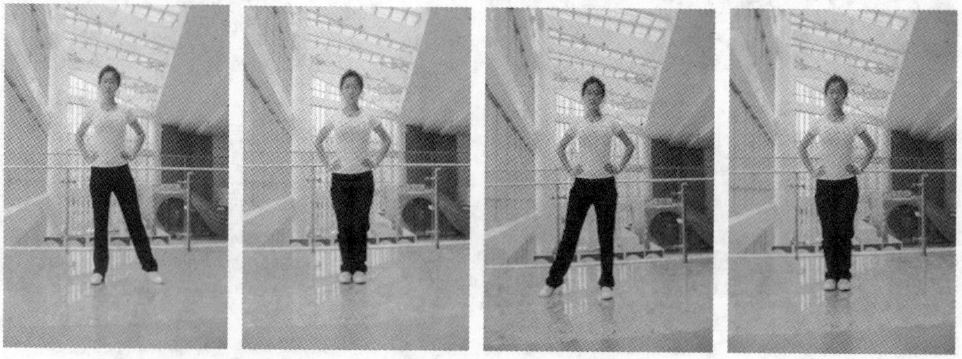

图 2-47　并步

交叉步：一腿向侧迈出，另一腿在其后交叉，稍屈膝，随之再向侧一步，另一脚并拢，见图 2-48。

图 2-48　交叉步

半蹲：两腿分开或并拢，屈膝，见图2-49。

点地：一脚尖或脚跟触地，另一腿稍屈膝，见图2-50。

图2-49　半蹲　　　　　　　　　　　　　　　图2-50　点地

移重心：一脚向侧迈一步，经过屈膝重心移至一脚支撑，另一脚侧点地，见图2-51。

后屈腿：一腿站立，另一腿后屈，然后还原，见图2-52。

图2-51　移重心　　　　　　　　　　　　　　图2-52　后屈腿

弓步：一腿向前（侧，后）迈步屈膝，另一腿伸直，见图2-53。

吸腿：一腿站立，另一腿屈膝向上抬起，见图2-54。

弹踢腿：一腿站立，另一腿先屈膝，然后向前下方弹直，见图2-55。

踢腿：一腿站立，另一腿直膝加速上踢，见图2-56。

（3）基本步伐组合。

1）交替类（组合一）8×8。

走步2×8

1×8：1~4：右腿开始向前走四步。

　　　5~8：右腿开始向后走四步。

图 2-53　弓步　　　　　　　　　图 2-54　吸腿

图 2-55　弹踢腿　　　　　　　　图 2-56　踢腿

2×8：重复 1×8。

踏步（分腿—并腿）1×8

1×8：1~2：右、左脚依次向两侧踏步。

　　　3~4：右、左脚依次还原踏步。

　　　5~8：重复 1~4。

一字步 1×8

1×8：1~2：右脚向前迈一步，左脚并于右脚

　　　3~4：右脚向后退一步，左脚并于右脚。

　　　5~8：重复 1~4。

漫步 2×8

1×8：1：右脚向前迈一步，屈膝重心随之前移，左脚稍抬起。

　　　2：左脚落下点地，重心后移落在左脚上。

　　　3：右脚向后退一步，屈膝重心随之后移，左脚稍抬起。

4：左脚落下点地，重心后移落在左脚上。

5~8：重复 1~4。

2×8：1~2：右脚向前做漫步，同时转体 180°。

3~4：重复 1~2，继续转体 180°。

5~6：同 1×8 中 1~4。

V 字步 2×8

1×8：1~2：右脚向右前侧方迈一步，左脚向左前侧方迈一步，成两腿开立屈膝。

3~4：右、左脚依次还原。

5~6：右脚向右后侧方迈一步，左脚向左后侧方迈一步，成两腿开立屈膝。

7~8：右、左脚依次还原。

2×8：同 1×8。

在此基础上缩减成 4×8，每个动作不重复。

1×8：走步。

2×8：踏步+一字步。

3×8：漫步。

4×8：V 字步。

2）迈步类（组合二）8×8。

迈步吸腿 2×8

1×8：1~2：右脚向前迈一步，左脚屈膝抬起。

3~4：左脚向后伸落地，右脚还原。

5~8：动作同 1~4，方向相反。

2×8：重复 1×8。

侧并步 2×8

1×8：1~2：右脚向右迈一步，左脚随之并于右脚侧屈膝点地。

3~4：动作同 1~2，方向相反。

5~8：右脚向右连续做两次侧并步。

2×8：动作同 1×8，方向相反。

迈步点地+交叉步 2×8

1×8：1~2：右脚向右侧迈一步，两腿经屈膝向侧移重心成左脚侧点地。

3~4：动作同 1~2，方向相反。

5~8：右脚向右侧迈一步，左脚在右脚后交叉，右脚再向右迈一步，左脚并于右脚屈膝点地。

2×8：动作同 1×8，方向相反。

迈步后屈腿 2×8

1×8：1~2：右脚向右侧迈一步，随之屈膝移重心，左腿后屈。

　　　3~4：动作同 1~2，方向相反。

　　　5~6：右脚向右侧迈一步，左腿后屈两次。

2×8：动作同 1~8，方向相反。

在此基础上缩减成 4×8，每个动作不重复。

1×8：迈步吸腿。

2×8：侧并步。

3×8：迈步点地+交叉步。

4×8：迈步后屈腿。

3）点地类+抬起类+双腿类（组合三）8×8。

脚跟点地+脚尖侧点地 2×8

1×8：1~2：左脚稍屈膝站立，右脚向前伸出，脚跟点地，然后还原并腿。

　　　3~4：动作同 1~2，方向相反。

　　　5~6：左腿稍屈膝站立，右腿向侧伸出，脚尖点地，然后还原并腿。

　　　7~8：动作同 5~6，方向相反。

2×8：动作同 1×8。

吸腿（跳）+ 踢腿（跳）2×8

1×8：1~2：左腿稍屈膝站立，右腿屈膝抬起，然后还原并腿。

　　　3~4：动作同 1~2，方向相反。

　　　5~6：左腿稍屈膝站立，右腿向前踢出，然后还原并腿。

　　　7~8：动作同 5~6，方向相反。

2×8：动作同 1~8。

半蹲+开合跳+弓步跳 2×8

1×8：1~2：分腿跳成半蹲。

　　　3~4：并腿跳还原。

　　　5~8：开合跳两次。

2×8：1~2：分腿跳成前弓步。

　　　3~4：并腿跳还原。

　　　5~8：动作同 1~4，方向相反。

后屈腿跳 + 弹踢腿跳 2×8

1×8：1~4：后屈腿跳四次。

　　　5~8：前弹踢腿跳两次。

2×8：1~4：动作同 1~4。

　　　5~8：侧弹踢腿跳两次。

在此基础上缩减成 4×8，每个动作不重复。

1×8：脚跟点地 + 脚尖侧点地。

2×8：吸腿跳 + 踢腿跳。

3×8：开合跳 + 弓步跳。

4×8：弹踢前腿跳 + 弹踢侧腿跳。

第三节　瑜伽运动

一、瑜伽运动的起源

瑜伽是从印度梵语 yug 或 yuj 而来，是一个发音，其含义为"一致"、"结合"或"和谐"。它集健美、强身、修心、养性于一身，是人类在最原始的自然状态下创造的一种身心双修的方法。瑜伽就是一个通过提升意识，帮助人类充分发挥潜能的体系。瑜伽姿势运动古老而易于掌握的技巧，改善人们生理、心理、情感和精神方面的能力，是一种达到身体、心灵与精神和谐统一的运动方式，古印度人更相信人可以与天合一，他们以不同的瑜伽修炼方法融入日常生活而奉行不渝：道德、忘我的动作、稳定的头脑、宗教性的责任、无欲无求、冥想和宇宙的自然和创造。

瑜伽通过多达 84000 余种不同体位伸展肌肉、雕塑形体、调节内分泌，并通过休息术和语音冥想放松神经、缓解压力、改善睡眠、延缓衰老、清晰思维，结合了力量、柔韧、平衡、放松和意识，来达到身心和谐的统一境界。瑜伽的练习，对人体的中心柱——脊椎以及其他部位的骨骼、关节、韧带都有很好的锻炼效果；对改善提高心血管系统、呼吸系统、免疫系统、骨骼系统功能也有很大益处。

近年在世界各地兴起和大热的瑜伽，并非只是一套流行或时髦的健身运动这么简单，瑜伽是一种非常古老的能量知识修炼方法，集哲学、科学和艺术于一身，瑜伽的基础建筑在古印度哲学上，数千年来，心理、生理和精神上的戒律已经成为印度文化中的一个重要组成部分，古代的瑜伽信徒发展了瑜伽体系，因为他们深信通过运动身体和调控呼吸，可以完全控制心智和情感以及保持永远健康的身体。

二、瑜伽运动的锻炼原则

适当地了解相关的运动生理学原则，对我们瑜伽教学过程中如何处理一些问题是非常重要的，也是非常有帮助的。

肠胃。练习前至少 3~4 小时、练完 1 小时进食对健身瑜伽练习者比较适宜，也比较科学，但如需要，喝杯流质食物也可以，另外练习前尽量解完大、小便、使膀胱及大肠内没有负荷。

呼吸。在没有特殊要求的情况下，都是用鼻子呼吸，正确的呼吸方法是瑜伽锻炼的灵魂，在初练一个体式的时候，尤其是不很熟悉的体位法，可以采用自然呼吸，先掌握体式的过程，等熟悉了以后，再与正确的呼吸方法结合起来，等熟练的时候，就是自然而然地运用呼吸来完成。

饮食。尽量多吃原生食物、粗粮，不要吃太精细，多吃水果、蔬菜，少食多餐，细嚼慢咽。

沐浴。在练习健身瑜伽前后至少 15 分钟淋浴。

音乐。练习时伴随健身瑜伽音乐或轻音乐，可以提高练习者兴趣，也可使神经更加安宁，心灵更加祥和。

三、瑜伽姿势

1. 热身姿势

基本坐姿（热身）。

（1）颈部转动功。动作要求与方法如下：

1）屈膝坐好，两手放于两膝上。

2）伸直脊柱，眼看前方，见图 2-57。

3）呼气，慢慢低头，伸展脊椎，眼看胸部，见图 2-58。

4）吸气，慢慢抬头，伸展颈部前侧，眼看正上方，见图 2-59。

图 2-57　伸直脊柱，眼看前方　　　图 2-58　呼气　　　图 2-59　吸气

5）呼气，回到中间。

6）重复一次后调整呼吸。

7）呼气，头转向左，以腰为轴，上体转向左，眼看左后方，伸展右侧颈部，右侧腰部，见图 2-60。

8）吸气，头转回中间。

9）呼气，头转向右，以腰为轴，上体转向右，眼看右后方，伸展左侧颈部，左侧腰部，见图 2-61。

10）吸气，头转回中间。

11）重复一次。

12）自然呼吸，顺时针方向转动颈部 5~6 次，见图 2-62；再逆时针方向转动颈部 5~6 次，见图 2-63。

图 2-60　左转头呼气　　图 2-61　右转头呼气　　图 2-62　自然呼吸　　图 2-63　自然呼吸

13）回到中间。

（2）双肩转动功。动作要求与方法如下：

1）屈膝坐好，两手放于体侧。

2）肩关节从前向后做 360°环转，3~6 次，见图 2-64。

3）肩关节从后向前做 360°环转，3~6 次，见图 2-65。

4）吸气，提肩向上，紧靠颈部耸起，见图 2-66。

图 2-64　肩关节从前向后做
　　　　　360°环转

图 2-65　肩关节从后向前做
　　　　　360°环转

图 2-66　吸气，提肩向
　　　　　上，紧靠颈部耸起

5）呼气，沉肩，向下，向外打开。

6）放松两臂、两肩。

7）吸气，两手侧平举，见图 2-67。

8）呼气，两手向两侧延伸，吸气，两手向上，手心交错相对，头夹于两臂间，见图2-68。

图2-67　吸气，两手侧平举

图2-68　呼气，两手向两侧延伸，吸气

9）呼气，低头，眼看胸部，见图2-69。

10）自然呼吸数秒。

11）吸气，抬头。

12）呼气、放下两手臂。

（3）胸、背的运动一。动作要求与方法如下：

动作的要求和方法：

1）屈膝坐好，两手放于体侧。

2）分开两腿，保持脊柱伸直，见图2-70。

图2-69　呼气，低头，眼看胸部

图2-70　分开两腿，保持脊柱伸直

3）以腰为轴，上体右转，呼气，上体贴近右腿前侧。

4）吸气，抬起上身躯干。

5）以腰为轴，上体左转，呼气，上体贴近左腿前侧，见图2-71。

6）吸气，抬起上身躯干，两手放于胸前地面，上体尽量贴地，两手分开，手指尽量朝脚趾处延伸，见图2-72。

图2-71　上体贴近左腿前侧　　　　　图2-72　上体贴地

7）两手放于体前，屈肘，抬起上体，放松。

（4）胸、背的运动二。动作要求与方法如下：

1）屈膝盘坐，两手放于体侧。

2）吸气，两手前平举，见图2-73。

3）呼气，两手侧分，在臀后十指相交，伸展颈部前侧，两肩往后收，夹紧背部，见图2-74。

4）放松两关节，两手臂胸前相抱，低头，伸展颈椎，见图2-75。

图2-73　吸气，两手前平举　　　图2-74　两肩后收夹紧背部　　　图2-75　两手臂胸前相抱

5）头转回中间，放下两手臂，放松全身。

（5）腰、腿的运动。动作要求与方法如下：

1）屈膝坐好，两手放于两膝上。

2）左腿朝左方伸出，右脚跟贴近会阴，保持左膝盖伸直，脚背绷直。

3）吸气，收紧两腰侧肌群。

4）呼气，上身躯干缓缓向左侧压下，尽量使上身躯干贴近左大腿前侧，伸出右手，抓住左脚尖，见图2-76。

5）吸气，抬起上身躯干。

6）交换两腿，在右侧做同样练习。

图2-76　上体躯干贴近左大腿

2. 站立姿势

（1）基本站立式。动作要求与方法如下：

1）两脚并拢站好，大脚趾微微分开，其余四趾平放于地面即可，头部放松，

正向前方。

2）紧绷两膝，收紧大腿后侧及两髋的肌肉。

3）挺胸收腹，伸直脊柱。

4）不要将全身重量放于脚趾或脚跟，要平均分配于整个脚底。

5）理想的站姿应是手放于头部上方，但为方便起见，两手可放于两大腿外侧，见图2-77。

（2）站姿伸展式。动作要求与方法如下：

1）按基本站姿站立。

2）吸气，两手侧平举，左腿向左侧伸展，见图2-78。

3）呼气，放下两臂及左腿。

4）吸气，两手侧平举，右腿向右侧伸展。

5）呼气，放下两臂及右腿。

6）吸气，两手上举，手掌相对，左腿向后伸展，见图2-79。

图2-77　基本站立式 　　　　图2-78　站姿伸展式 　　　　图2-79　站姿伸展式

7）呼气，放下两臂及左腿。

8）吸气，两手上举，手掌相对，右腿向后伸展，见图2-80。

9）呼气，放下两臂及右腿。

10）闭眼，放松全身。

（3）跳水功。动作要求与方法如下：

1）按基本站姿站立，两手放于体侧。

2）吸气，屈膝稍下蹲，两手前平举，见图2-81。

3）自然呼吸，保持此姿势数秒。

4）吸气，伸直两膝，两手臂放于体侧。

5）呼气，放松。

图2-80　站姿伸展式

6）重复 2 次。

（4）伸臂功。动作要求与方法如下：

1）按基本站姿站立，两手于胸前合十，见图 2-82。

2）吸气，两手慢慢举至头顶上方，挺胸，收腹，自然呼吸 30~60 秒，伸展脊柱，头尽量后仰，见图 2-83。

图 2-81　跳水功　　　　图 2-82　伸臂功　　　　图 2-83　伸臂功

3）呼气，慢慢伸直上体，双手合十放于胸前，低头放松。

4）重复此姿势 3 次。

（5）扩胸式。动作要求与方法如下：

1）按基本站姿站好。

2）吸气，两手从旁分开，慢慢上举，举至头顶上方，双手合十，尽量伸直肘部。

3）呼气，屈膝，臀部往下坐，身体重心下移，保持自然呼吸 30~60 秒，见图 2-84。

4）吸气，慢慢抬高身体。

5）呼气，两手从旁分开，慢慢放下，放于体侧。

6）重复 3 次后，闭眼放松全身。

（6）吸腿放松功。动作要求与方法如下：

1）按基本站姿站立。

2）吸气，屈左膝，膝盖尽量向上抬。

3）呼气，十指相交于左小腿前侧，尽量使膝靠近胸部，见图 2-85。

4）松开两手，左手滑下，抓住脚背，使左脚趾指向后方，左大腿与右大腿处于一个平面，右手指向右前方，保持 30~60 秒，见图 2-86。

5）呼气，两手放下，放于体侧，左脚放于右脚旁。

图 2-84　扩胸式　　　　　图 2-85　吸腿放松功 　　　　　图 2-86　吸腿放松功

6）换右腿做同样练习。

7）每侧重复 3 次。

（7）顶天式。动作要求与方法如下：

1）按基本站姿站立。

2）吸气，两手臂前平举。

3）呼气，两手臂侧分，在身后十指相交，伸直肘部，手心朝内（如肘部不能伸直，切勿勉强），双肩后收，夹紧背部，手心用力向后顶，抬头，伸展颈部，眼望上方，保持自然呼吸 10~15 秒，见图 2-87。

图 2-87　顶天式 　　图 2-88　顶天式

4）呼气，屈收颈部，脸朝前，放松双肩，两手臂在胸前相抱，微微低头，全身放松，见图 2-88。

5）吸气，慢慢回到正中位置。

6）重复 2~3 次。

（8）金鸡独立式。动作要求与方法如下：

1）按基本站姿站立。

2）身体略转向右侧，慢慢抬起左脚，左手抓住左脚背，重心移至右脚，上身躯干向右前方倾斜，右手做成二指指向右前方，保持 30~60 秒，见图 2-89。

3）慢慢放下左脚，放下两手，恢复基本站立式。

4）换左侧做同样的练习。

（9）脊柱伸展式。动作要求与方法如下：

1）按基本站姿站立。

2）吸气，两手从旁分开，慢慢举到头顶上方，十指相交，转动手腕，手心朝天，伸直肘部，见图 2-90。

3）呼气，抬起脚跟，以腰部为支点，将上身躯干朝左倾斜，体会右侧腰部的伸展，见图 2-91。

图 2-89　金鸡独立式　　　　图 2-90　脊柱伸展式　　　　图 2-91　脊柱伸展式

4）吸气，回到中间。

5）呼气，将上身躯干朝右倾斜，体会左侧腰部的伸展，吸气，回到中间。

6）每侧各做 8~10 次练习后，放下脚跟，呼气，两手放于体侧。

（10）三步蹲功。动作要求与方法如下：

1）按基本站姿站立，分开两脚，比肩略宽。

2）吸气，两手相交于腹前。

3）呼气，将身体放低约 30 厘米，见图 2-92。

4）吸气，抬高身体。

5）呼气，将身体放低约 60 厘米，见图 2-93。

6）吸气，抬高身体。

7）呼气，将身体放低约 90 厘米，见图 2-94。

图 2-92　三步蹲功　　　　　图 2-93　三步蹲功　　　　　图 2-94　三步蹲功

8）吸气，抬高身体，放松两手、两腿，放松全身。

9）此姿势重复 3 次。

（11）鞠躬式。动作要求与方法如下：

1）按基本站姿站立，两手臂举至头顶，屈肘，手握肘部，见图 2-95。

2）呼气，以腰部为支点，向前 90°弯曲上身躯体，保持 30~60 秒，见图 2-96。

3）吸气，慢慢抬起上身躯体。

4）呼气，两手臂侧分，放于体侧。

5）此姿势重复 3~5 次。

（12）展臂功。动作要求与方法如下：

1）按基本站姿站立。

图 2-95 鞠躬式　　图 2-96 鞠躬式

2）两手腕相交于腹前，见图 2-97。

3）吸气，两手臂延伸至头顶，脸朝上，眼看上方，见图 2-98。

4）呼气，两手分开，从旁慢慢放下，放于体侧，见图 2-99。

图 2-97 展臂功　　　图 2-98 展臂功　　　图 2-99 展臂功

5）吸气，两手从旁上举，举至头顶，两手腕相交，脸朝上，眼看上方。

6）呼气，两手臂从前放于腹前完成一个回合。

7）重复 3 次。

（13）手背式。动作要求与方法如下：

1）按基本站姿站立，双手在臀后十指相交，再将手背贴紧背下部，见图 2-100。

2）吸气，慢慢将手移至右腰侧，呼气，双肩后收，相交的两手紧贴右腰部，见图 2-101。

3）吸气，慢慢将手移至左腰侧，呼气，双肩后收，相交的两手紧贴左腰部。

4）每边做 3 次后，垂下两臂，放松。

（14）腰驱摇摆功。动作要求与方法如下：

1）按基本站姿站立，两脚分开，屈肘，十指在背后相交。

2）以腰部为支点，身体按顺时针方向转动 3~5 次，再按逆时针方向转动 3~5 次，见图 2-102。

（15）脊柱延伸功。动作要求与方法如下：

1）按基本站姿站立，两手放于体侧。

2）深深吸一口气后，呼气，以腰部为支点，上体向前向下延伸，两手放于脚的两旁，尽量伸直膝盖，见图 2-103。

图 2-100　手背式　图 2-101　手背式　图 2-102　腰驱摇摆功　图 2-103　脊柱延伸功

3）吸气，伸展颈部前侧，抬高头部，见图 2-104。

4）呼气，伸展颈部后侧，低下头部，上体尽量靠近两腿前侧，见图 2-105。

5）将低头与抬头的姿势交替进行 3 次。

6）吸气，慢慢抬起上体，回复基本站立式。

图 2-104　脊柱延伸功　图 2-105　脊柱延伸功

（16）拜日式。动作要求与方法如下：

1）按基本站姿站立，两手心相对，置于胸前，虔诚地向太阳予以膜拜，见

图 2-106。

2) 吸气，两手慢慢上举，举至头顶后，手心朝前，以腰部为支点，上体略向后倾，见图 2-107。

3) 呼气，以腰部为支点，上体前弯，逐渐将下背部、中背部、背部、头贴近腿部前侧，两手心尽量放于两脚外侧，见图 2-108。

图 2-106 拜日式　　　　图 2-107 拜日式　　　　图 2-108 拜日式

4) 吸气，左脚大大伸向后方，膝盖伸直，身体放低，同时抬头，见图 2-109。

5) 呼气，右脚伸向后方，紧贴左脚，见图 2-110，慢慢抬高臀部，见图 2-111。

图 2-109 拜日式　　　　　　　图 2-110 拜日式

6) 吸气，放低身体，屈肘。

7) 呼气，将腿、腹部放于地面，仰起头，伸展颈部，见图 2-112。

8) 吸气，再次抬高臀部。

9) 呼气，左腿收回到两手间，见图 2-113。

10) 吸气，右脚收回到左脚旁，见图 2-114。

图 2-111 拜日式

图 2-112 拜日式

图 2-113 拜日式

图 2-114 拜日式

11）呼气，抬高臀部。

12）吸气，两手慢慢上举，上身躯干慢慢抬起，略向后倾斜。

13）呼气，双手合十，落于胸前，回到起始姿势。

（17）全身伸展功。动作要求与方法如下：

1）按基本站姿站立，两脚微微分开，吸气，两手从旁慢慢举起，举至头顶，十指相交，转动手腕，手心朝天，保持屏息 30 秒，见图 2-115。

2）呼气，两手分开，从旁缓缓放下，闭眼放松 30~60 秒。

3）重复 3 次。

（18）铲头式。动作要求与方法如下：

1）按基本站姿站立，两脚分开。

2）两臂上举，手腕放松，手指自然垂落。

3）深吸一口气，然后呼气，以腰为轴，上体快速垂下，两手臂在两腿间自然摆动（不要刻意摆动），见图 2-116。

图 2-115 全身伸展功　　图 2-116 铲头式

4）吸气，以腰为轴，从下背部到中背部、上背部、颈椎部、头，逐渐抬高上体。

5）重复此姿势3次。

（19）腰躯转动式。动作要求与方法如下：

1）先按基本站姿站好，然后两脚大大分开。

2）两手高高举过头顶，十指相交，手心朝下，尽量伸直肘部。

3）呼气，以腰为支点，上体向前做90°弯曲，而后慢慢左转，见图2-117，再缓缓右转，转到正中后，吸气，抬起上体及两手臂。

4）呼气，两手臂慢慢放下。

5）自然呼吸两次后，再做这个练习，重复3次。

（20）侧转式。动作要求与方法如下：

1）按基本站姿站立，两脚分开约肩宽。

2）两手举过头顶，转动手腕，手心朝天，见图2-118。

3）呼气，身体朝右侧转过，左脚后跟抬离地面，见图2-119。

图2-117 腰躯转动式　　　　图2-118 侧转式　　　　图2-119 侧转式

4）吸气，慢慢转回中间。

5）呼气，身体朝左侧转过，右脚后跟抬离地面。

6）吸气，慢慢转回中间。

7）每边重复3次后，呼气，两手放回体侧。

3. 三角姿势

（1）基本三角式。动作要求与方法如下：

1）按基本站姿站立，两脚大大分开，伸直膝盖。

2）吸气，两手缓缓侧平举，肘部伸直，将两手延伸至最远。

3）伸直脊柱、颈椎，上身躯干保持挺立状态，见图2-120。

（2）侧腰转动式。动作要求与方法如下：

1）按基本三角式站立。

2）吸气，两手上举，双手合十。

3）呼气，上体左转，保持右脚心不要离地，见图2-121。

4）吸气，上体转回中间。

5）呼气，上体右转，保持左脚心不要离地。

6）吸气，上体转回中间。

7）左、右侧各做3次。

（3）三角伸展式一。动作要求与方法如下：

1）按基本三角式站立。

2）呼气，将右髋部向右方挺出，同时上体向左倾斜，伸直的两手臂与地面成90°，左手指尽量触到左脚尖，右手指指向天空，上身躯干转向右，眼望右脚尖，保持此姿势约30秒，见图2-122。

图2-120　基本三角式　　　图2-121　侧腰转动式　　　图2-122　三角伸展式一

3）吸气，身体缓缓回复到中间位置。

4）呼气，髋部向左方挺出，在右侧做同样的练习。

5）吸气，回到中间。

（4）三角伸展式二。动作要求与方法如下：

1）按基本三角式站立。

2）呼气，以腰为轴，上身躯干缓缓朝右下方转，尽量让左手指触到右脚尖，右手指指向后上方天空，上体转向右后方，眼望右手指尖，保持30~60秒，见图2-123。

3）吸气，缓缓抬起上身躯干，回复基本三角式。

4）呼气，反方向继续练习。

5）每侧重复3次。

（5）三角伸展式三。动作要求与方法如下：

1）按基本三角式站立。

2）呼气，以腰为轴，将卜体缓缓向右下转，尽量将左手指触到右脚外侧，右手指指向后侧天空，抬头，眼望前方，保持30~60秒后，吸气，回复基本三角式，见图2-124。

3）呼气，换左侧做同样的练习。

4）每侧做3次。

（6）大汉式。动作要求与方法如下：

1）按基本三角式站立。

2）屈右膝，做成右弓步，手心转向上。

3）吸气，屈肘，体会手臂肌肉的收紧，眼看右前方，自然呼吸，见图2-125。

图 2-123　三角伸展式二　　　图 2-124　三角伸展式三　　　图 2-125　大汉式

4）吸气，伸直右膝盖，呼气，放松两手臂。

5）换左侧做同样的练习。

（7）腰躯转动式二。动作要求与方法如下：

1）按基本三角式站立。

2）呼气，以腰为轴，上身躯干朝右方转动，右手触碰到左侧腰，左手摸到右肩，左肘部与两肩平齐，保持自然呼吸30~60秒，体会左侧腰部的拉伸，见图2-126。

3）吸气，回到中间。

4）呼气，转左侧做同样的练习。

5）吸气，回复到基本三角式后，重复2次。

（8）侧身伸展式。动作要求与方法如下：

1）按基本三角式站立。

2）屈右膝，两手侧平举，做成战士第二式。

3）呼气，以腰为轴，上体右转，右手尽量触及右脚外侧的地面，左手指向天空，再继续指向右前方，保持自然呼吸，体会从左脚外侧沿左腰、腋窝、手臂到指尖伸展的感觉，见图2-127。

4）吸气，右手离开地面，上体缓缓回到中间。

5）呼气，以腰为轴，上体左转，在左侧做同样的练习。

（9）啄地式。动作要求与方法如下：

1）按基本三角式站立。

2）吸气，两手在身后十指相交。

3）呼气，尽力屈右膝，同时上体前移，最后尽量将头靠近右脚尖，保持自然呼吸30~60秒，见图2-128。

图 2-126 腰躯转动式　　图 2-127 侧身伸展式　　图 2-128 啄地式

4）呼气，伸直右膝盖，慢慢将上体收回到中间位置。

5）呼气，在左侧做同样的练习。

（10）鹰的姿势。动作要求与方法如下：

1）按基本三角式站立，两手大拇指贴近其余四指。

2）吸气，两手举成水平，见图2-129。

3）呼气，上体前屈成90°，保持抬头，见图2-130。

4）吸气，两手后收，见图2-131。

5）呼气，手收至水平位置。

6）重复2次后，吸气，抬高上身躯干。

7）呼气，放下两手，放松手指关节。

（11）战士伸展式。动作要求与方法如下：

1）按基本三角式站立。

2）左脚向左前方指，右脚尖稍转向左大约15°，做成左弓步。

3）上身躯干转向前方，屈两肘，左手握拳，右手握住左手腕，上身躯干挺直，自然呼吸30~60秒，见图2-132。

图2-129　鹰的姿势

图2-130　鹰的姿势

图2-131　鹰的姿势

图2-132　战士伸展式

4）吸气，伸直右膝盖，放松两手，呼气，回复原位。

5）屈左膝，在左侧做同样练习。

（12）战士第一式。动作要求与方法如下：

1）按基本三角式站立，右脚尖指向右前方，左脚尖转向右方大约15°，屈右膝，做成右弓步。

2）上身躯干转向右方，吸气，两手慢慢从旁上举，两手举至头顶上方，双手合十，保持肘部伸直，见图2-133。

3）呼气，抬头，眼望指尖，自然呼吸30~60秒。

4）吸气，脸朝前，眼看前方，伸直右膝盖。

5）呼气，两手分开，自然放于体侧。

6）换左侧做同样的练习。

（13）战士第二式。动作要求与方法如下：

1）按基本三角式站立。

2）吸气，两手保持水平，身体以腰部为支点，转向右侧，头朝右，眼看右前方，意想看着心灵的最远处。

3）呼气，屈右膝，做成右弓步，见图2-134。

图 2-133　战士第一式 　　　　　　　　图 2-134　战士第二式

4）吸气，伸直右膝盖，上身躯干转向中间，同时头、颈转回中间（保持两臂伸直，尽量不要放下）。

5）呼气，屈左膝，做成左弓步，自然呼吸30~60秒。

6）吸气，伸直左膝盖，上身躯干转向中间，同时头、颈转回中间。

7）呼气，两手臂放下，两腿并拢，放松全身。

（14）战士第三式。动作要求与方法如下：

1）按基本三角式站立，先做战士第一式，慢慢将重心移至右脚，将举起的双臂缓缓前移。

2）慢慢将左腿抬起。

3）伸直右膝，保持左腿、上身躯干、头、手臂在同一直线上，保持30~60秒，见图2-135。

4）吸气，屈右膝，左脚尖落到地面。

5）呼气，两腿伸直，两手放下。

6）换右侧做同样的练习。

(15) 头触地式。动作要求与方法如下：

1) 按基本三角式站好，两脚再分开一些。

2) 呼气，上体前弯，两手平放于地面，见图2-136。

图2-135　战士第三式

图2-136　头触地式

3) 吸气，抬头延伸脊柱，伸展颈部前侧。

4) 呼气，慢慢将头顶于地面，两手抓住脚踝，见图2-137。

5) 两手放于头的两侧，伸直肘部，慢慢抬起上身躯干。

4. 坐立姿势

（1）基本坐姿。动作要求与方法如下：

1) 将臀部坐于地面，两腿向前伸直。

2) 自然伸直脊柱，伸直颈椎。

3) 两手放于体侧，保持两膝并拢，两脚内侧并拢，见图2-138。

图2-137　头触地式

图2-138　基本坐姿

（2）屈膝展背式。动作要求与方法如下：

1) 按基本坐姿坐好。

2) 屈右膝，使右小腿后侧紧贴右大腿。

3) 左手抓住左脚尖，吸气，勾脚，挺伸上体，见图2-139。

4) 呼气，左腿抬起，尽量贴近上体，绷直脚背，见图2-140。

5) 换左腿重做此姿势。

图 2-139 屈膝展背式

图 2-140 屈膝展背式

（3）足尖立地式。动作要求与方法如下：

1）按基本坐姿坐好。

2）屈膝，两膝指向外侧，脚心相对，脚跟靠近会阴部位，见图 2-141。

3）脚尖外指，慢慢抬起臀部，让足尖立地，两膝尽量靠地，形成能够三点一线（足尖和两膝）的姿势后，双手合十，保持平衡，见图 2-142。

4）将手放在身后，臀部落下，向前伸直两腿放松脚踝、脚趾。

（4）摇摆功。动作要求与方法如下：

1）按基本坐姿坐好。

2）屈膝，两手在小腿前侧相抱，见图 2-143。

图 2-141 足尖立地式

图 2-142 足尖立地式

图 2-143 摇摆功

3）上身稍向后仰，慢慢将身体前后摇摆，见图 2-144、图 2-145，摇摆 5~8 次，坐定放松。

4）继续做，共进行 5~6 次。

5）最后一次摇摆后闭眼放松，见图 2-146。

（5）三点一线功。动作要求与方法如下：

1）按基本坐姿坐好。

2）屈右膝，右脚跟放于左髋旁，见图 2-147。

3）屈左膝，左脚跟放于右髋旁，见图 2-148。

4）两手抓住两脚跟，挺直上身躯干，尽力使两膝与头在同一直线，保持30~60秒，自然呼吸。

5）呼气，放下两手，分开两腿，低头放松。

（6）侧腰伸展式。动作要求与方法如下：

1）按基本坐姿坐好，屈右膝，右脚跟抵会阴，右膝向外，左腿向左前方伸出，脚背绷直，膝盖伸直，让大小腿肌肉绷紧。

2）呼气，以腰为轴，收紧左侧腰，上身躯干压向左腿，伸出右臂，尽量使右手指触碰左脚尖，自然呼吸30~60秒，感觉右侧腰拉伸，见图2-149。

图 2-144　摇摆功　　　　图 2-145　摇摆功　　　　图 2-146　摇摆功

图 2-147　三点一线功　　　图 2-148　三点一线功　　　图 2-149　侧腰伸展式

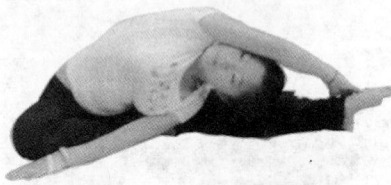

3）吸气，缓缓将上身躯干抬起，呼气，手臂放下。

4）换右侧做同样的练习。

（7）扭背式。动作要求与方法如下：

1）按基本坐姿坐好。

2）屈左膝，将左脚心置于右大腿外侧，右手从后绕过触及左大腿前侧，右手抓左脚尖，呼气，上体转向右，眼望右前方，见图2-150。

3）放松手和腿。

4）伸直左膝，屈右膝做同样的动作。

5）每边重复3次。

（8）旁扭式。动作要求与方法如下：

1）按基本坐姿坐好，两腿尽力分开。

2）吸气，两手侧平举，见图 2-151。

图 2-150　扭背式

图 2-151　旁扭式

3）呼气，以腰为支点，身体向左转，让右手手指触及左脚脚趾，左手指向后，头转至后，看左手指尖，见图 2-152。

4）吸气，回复到中间位置。

5）呼气，以腰为支点，身体向右转，让左手手指触及右脚脚趾，右手指向后，头转至后，看右手指尖。

图 2-152　旁扭式

6）吸气，回复到中间位置。

7）每侧各做 3 次。

（9）鹤的姿势。动作要求与方法如下：

1）按基本坐姿坐好。

2）屈左膝，左脚跟贴近会阴部位。

3）右腿向右前方伸直，尽量伸直膝盖，绷直脚背，见图 2-153。

4）吸气，屈左膝，见图 2-154。

图 2-153　鹤的姿势

图 2-154　鹤的姿势

5）呼气，将右脚尖转置身体前方。

6）自然呼吸，保持上体立直。

7）呼气，轻轻放下右腿，换左脚做同样的练习。

（10）抬腿平衡功。动作要求与方法如下：

1）按基本坐姿坐好，两腿前伸。

2）屈右膝，右小腿贴右大腿，见图 2-155。

3）屈左膝，两手专注左脚尖，并稍稍抬起左腿，见图 2-156。

4）慢慢伸直左膝盖，尽力将左腿贴近上身躯干，见图 2-157。

图 2-155　抬腿平衡功　　　　图 2-156　抬腿平衡功　　　　图 2-157　抬腿平衡功

5）保持 30~60 秒，自然呼吸，小心地放下右腿。

6）屈左膝，换右腿做同样的练习。

（11）臀部平衡功。动作要求与方法如下：

1）按基本坐姿坐好。

2）吸气，屈膝，两手抓住两脚尖，见图 2-158。

3）呼气，两脚慢慢上举，伸直膝盖，身体以臀部着地保持平衡，自然呼吸 30~60 秒，见图 2-159。

4）吸气，屈膝收回腿，见图 2-160。

图 2-158　臀部平衡功　　　　图 2-159　臀部平衡功　　　　图 2-160　臀部平衡功

5）呼气，松开两手放于体侧，两腿向前伸直，放松。

6）重复 2~3 次。

（12）屈膝扭动式。动作要求与方法如下：

1）按基本坐姿坐好，屈右膝，右脚放于右臀下。

2）左脚心放于右小腿旁。

3）右手抱住右小腿，左手心放于右腰处，上体右转，眼望右后方，自然呼吸 30~60 秒，见图 2-161。

4）吸气，慢慢转回上体及头部。

图 2-161　屈膝扭动式

5）呼气，两脚放松。

6）换左侧做同样的练习。

7）每侧重复 3 次。

5. 仰卧姿势

（1）基本仰卧式。动作要求与方法如下：

1）以背贴地躺下，两手放于体侧手心朝上。

2）伸直两腿，两腿内侧尽量并拢。

（2）仰卧摆臀功。动作要求与方法如下：

1）仰卧，两手相交于后脑勺。

2）屈膝，尽量让膝部抬高，见图 2-162。

3）将臀部抬离地面，呼气，左转，见图 2-163。

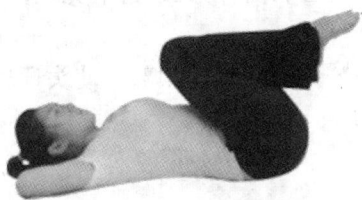

图 2-162　仰卧摆臀功

图 2-163　仰卧摆臀功

4）呼气，回到中间，再呼气，右转。

5）这样反复 8~10 次，最后呼气，伸直膝盖，放松两腿。

（3）展胯功。动作要求与方法如下：

1）仰卧，两腿向前伸直，并拢。

2）吸气，两腿抬至与上体垂直，见图 2-164。

3）呼气，分开两腿，并让两手指抓住两脚腕，见图 2-165。

4）两手用力向下压，尽量使胯部打开。

5）反复数次，屈膝放松两腿。

（4）轮式。动作要求与方法如下：

图 2-164 展跨功

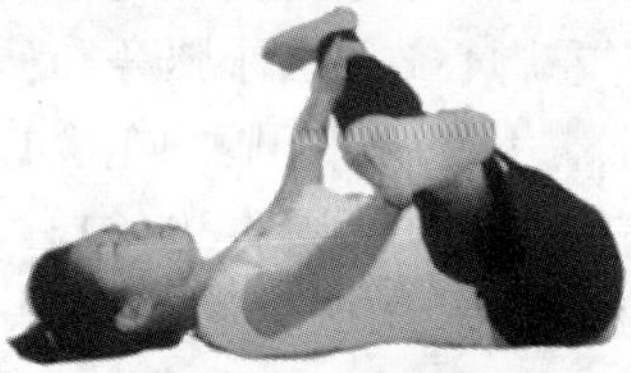

图 2-165 展胯功

1）仰卧，屈双膝，脚跟靠近大腿根部，两手放于体侧，手心朝下，见图 2-166。

2）呼气，稍伸膝盖，抬高臀部，自然呼吸两次，见图 2-167。

图 2-166 轮式

图 2-167 轮式

3）呼气，头顶离开地面，重心放落在手心与脚心，身体形成弓的形式，自然呼吸两次，见图 2-168。

4）呼气，将脚往手的方向移近，尽量将腹和臀升高，延伸颈部，使头顶尽量靠近臀部，延伸手臂，延伸两腿，保持 30~60 秒。

5）将两臂移远腿部，慢慢屈肘。

6）将头顶贴地，脚继续前移，将后脑勺贴地。

7）最后将臀部落于地面。

8）伸直两腿，两手放回于身体两侧，仰卧，闭眼全身放松。

（5）蹬自行车式。动作要求与方法如下：

1）仰卧于地上，两手放于体侧，手心朝下。

2）屈膝抬高两腿，感觉自己要蹬自行车。

3）先顺方向蹬 10 次，再反方向蹬 10 次，见图 2-169。

4）最后双腿按正方向、反方向各蹬 10 次。

5）伸直双腿平放于地面，手心转向上，微闭双眼，放松。

（6）仰卧展腿功。动作要求与方法如下：

1）仰卧，两手放于体侧，手心触地。

图 2-168 轮式

图 2-169 蹬自行车式

2）吸气，抬起右腿，手指抓脚尖，见图 2-170。

3）呼气，左腿、左脚慢慢触地，自然呼吸，见图 2-171。

图 2-170 仰卧展腿功

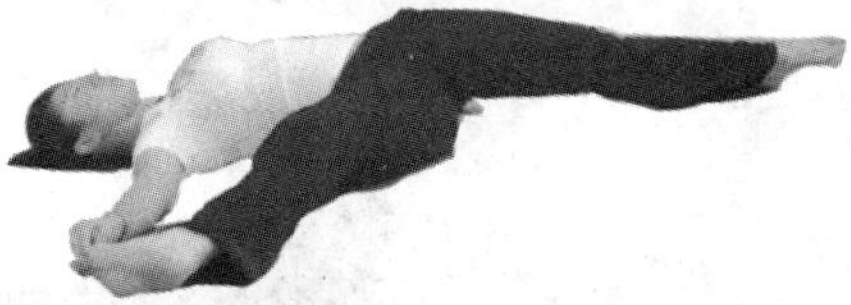

图 2-171 仰卧展腿功

4）吸气，左脚、左腿离地，抬至与地面垂直。

5）呼气，左腿慢慢放于右腿旁。

6）换右腿做同样的练习。

（7）屈肘船功。动作要求与方法如下：

1）仰卧，两手伸过头后，手心朝上，见图 2-172。

2）屈肘，两手十指交叉放于后脑勺处，见图 2-173。

图 2-172 屈肘船功

图 2-173 屈肘船功

3）吸气，慢慢抬起上体和两腿，保持屏息，见图 2-174。

4）呼气，轻轻放下上体和两腿，两手臂放回到体侧。

5）重复 2 次。

（8）仰卧扭脊功。动作要求与方法如下：

1）仰卧，两手十指相交，放于后脑勺处，肘关节尽量贴地，见图 2-175。

2）呼气，保持头和手臂不动，身体转向右侧，屈左膝，见图 2-176。

3）吸气，身体缓缓转回中间。

4）呼气，保持头和手臂不动，身体转向左侧，屈右膝。

5）吸气，身体缓缓转回中间。

6）每边重复 1~2 次。

（9）屈展式。动作要求与方法如下：

1）仰卧，吸气，将两腿抬至与地面垂直，见图 2-177。

图 2-174　屈肘船功

图 2-175　仰卧扭脊功

图 2-176　仰卧扭脊功

图 2-177　屈展式

2）呼气，两腿举至头后，脚尖贴地，收紧腹部，收紧大腿前侧肌肉，见图 2-178。

3）可能的话，将手举至头后，手心握住足尖，保持 30~60 秒。

4）吸气，将腿收回至垂直状态。

5）呼气，轻轻放回地面。

6）重复 2~3 次。

图 2-178　屈展式

（10）躺位展腿功。动作要求与方法如下：

1）仰卧，两手放于体侧，手心朝下。

2）吸气，两手从前举起，至与身体垂直时，呼气，慢慢将两手放于水平位置，手心朝下，见图 2-179。

3）吸气，抬左腿，举至垂直位置。

4）呼气，以腰部为支点，伸直的左腿向右前方放下，足尖尽量触地，膝盖伸直，见图 2-180。

图 2-179 躺位展腿功　　　　　　图 2-180 躺位展腿功

5）吸气，慢慢将左脚尖抬离地面，举至垂直。

6）呼气，慢慢放下左腿，自然呼吸 2 次。

7）换右腿做同样的练习。

6. 俯卧姿势

（1）基本俯卧式。动作要求与方法如下：

1）以胸贴地躺下，两手放于体侧，下巴贴地。

2）伸直两腿，两腿内侧尽量并拢，见图 2-181。

图 2-181　基本俯卧式

（2）蛙式。动作要求与方法如下：

1）俯卧。

2）屈双膝，两手抓住两脚踝，见图 2-182。

3）尽力向下压小腿，使两脚跟触地，自然呼吸，见图 2-183。

图 2-182　蛙式　　　　　　　　　图 2-183　蛙式

4）呼气，小心地放下两脚，重复 2~3 次。

（3）游泳式。动作要求与方法如下：

1）俯卧，两臂伸向头的前方，手心朝下。

2）吸气，抬起两手臂及两腿，见图 2-184，同时，两手臂划向两侧，尽力抬起头部及胸部，自然呼吸，见图 2-185。

3）呼气，轻轻放下所抬起的各身体部位。

4）两手臂伸向头的前方，重复 2 次。

（4）抱头后伸腿式。动作要求与方法如下：

1）俯卧，两手十指相交，抱于头后，见图 2-186。

2）吸气，抬高头部及两腿，尽可能两肘部分开，使胸部扩张，见图 2-187。

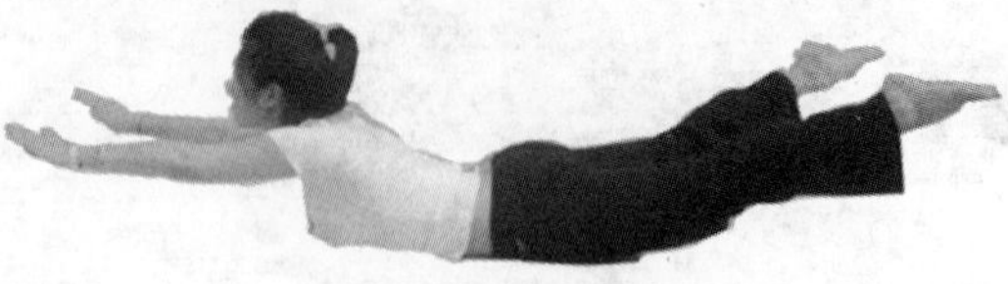

图 2-184 游泳式

图 2-185 游泳式

图 2-186 抱头后伸腿式

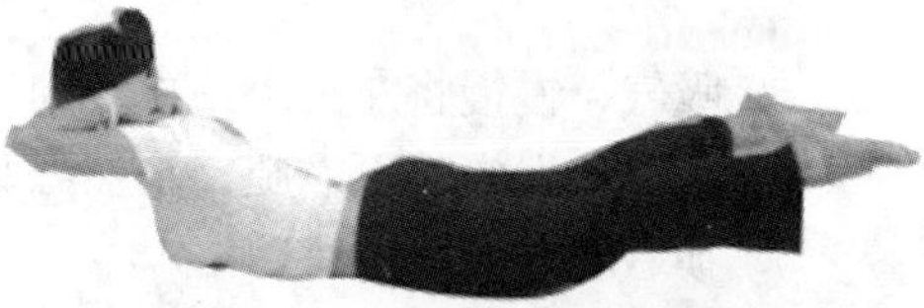

图 2-187 抱头后伸腿式

3）自然呼吸 30~60 秒。

4）呼气，轻轻放下两腿及头部，两手分开，放松。

（5）屈膝转腰式。动作要求与方法如下：

1）俯卧。

2）屈肘。两手抱肘贴于地面，向后屈膝，见图 2-188。

3）以腰为支点，上体尽量不动，呼气，并拢的两腿转向左侧地面，见图 2-189。

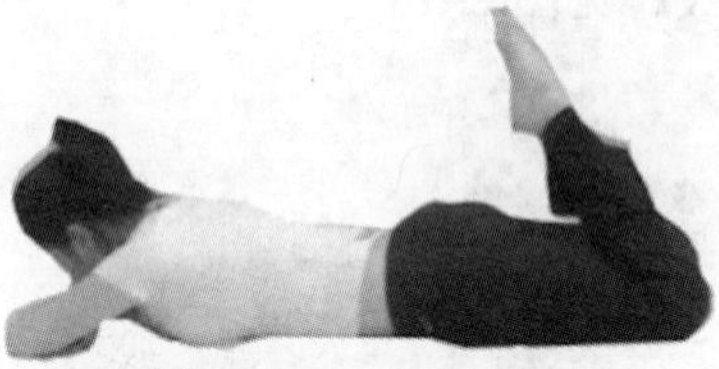

图 2-188 屈膝转腰式

图 2-189 屈膝转腰式

4）吸气，回中间。

5）呼气，两腿转向右侧地面。

6）左右各做 5~6 次，伸直膝盖，放下两腿，放松。

（6）交叉抬腿功。动作要求与方法如下：

1）俯卧，两手臂放于头的前方。

2）屈右膝，右手抓住右脚踝。

3）吸气，抬起左手臂及左腿，右手臂及右腿也抬高，见图 2-190。

4）呼气，将所有被抬起部位放下。

5）换左侧做同样的练习。

6）现在，用右手抓住左脚踝。

7）吸气，抬起左手臂及右腿，右手臂及左腿也抬高。

8）呼气，将所抬起部位放下。

9）换左侧做同样的练习。

（7）俯卧屈膝展腿式。动作要求与方法如下：

1）俯卧，两手十指相交，放于腹部下方。

2）臀部稍稍向后撅起，屈左膝，将伸直的右腿置于左脚心，见图 2-191。

图 2-190　交叉抬腿功

图 2-191　俯卧屈膝展腿式

3）自然呼吸 30~60 秒，慢慢将右腿放下。

4）屈右膝，将伸直的左腿置于右脚心。

5）自然呼吸 30~60 秒，慢慢将左腿放下。

6）两手从腹部下方分开，放于体侧，放下臀部。

（8）摇篮式。动作要求与方法如下：

1）俯卧，吸气，屈膝，小腿后侧贴近大腿后侧。

2）呼气，抬起上体，手握住脚背，同时将身体尽可能多地抬离地面，见图 2-192，自然呼吸。

3）吸气后，呼气，将身体稍向右摇动，右腰、右腿贴地，左腰、左腿尽可能地离地，见图 2-193。

图 2-192　摇篮式

图 2-193　摇篮式

4）吸气，回到中间，呼气，身体稍向左摆动，左腰、左腿贴地，右腰、右腿尽可能离地。

5）每侧重复 3 次后，回到中间，伸直腿放松。

（9）鳄鱼式。动作要求与方法如下：

1）俯卧，两手放于体侧，手心朝下。

2）屈肘，将两手放于头两侧，手心朝下，继续将手放于头后，十指相交于后脑勺，见图 2-194。

3）吸气，将头、胸部及两腿同时抬离地面，保持两大腿、两膝、两足并拢，见图 2-195。

图 2-194　鳄鱼式　　　　　　　　　　　图 2-195　鳄鱼式

4）呼气，将身体所有抬起部位轻轻放回地面，自然呼吸 2 次。

5）重复此姿势 3~5 次。

（10）后伸展式。动作要求与方法如下：

1）俯卧，两手放于体侧，手心朝下。

2）两手在臀后十指相交，伸展肘部。

3）吸气，两肩后收，夹紧背部，手用力向腿的方向伸展，头、颈部、胸部全部抬离地面，腿前侧紧紧贴地，屏息或自然呼吸数秒，见图 2-196。

4）呼气，分开十指，将头、颈部、胸部及两手臂轻轻放落到地面。

5）重复 3~5 次。

（11）单臂、单腿伸展式。动作要求与方法如下：

1）俯卧。

2）吸气，抬起左臂及右腿，屏息或自然呼吸数秒，见图 2-197。

图 2-196　后伸展式　　　　　　　　图 2-197　单臂、单腿伸展式

3）呼气，将手臂及腿轻轻放下。

4）吸气，抬起右臂及左腿，屏息或自然呼吸数秒。

5）呼气，将手臂及腿轻轻放下。

6）吸气，将两臂，两腿同时抬离地面，见图 2-198。

7）呼气，轻轻放下。

8）自然呼吸两次，重复一遍。

（12）下背部强壮功。动作要求与方法如下：

1）仰卧。

2）保持上身躯体贴地，吸气，慢慢向后抬起两腿，边保持膝盖伸直，边尽可能高地向上伸两腿，见图 2-199。

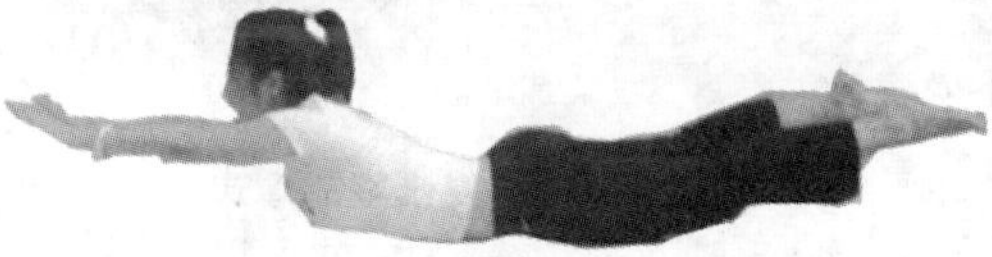

图 2-198　单臂、单腿伸展式

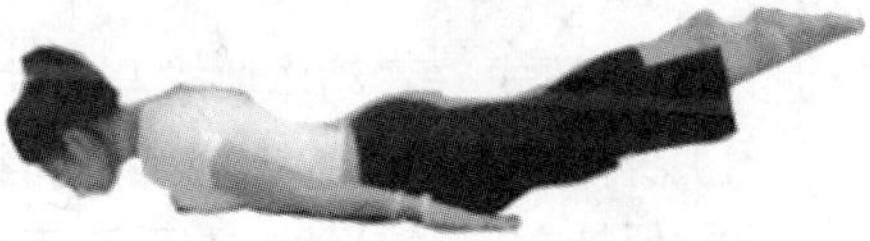

图 2-199　下背部强壮功

3）呼气，轻轻放下两腿。

4）重复 3 次。

（13）后弓式。动作要求与方法如下：

1）俯卧，两手放于体侧，手心朝下。

2）呼气，弯曲双膝，将手往后移，两手抓住两脚踝，胸部抬离地面，大腿抬离地面，见图 2-200。

3）仰起头，脸朝上，眼睛尽量往下看，继续用力向上拉两腿。

4）呼气，松开两手，将身体所有抬起部位放落于地面，将两小腿及两脚也放下。

（14）半蝗虫式。动作要求与方法如下：

1）俯卧。

2）勾脚，将脚尖触地，同时，两膝前移，见图 2-201。

图 2-200　后弓式

图 2-201　半蝗虫式

3）吸气，左腿慢慢向后提起，膝盖不必伸直，保持自然呼吸。

4）呼气，将左腿慢慢放下。

5）换右腿做同样的练习。

6）伸直身体，将全身放松。

7）每边重复 2~3 次。

7. 侧撑姿势

（1）基本侧撑式。动作要求与方法如下：

1）身体朝一侧斜躺，单手撑地，另一手放于腰侧，身体形成一条斜线。

2）保持腰部挺直，不要塌下，见图 2-202。

（2）侧撑式一。动作要求与方法如下：

1）身体朝左侧撑，形成一条斜线。

2）保持左手心贴地，右手放于体侧。

图 2-202　基本侧撑式

3）吸气，慢慢将右手抬起，向上举，两手臂形成一条直线，保持平衡，此时只有左手心及左脚外侧贴地，自然呼吸 30~60 秒，或保持更长时间，见图 2-203。

4）呼气，轻轻放下所有被抬起的身体部位，活动一下手腕及脚踝，仰卧 30 秒，彻底放松全身。

5）换右侧做同样的练习。

（3）侧撑式二。动作要求与方法如下：

1）侧撑。

2）呼气，左手从背后绕过，尽量放于右腰处，保持 30~60 秒，见图 2-204。

图 2-203　侧撑式一

图 2-204　侧撑式二

3）呼气，慢慢将身体放低。

4）换另一侧做同样练习。

（4）侧腿伸展式。动作要求与方法如下：

1）身体朝左侧斜躺。

2）吸气，伸直右腿慢慢上举，见图 2-205。

3）呼气，将伸直的右腿贴近头部，保持自然呼吸，见图 2-206。

图 2-205　侧腿伸展式

图 2-206　侧腿伸展式

4）呼气，慢慢放下右腿。

5）身体朝右侧斜躺，换左腿做同样的练习，见图 2-207。

（5）屈膝式。动作要求与方法如下：

1）身体朝右侧躺。

2）吸气，屈左膝，见图 2-208。

图 2-207　侧腿伸展式

图 2-208　屈膝式

3）呼气，左上臂贴左大腿内侧，前臂贴小腿外侧，手心抓脚尖指地，自然呼吸。

4）换左侧做同样的练习。

8. 跪立姿势

（1）基本跪立式。动作要求与方法如下：

1）屈膝跪下，脚尖或脚外侧着地均可，见图 2-209。

2）自然伸直脊柱，两手放于体侧。

（2）蛇伸展式。动作要求与方法如下：

1）基本跪姿跪好。

2）两手放于体前，手心朝下，身体俯贴于地面，胸部尽量贴近大腿，见图 2-210。

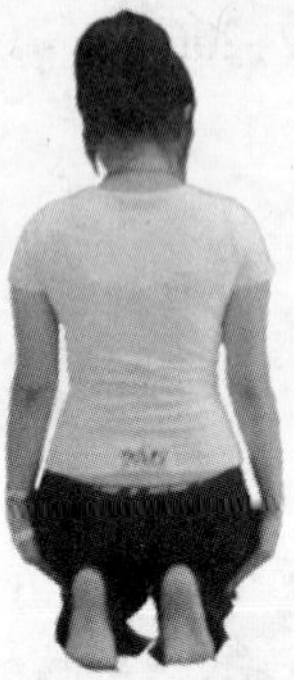

图 2-209　基本跪立式

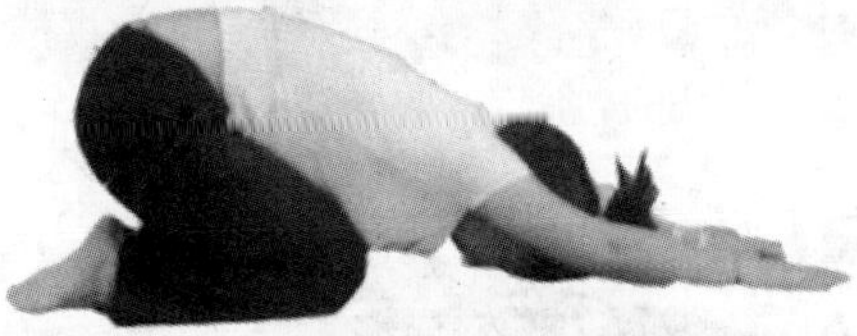

图 2-210　蛇伸展式

3）屈两肘，吸气，抬头带动颈部，整个身躯缓缓前行，见图 2-211。

4）最好伸直肘部，抬头，挺胸，见图 2-212。

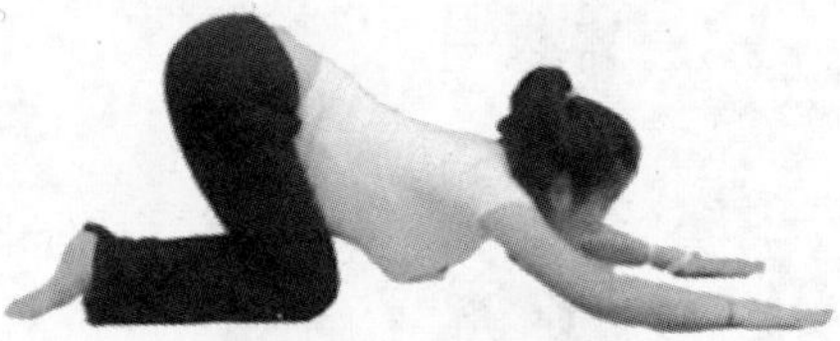

图 2-211　蛇伸展式

图 2-212　蛇伸展式

5）呼气，屈肘部，慢慢将身体往后屈收，脸朝下，放松。

6）重复一次。

（3）劈叉式。动作要求与方法如下：

1）基本跪姿跪好。

2）左腿向前伸，右腿向后伸，两手放于体侧。

3）用力撑两手，使两腿形成一直线，见图 2-213。

4）两手合十，放于胸前。

5）身体稍向后仰，而后呼气，上体及手臂向前下压，尽量贴左腿前侧，保持 30~60 秒，见图 2-214。

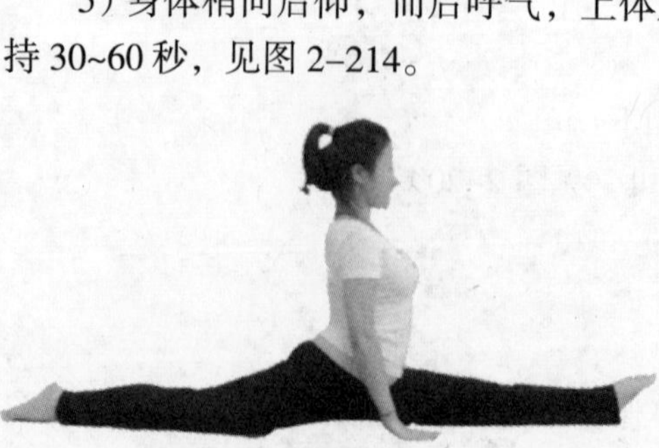

图 2-213　劈叉式

图 2-214　劈叉式

6）吸气，放松两手，上体回到中间。

7）换右腿做同样的练习。

（4）头顶地后伸腿式。动作要求与方法如下：

1）按基本跪姿跪好。

2）双手十指相交，放于前方地面，见图 2–215。

3）身体前移，将头顶放于手心，慢慢抬起臀部，见图 2–216。

图 2–215　头顶地后伸腿式

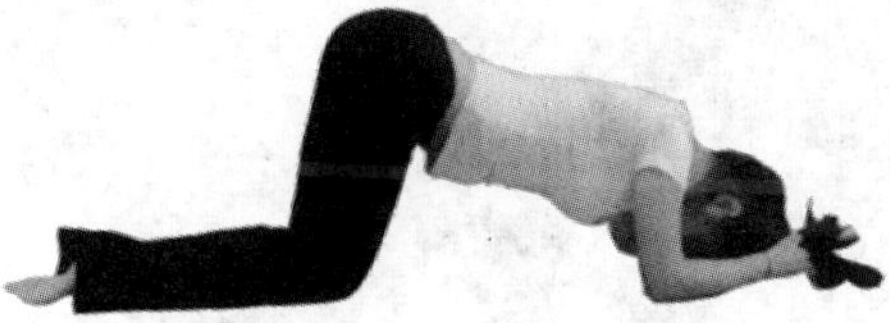

图 2–216　头顶地后伸腿式

4）呼气，抬起右腿向右后方伸出，感觉身体呈倒立状，见图 2–217。

5）吸气，慢慢屈收右腿，并将腿部坐落于脚跟，将前额放在手心，微闭双眼，放松。

6）换左腿做同样的练习。

7）每侧做 2 次后，伸直腿放松。

（5）伸臂后伸腿式。动作要求与方法如下：

1）按基本跪姿跪好。

2）两手放于体前，上身躯体向前，紧贴地面，两手臂向前方延伸，前额贴地，见图 2–218。

图 2–217　头顶地后伸腿式

图 2–218　伸臂后伸腿式

3）慢慢将臀部抬离脚跟，左腿向后方伸展，保持 30~60 秒，见图 2–219。

4）慢慢屈收左腿，将臀部放落于脚跟，微微抬头，闭上双眼放松。

5）将头和上体前移，两臂向前伸直，换右腿做同样的练习。

6）抬起上身躯干，坐立，闭眼放松全身。

（6）后伸腿式。动作要求与方法如下：

1）按基本跪姿跪立。

2）两手向前置于地面，约肩宽，见图2-220。

图 2-219 伸臂后伸腿式

图 2-220 后伸腿式

3）抬起臀部，慢慢将头顶置于两手中间位置。

4）边呼气，边抬起右腿，伸直膝盖，使右腿向后上方举起，保持30~60秒，见图2-221。

5）吸气，慢慢屈膝收腿。

6）边呼气，边抬左腿做同样的练习。

7）每侧重复3次。

（7）弓步压腿式。动作要求与方法如下：

1）按基本跪姿跪好，左腿向左前方移成弓步，双手放于左脚旁，保持身体平衡，见图2-222。

图 2-221 后伸腿式

图 2-222 弓步压腿式

2）吸气，身体前倾，重心前移，直至右大腿贴近地面，仰起头，见图2-223。

3）呼气，将头转向前，回复原位，反复3次后，微微闭眼，放松30秒，见图2-224。

图 2-223　弓步压腿式

图 2-224　弓步压腿式

4）换右腿做同样的练习。

（8）跪姿侧展式。动作要求与方法如下：

1）按基本跪姿跪立。

2）向左伸左脚，膝盖伸直，呼气，以腰为支点，将上身躯干尽量贴近左腿，右手触及左脚尖，见图 2-225，吸气，上身躯干慢慢回复到正中间。

3）向右伸出右脚，膝盖伸直，呼气，以腰为支点，将上身躯干尽量贴近右腿，左手触及右脚尖，吸气，上身躯干慢慢回复到正中间。

4）每侧重复 3 次。

（9）骆驼式。动作要求与方法如下：

1）按基本跪姿跪好，两手放于脚后跟，呼气，用力向前挺髋，挺胸，将身体挺成一个驼峰的形式，见图 2-226。

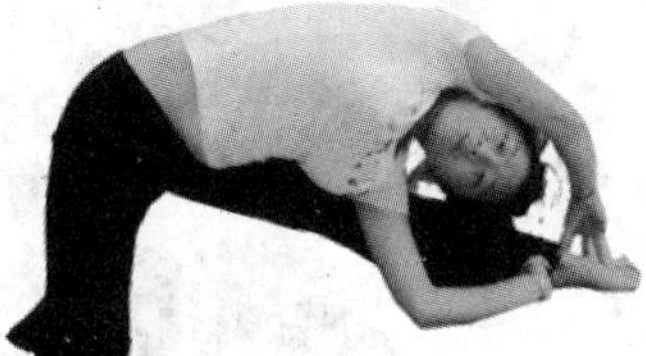

图 2-225　跪姿侧展式

图 2-226　骆驼式

2）尽量让大腿前侧肌肉伸展。

3）保持 30~60 秒。

4）两手慢慢离开两脚跟，伸直上体，放松全身。

5）重复 3 次。

9. 下蹲姿势

（1）单腿立式。动作要求与方法如下：

1）屈膝蹲下，见图 2-227，身体右转，见图 2-228。

2）右手放于右前方，手掌与脚底分开约肩宽。

图 2-227　单腿立式

图 2-228　单腿立式

3）慢慢抬起身体，伸直右膝盖，同时将左腿抬离地面，并与地面平行，左手放于左髋部，见图 2-229。

4）呼气，将左腿收回，仍回到屈膝下蹲状。

5）身体左转，左手放于左前方，手掌与脚底分开约肩宽。

6）慢慢抬起身体，伸直左膝盖，同时将右腿抬离地面，并与地面平行，右手放于右髋部。

7）呼气，将右腿收回，回到屈膝下蹲状。

8）吸气，慢慢站立，两手放于体侧，闭眼放松全身。

（2）跪姿立式。动作要求与方法如下：

1）屈膝下蹲。

2）左膝向前方跪下，左手放于左前方，右手放于右髋部，见图 2-230。

图 2-229　单腿立式

图 2-230　跪姿立式

3）吸气，慢慢抬起右腿，身体转向前，保持平衡，自然呼吸 30 秒，见图 2-231。

4）呼气，放下右腿。

5）换左腿做同样的练习。

6）右膝向前方跪下，右手放于右前方，左手放于左髋部。

7）吸气，慢慢向左方抬起左腿，保持平衡，自然呼吸 30 秒。

8）呼气，放下左腿。

9）重复 2~3 次。

（3）蹲姿伸展功。动作要求与方法如下：

1）两脚并拢下蹲，两膝并拢，两手放于足背，见图 2-232。

图 2-231 跪姿立式

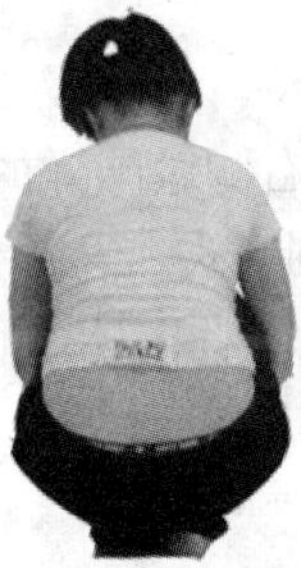

图 2-232 蹲姿伸展功

2）向左伸直左腿，上体前屈，慢慢放落于两腿间，右手从大、小腿内侧转至外侧，左手臂转至背后，十指在背后相交，见图 2-233。

3）呼气，放松。

4）换右侧做同样的练习。

5）每侧重复 3 次。

10. 双人健身瑜伽

（1）猫式。动作要求与方法如下：

1）按基本跪姿跪好。

2）两手放于胸前地面，抬起臀部。

3）呼气，抬头，收缩背部肌肉，背部凹下。

4）吸气，低头，弓起背部。

5）尽量深长的吸气和呼气，将弓背和凹背各做 8~10 次。

6）回复到基本跪立式，放松。

图 2-233 蹲姿伸展功

（2）虎式。动作要求与方法如下：

1）按基本跪姿跪好。

2）两手放于胸前地面，抬起臀部。

3）呼气，向后伸出右腿，保持头、背、腿成一条直线。

4）吸气，屈左膝，低头拱起背部，收缩腹肌。

5）呼气，抬头，凹下背部，向后上方伸直左腿。

6）放下右腿，换左腿做同样的练习。

（3）扭背式。动作要求与方法如下：

1）按基本坐姿坐好。

2）屈左膝，将左脚心放于右大腿旁。

3）左手抓住右脚尖，右手绕过后背置于左侧腰，头转向左，眼看左前方，伸直背部。

4）保持自然呼吸，慢慢将头转回中间，伸直左腿放松。

5）换右侧做同样的练习。

（4）倒箭式。动作要求与方法如下：

1）二人对坐，中间相隔约 1 米。

2）向上举起两腿，伸直膝盖，二人脚心对脚心，尽量保持腹肌收紧，背部挺直。

3）慢慢放下两腿，重复 1~2 次。

（5）蹲功。动作要求与方法如下：

1）二人手拉手相对站立。

2）深吸气后，呼气，身体约放低 30 厘米。

3）深吸气后，呼气，身体约放低 60 厘米。

4）深吸气后，呼气，身体约放低 90 厘米。

5）吸气，站立，放松手臂及腿部肌肉。

（6）挺胸收腹功。动作要求与方法如下：

1）二人对坐，向前伸出两腿，两手放于臀后，膝盖相贴。

2）二人慢慢伸直手臂，头向后仰。

3）向前挺胸，收紧腹肌，下腰部向前推送小腹。

4）对坐，放松全身。

（7）直角功。动作要求与方法如下：

1）二人相向而立，两手臂前平举，手心放于对方肩部。

2）呼气，上体前弯成 90°，背部伸直。

3）分开两手，呼气，慢慢抬起上体，放松，重复 1~2 次。

四、瑜伽呼吸法

呼吸分为腹式呼吸、胸式呼吸和腹胸完全呼吸。腹式呼吸是从肺的底部进行呼吸，腹动胸不动；胸式呼吸是从肺的中部进行呼吸，胸动腹相对不动；腹胸完全呼吸是肺的上、中、下三部分都参与呼吸的运动。采用一种放松的姿势坐或躺，先呼后吸，先让肺变空，其精髓在于横膈膜的运动。练习要领是先呼，腹部往里即腰椎处收缩，这样才能对内脏进行按摩，淤积在内脏的动脉血液就会被挤压出来；吸气时肩膀不要用力，上半身尽量放松，整个感觉是下沉上浮。用呼吸法排出二氧化碳，瑜伽称此为"毒素"，且排出的是普通呼吸法的 3 倍以上，这种方法可使新鲜空气，瑜伽称"普拉那"——生命能量，按照所排出的二氧化碳量被吸入体内。在吸气的过程中，横膈膜会松弛地下降，内脏从挤压的状态中恢复原状，从心脏输送出的新鲜血液会被内脏完全吸收。

腹式呼吸和胸式呼吸结合起来进行，这样呼吸器官全动起来，新鲜的空气充满了肺，这才是正确的瑜伽呼吸方法。

经常练习瑜伽呼吸法，能预防和治疗感冒、哮喘等疾病，它给整个呼吸系统以良好的刺激。

1. 交替呼吸法

按简易坐的姿势坐好，右手轻轻握拳，伸出拇指、食指和中指。

将并拢的食指和中指放于两眉间的眉心，先用无名指按住左鼻孔，使空气从右鼻孔进入；用大拇指按住右鼻孔，屏息数十秒；松开无名指，使空气完全从左鼻孔呼出；从左鼻孔吸气，右鼻孔呼气重做这个练习；此姿势一般做 30~50 次。

2. 清凉调息功

按简易坐的姿势坐好，两手放于两膝上；将舌头卷成一个卷，放于两唇间；通过这个小卷深深吸气，感觉到一股清凉的空气吸入腹部；收进舌尖，闭上嘴，低头，屏息一会儿；抬头，通过鼻孔将所有空气尽可能完全排出；这样吸气、屏息、呼气，反复 20~30 次。

思考题：

1. 形体塑身运动包括哪些训练项目？

2. 健美操的基本动作有哪些？

3. 瑜伽运动的锻炼原则是什么？

第三章　武术运动

第一节　武术运动概况

一、武术运动的发展

武术是以技击动作为主要内容，以套路和格斗为运动形式，注重内外兼修的中国传统体育项目。它具有强身健体、防身自卫、锻炼意志、陶冶性情、竞技比赛、娱乐观赏的功能，是一项具有广泛社会价值和民族文化特色的中国传统体育项目。

武术是我们的祖先在适应大自然的过程中产生的。据载，阴康氏时"民多重腿之疾"，人们在举手蹈足中发现"摇筋骨，动关节"之舞可以通利关节，于是"教人引舞以力导之"。殷周时期，武术形成了"呼以多方小子小臣"来殷习武的局面，具有吸引八方来客的魅力。春秋战国时期，群雄图霸，齐国招募有"拳勇股肱之力，筋骨秀出众者"参加军队，至秦，罢讲武之礼，集艺人作角抵戏，使之渐趋文化娱乐之流。两晋南北朝时期，西晋陈寿的名著《三国志》中有"武艺"一名。入唐以后，武术兼容并包艺术美学的倾向更显突出，尤以剑术为盛。至宋代，武术理论上的总结多以系统的拳谱为代表，西环拳、岳家拳、武松拳诸拳谱相继被现代的挖掘整理所发现。继两宋之后，明、清武术再次呈现出大发展的势态。20世纪初，西方体育传入，体操对武术产生了较大的影响。中华人民共和国成立后，武术作为社会主义文化和人民体育事业的一个组成部分，得到了蓬勃发展。同时，武术在各级学校也成为体育教育的内容之一。

1956年，中国武术协会在北京成立，武术正式定为体育表演项目，并在北京举办了12单位武术表演大会，首次采用试行评分的办法，比较具体地区分运动员技术水平的高低。1957年，国家体育运动委员会将武术列为体育竞赛项目，举行了全国性的武术比赛和表演。1985年，在西安举行了首届国际武术邀请赛，成立了国际武术联合会筹委会，这是武术对外发展中的历史性突破。1987 年、1989 年和 1992 年，分别在横滨、香港地区、汉城举行了第一、二、三届亚洲武术锦标赛。1990 年，武术进入了第十一届亚运会竞技体坛。1991 年，第一届世界武术锦标赛在北京举行，之后两年一次，分别在马来西亚和美国举办了第二、第三届世界锦标赛。

二、武术基本礼节

1. 徒手礼

（1）抱拳礼。并步站立，左手四指并拢伸直成掌，拇指屈拢；右手成拳，左掌心掩贴右拳面，左指间与下额平齐。右拳眼斜对胸窝，置于胸前屈臂成圆，肘尖略下垂，拳掌与胸相距 20~30 厘米。头正，身直，目视受礼者。

（2）注目礼。并步站立，目视受礼者或向前平视，勿低头弯腰，表示对受礼者的恭敬、尊重。

2. 持器械礼

左手持械，屈臂，使器械贴于小臂外侧，斜于胸前，械刃朝上或下，右手拇指曲拢成斜侧立掌，以掌根附于左腕内侧。两腕部与锁骨窝同高，肘略低于手，两臂外撑，目视受礼者。

三、武术图解

1. 图的画面

在图解中，图的画面表示该动作的身体姿势，有的画面是身体的定式动作，有的画面是动作运行过程中某一过程的身体姿势。

2. 动作路线

在一般的武术图解中，均用运动路线来说明身体部位下一动作的行进路线。运动路线通常是用虚线或实线来表示。有的图用虚线表示身体上肢动作，用实线表示身体下肢动作。有的图则以虚线表示身体左侧上下肢动作，以实线表示身体右侧上下肢动作。

3. 文字解释

在图解的文字说明中，一般首先写动作的运动方向，如向左、向右等；其次写下肢的动作，如步型、步法、腿法等；随后写上肢动作，如手型、手法、器械握持和运行方法等；最后写目光注视的方向。如果在文字说明中有"左（右）"或"右（左）"的写法，一般是指左、右均可，或右、左均可互换的意思。

四、武术的形式与分类

武术按其运动形式，可分为套路运动和格斗运动两大类。

1. 套路运动

套路运动是以踢、打、摔、拿等技击动作为素材，按照攻守进退、动静急徐、刚柔虚实等矛盾运动的变化规律编成的整套练习形式。主要内容有拳术、器械、对练、集体表演。

2. 格斗运动

格斗运动是指两人在一定条件下，按照一定的规则进行的斗智较力的对抗练习形式。主要包括散打、推手和短兵三项。

五、武术的特点和作用

1. 武术的特点

（1）技击的特点。众所周知，在古代，部落之间、民族之间、宗族之间乃至人与人之间的战争，冲突、械斗、格斗时有发生。武术一开始就与战争联系在一起，战争与格斗的需要促进了武术的发展，武术反过来又服务于战争。习云太先生指出"最早的拳术套路与技击紧密结合，是训练攻防格斗技术的重要手段之一"。今天，它的攻防格斗技术依然运用于公安、武警等部分领域。套路中不少动作在规格、幅度等方面经提炼和升华，已与技击的原形动作不一样，但是动作的方法仍然保留着技击的特点。

（2）内外合一的民族特点。武术在练功和演练方面形成的民族风格是我国优秀的文化遗产。"内外兼修、身心交益"都可以看到这种内与外、形与神和谐一致的整体意识。这个特点在套路运动中尤为突出，体现了武术的精髓。

2. 武术的作用

（1）增强体质、身心锻炼。通过外练可以达到利关节、便手足、强筋骨、壮体魄，通过内修达到理脏腑、通经脉、调精神、出智慧，起到了"心身交益"的作用。

（2）锻炼意志品质，培养道德情操。为武之道，以德为本。学武习德，这是武术的规矩。"夏练三伏，冬练三九"培养了习武者坚韧不拔的精神毅力、吃苦耐劳的意志品质。

（3）掌握技击，提高防身技能。

（4）丰富业余生活。武术具有观赏的价值。各种精彩的演练都会给观众或演练者带来乐趣，给人以健与美的享受。

六、武术竞赛的有关规则

1. 自选项目评分操作方法

（1）演练水平的评分方法与应得分。3名裁判员和1名裁判长共4人对运动员演练套路的"劲力、节奏、音乐"进行评分，取中间两个分数的平均值为演练水平的等级分；3 名裁判员和 1 名裁判长共 4 人中至少 2 人对运动员演练套路时的编排错误确认一致即为有效，经确认的编排错误的分数之和为编排错误的扣分；演练水平的等级分减去编排错误的扣分为运动员演练水平的应得分。

（2）难度应得分的确定。C 组 3 名裁判员和 1 名副裁判长共 4 人中至少 3 人对运动员同一动作难度和连接难度的完成情况确认一致即为有效；经确认的动作难度和连接难度的分数之和为运动员的难度应得分。

2. 自选项目的有关说明

（1）持久平衡静止时间：以首次出现静止状态开始计时。

（2）后腿明显弯曲：指膝关节弯曲角度小于 135°。

（3）屈蹲腿未接近半蹲：指屈蹲时大腿与水平线的夹角大于 45°（含 45°）。

（4）马步两脚间距过小：指马步两脚横向距离小于本人肩宽。

（5）马步上体明显前倾：指马步静止时躯干前倾超过 45°（含 45°）。

（6）晃动：指双脚或单脚支撑时，上体出现的双向位移。

（7）碾动：指单脚落地时脚掌或脚跟出现拧动。

（8）移动：指双脚支撑时任何一脚出现的位移。

（9）附加支撑：指由于失去平衡造成手、肘、膝、头部、上臂、非支撑脚触地或借助器械撑地。

（10）倒地：指双手、肩、躯干、臀部触地。

（11）对"水平"的评判均以被评判部位的垂直轴线为准。

（12）对各种步型的评判均以静止状态为准。

（13）对步法或器械方法错误的扣分均以同类动作组合为单元，每种错误多次出现只扣一次。

3. 对练项目的有关说明

（1）远离进攻部位：指进攻方的身体进攻部位或器械进攻部位未及或偏离攻击部位。

（2）静止姿势时间超出：指定式动作和倒地动作停顿时间超过 3 秒。

（3）无攻防演练时间超出：指非攻防动作演练时间超过 3 秒。

（4）击打落空或防守落空：指攻守双方未击中或未防中对方。

（5）等待：指攻守双方在配合上动作抢先出现的停顿或中断。

（6）器械变形：指器械弯曲角度小于 135°（含 135°）。

4. 武术竞赛裁判员服装

裁判员应着赛会规定的统一服装，佩戴统一的裁判标志。

5. 武术竞赛运动员服装

（1）比赛时，必须穿规定的服装。

（2）服装上不得有多余的附带物。

（3）鞋子为武术鞋或运动鞋。

6. 武术竞赛长拳套路的内容规定

（1）拳、掌、勾三种拳型和弓步、马步、虚步、仆步、歇步五种步型，其中弓步不得少于4次，马步和虚步不得少于2次。

（2）五种拳法（其中冲拳不得少于5次）、五种掌法和两种肘法（其中必须有一种进攻性肘法）。

（3）屈伸、直摆、扫转、击响四种不同组别的腿法（其中屈伸性腿法不得少于两种、三次）。

（4）三种不同组别的平衡，其中必须有一种持久性平衡。

（5）三种不同组别的跳跃。

（6）指定动作。

7. 武术竞赛太极拳套路的内容规定

整个套路至少包括四种腿法和六种不同组别的动作，发劲跳跃动作可做也可不做。

8. 武术竞赛南拳套路的内容规定

（1）拳、掌、爪三种主要手型和马步（或一字马步、二字马步）、弓步（或丁字弓步）、虚步、跪步（或骑龙步及单、双蝶步）、独立步五种步型。其中弓步不得少于6次，马步不得少于4次，虚步、独立步不得少于2次。

（2）手法、肘法、脚法、步法中的一部分。

（3）三种不同的腿法动作。

（4）三种不同的跳跃动作。

（5）指定动作。

9. 武术竞赛刀术套路的内容规定

（1）弓、仆、虚三种主要步型。弓步不得少于4次，仆步和虚步不得少于2次。

（2）不得少于八组不同组别的主要刀法。

（3）刀术套路缠头刀和裹脑刀均不少于3次。

（4）指定动作。

10. 武术竞赛剑术套路的内容规定

（1）弓步、仆步、虚步三种主要步型。弓步不得少于4次，仆步和虚步不得少于2次。

（2）不得少于八组不同组别的主要剑法。

（3）剑术套路必须有三种不同组别的平衡，其中必须有两种持久性平衡。

（4）指定动作。

11. 武术竞赛枪术套路的内容规定

（1）弓步、仆步、虚步三种主要步型。弓步不得少于4次，仆步和虚步不得少于 2 次。

（2）不得少于八组不同组别的主要枪法。

（3）完整的拦、拿、扎枪不得少于 10 次。

（4）指定动作。

12. 武术竞赛棍术套路的内容规定

（1）弓、仆、虚三种主要步型。弓步不得少于 4 次，仆步和虚步不得少于 2 次。

（2）不得少于八组不同组别的主要枪法。

（3）指定动作。

13. 武术竞赛刀、剑的规格要求

（1）刀、剑的规格按运动员的身高确定使用的型号如下表所示：

型号	1	2	3	4	5	6	7	8
身高（m）	1.5 以下	1.5~1.55 以下	1.55~1.60 以下	1.60~1.65 以下	1.65~1.70 以下	1.70~1.75 以下	1.75~1.85 以下	1.85 以上
长度（cm）	72	74	76	78	80	82	86	90
刀重量（kg）	0.625	0.650	0.675	0.700	0.725	0.740	0.810	0.910
剑重量（kg）	0.555	0.565	0.575	0.600	0.625	0.633	0.725	0.775

（2）刀的硬度：刀身直立，自重下垂不得出现明显弯曲，应有一定弹性。

（3）剑的硬度：剑身直立，自重下垂，剑身不得弯曲。

（4）刀彩：不得超过刀的长度，彩绸上不得带有其他附加饰物。

（5）刀、剑在外力作用下弯至 90°，弯曲 3 分钟不变形。

14. 武术竞赛枪的规格要求

枪的长度不得短于本人直立举手从脚底到指端的长度。枪杆（除枪尖外）下半段的直径为：成年男子不得少于 2.30 厘米；成年女子和男子少年组不得少于 2.15 厘米，少年女子组不得少于 2.00 厘米；儿童组不受限制。枪缨的长度不得短于 20 厘米。

15. 武术竞赛棍的规格要求

棍的长度最短必须等于本人身高。棍身下半段的直径与枪杆相同，上半段的直径不得少于如下规定：成年组男子：1.80 厘米；成年组女子：1.60 厘米；少年组男子：1.60 厘米；少年组女子：1.40 厘米；儿童组不受限制。

16. 武术竞赛的配乐规定

除集体项目外，任何项目在比赛时均不得配乐。

17. 运动员的比赛顺序

运动员的比赛顺序应在竞赛委员会的监督下，由编排组用电脑抽签决定，或赛前由各队派代表抽签决定。临场由运动员自己抽签决定。

18. 武术套路的完成时间

（1）长拳、南拳和刀、剑、枪、棍的自选套路不得少于 1 分 20 秒。

（2）太极拳自选套路 3~4 分钟（到 3 分钟时，裁判长鸣哨示意）。

（3）太极拳竞选套路 5~6 分钟（到 5 分钟时，裁判长鸣哨示意）。

（4）太极剑、集体项目 3~4 分钟（到 3 分钟时，裁判长鸣哨示意）。

（5）其他项目：单练不得少于 1 分 20 秒，对练不得少于 50 秒。

19. 武术套路比赛的礼仪

（1）抱拳礼：并步站立，左掌右拳相抱于胸前（左指根线与右拳棱相齐），齐胸高，拳、掌与胸间距为 20~30 厘米。

（2）抱刀礼：并步站立，左手抱刀，刀刃向上；屈臂抬刀横于胸前，右手成掌，掌心附于左拇指第一指节，齐胸高并与胸距 20~30 厘米。

（3）持剑礼：并步站立，左手持剑，屈臂抬剑，剑身贴前臂斜横于胸前；掌附于左食指根节，高与胸齐，两手与胸距为 20~30 厘米。

（4）持枪礼：并步站立，左手持枪（棍）把（靠把端三分之一处），屈臂于胸前，枪（棍）身直立；右手成掌附于左拇指第二指节上，两手与胸距为 20~30 厘米。

第二节　武术基本功与基本技术

一、基本功

1. 腿功

目的： 主要发展腿部的柔韧性、灵活性和力量等素质。

练习方法： 压腿、搬腿、劈腿和踢腿等。

（1）压腿。

目的： 主要是拉长腿部的肌肉和韧带，加大髋关节的活动范围。

练习方法： 正压、侧压、后压和仆步压 4 种。

（2）搬腿。

目的： 主要是增进腿部的柔韧性，加大髋关节的活动范围，提高腿部的支撑及上举力量。

练习方法： 正搬、侧搬、后搬 3 种。

（3）劈腿。

目的：主要是加大髋关节的活动范围，增进腿部的柔韧性。

练习方法：竖叉、横叉两种。

（4）踢腿。

目的：主要是增进腿部的柔韧性、灵敏性和控制力量。

练习方法：正踢腿、侧踢腿、里合腿、外摆腿、后踢腿等。

2. 肩功

目的：主要是增强肩关节的柔韧性，加大肩关节的活动范围，发展臂部力量。提高上肢运动的敏捷、松长、转环等能力。

练习方法：压肩、绕环、抡臂等。

（1）压肩。

动作要求：要求肩部放松，尽量下压。

练习方法：面对肋木或一定高度的物体站立，两脚左右分开，与肩同宽。两手抓握肋木，上体前俯挺胸、塌腰、收髋，做下振压肩动作。也可由同伴帮助做搬压练习。

（2）绕环。

1）单臂绕环。

动作要求：臂要伸直，松肩，划立圆。

练习方法：左弓步站立，左手按于左膝上，右臂上举于右侧。右臂由上向后再由后向下、向前继续做向后绕环，然后再做反方向绕环。

2）双臂绕环。

①前后绕环：

动作要求：两脚开立，与肩同宽，右臂上举，贴于耳侧；左臂垂于体侧。

练习方法：左臂由下向前，右臂由上向后做绕环。左右臂继续绕环，左臂由前向上、向后做前绕环，右臂继续由后向下、向前做后绕环。然后再做反方向的绕环。要求向上抡臂时要贴近耳，向下抡臂时贴近腿。

②双臂交叉绕环：

动作要求：开步站立，与肩同宽；两臂直臂上举。左臂由上向前。

练习方法：同时，右臂由上向后绕环。左臂继续向下贴近左腿外侧向后绕环，同时右臂继续向下经右腿外侧向前绕环。然后两臂还原。

3. 腰功

动作要求：腰是贯通上下肢的枢纽，也是集中反映身法技巧的关键。

练习方法：前俯腰、涮腰等。

（1）前俯腰。

动作要求：两腿挺膝伸直，挺胸，塌腰，收髋，上体尽量下屈。

练习方法：

1）并步站立，两手指交叉，直臂上举，手心向上，上体前俯，挺胸，塌腰，两手掌尽量贴地；

2）两手松开，抱住两脚脚腕，逐渐使胸部贴近腿部，持续一定时间再起；

3）向左侧转体，两手在左脚外侧贴触地面，持续一定时间再向右做。

（2）涮腰。

动作要求：尽全力增大绕环幅度。

练习方法：

1）两脚开立，略宽于肩，两臂自然下垂。以髋关节为轴，上体前俯，两臂向左前上伸出；

2）然后向前，向右绕环；

3）再向后、向左翻转绕环。练习时可交替进行。

二、基本技术

1. 手型

（1）拳。

动作要求：拳要握紧，拳面平，直腕。

练习方法：四指并拢卷握，拇指紧扣食指和中指的第二指节。

（2）掌。

动作要求：掌心开展，竖指。

练习方法：四指并拢伸直，拇指弯曲紧扣虎口处。

（3）勾。

动作要求：五指捏拢，屈腕。

练习方法：五指第一指节捏拢在一起，屈腕。

2. 手法

（1）冲拳。

动作要求：两脚左右开立，与肩同宽，两拳抱于腰间，肘尖向后，拳心向上。

练习方法：挺胸、收腹、直腰，右拳从腰间猛力冲出，转腰、顺直，在肘关节过腰后，右前臂内旋。力达拳面，臂要伸直，高与肩平。要求出拳要快速有力。

（2）推掌。

动作要求：要求挺胸、收腹、直腰，出掌快速有力。

练习方法：右拳变掌，掌由腰间内旋向前立掌推出，掌根为力点，臂要伸直，高与肩平。

（3）亮掌。

动作要求：右拳变掌，经体侧向右、向上划弧。

练习方法：两脚左右开立，与肩同宽，两拳抱于腰间，肘尖向后，拳心向上。

3. 步型

（1）弓步。

动作要求：左脚向前一大步（约为本人脚长的 4~5 倍），脚尖微内扣，左腿屈膝半蹲（大腿接近水平），膝与脚尖垂直，脚尖内扣（斜向前方），两脚全脚着地。上体正对前方，眼向前平视，两手抱拳于腰间。弓右腿为右弓步；弓左腿为左弓步。前腿弓，后腿绷；挺胸、塌腰、沉髋；前脚同后脚成一直线。

练习方法：

1）逐步延长练习时间，左右弓步可交替练习。

2）原地保持弓步姿势不动，加做左右冲拳或推掌练习。左右弓步可交替练习。

3）行进间练习。左弓步冲右拳再上步接做右弓步冲左拳，这样连续进行。

（2）马步。

动作要求：两脚平行开立（约为本人脚长的 3 倍），脚尖正对前方，屈膝半蹲，膝部不超过脚尖，大腿接近水平，全脚着地，身体重心落于两腿之间，两手抱拳于腰间。

挺胸、塌腰、脚跟外蹬。

练习方法：逐步延长练习时间；原地做马步蹲起练习，即蹲马步和站立交替进行；还可做马步左右冲拳或推掌的练习；行进间练习，连续上步做马步架打练习。

（3）仆步。

动作要求：两脚左右开立，右腿屈膝全蹲，大腿和小腿靠紧，臀部接近小腿，右脚全脚着地，脚尖和膝关节外展，左腿挺直平仆，脚尖里扣，全脚着地。两手抱拳于腰间，眼向左方平视。仆左腿为左仆步；仆右腿为右仆步。

挺胸、塌腰、沉髋。

练习方法：

1）可先手扶一定高度的物体进行练习；或把姿势放高一些，然后逐渐按规格要求做正确的动作。

2）逐渐延长练习时间。

3）行进间连续做"仆步穿掌"

（4）虚步。

动作要求：两脚前后开立，右脚外展 45°，屈膝半蹲，左脚脚跟离地，脚面绷平，脚尖稍内扣，虚点地面，膝微屈，重心落于后腿上。两手叉腰。眼向前平视。左脚在前为左虚步；右脚在前为右虚步。

挺胸、塌腰、虚实分明。

练习方法：

1）可先手扶一定高度的物体进行练习；或把姿势放高一些，然后逐渐按规格要求做正确的动作。

2）逐渐延长练习时间。

3）结合手型、手法练习。如做"左虚步勾手挑掌"跳转成"右虚步勾手挑掌"，可向左右跳换做。

（5）歇步。

动作要求：两腿交叉靠拢全蹲，左脚全脚着地，脚尖外展，右脚前脚掌着地，膝部贴近左腿外侧，臀部坐于右腿接近脚跟处。两手抱拳于腰间。眼向左前方平视。左脚在前为左歇步；右脚在前为右歇步。

挺胸、塌腰、两腿靠拢并贴紧。

练习方法：

1）可先手扶一定高度的物体进行练习；或把姿势放高一些，然后逐渐按规格要求做正确的动作。

2）逐渐延长练习时间。

3）交替做左右歇步，并增加手法。如左右穿手亮掌。

三、剑术基本技术

1. 刺剑

动作要求：两脚开步站立，略宽于肩；右手握剑提于右腿外侧，剑身横平，剑尖向前，左剑指按于左腿外侧，手心向下；目视前方。

练习方法：左手握剑向前立剑直刺，臂与剑成一条直线，虎口向上，左手剑指同时向前伸出，附于右手腕处，肘微屈，手心向下；目视前方。

快速出剑，力达剑尖，挺胸、松肩；刺出剑与肩成一条直线。

2. 劈剑

动作要求：两脚开步站立；右手握剑直臂上举，小指侧剑刃向前，剑尖向上，左剑指按于胯旁；目视前方。

练习方法：右手握剑由上向下直臂劈至体前，力达剑刃，与肩同高，左剑指屈肘上提，立于右肩前；目视前方。

立剑由上向下直劈，手腕挺直，剑与臂成一条直线，力达剑身。

3. 点剑

动作要求：右脚在前，错步站立；右手握剑直臂平举，虎口向上，左剑指立于右腕处；目视前方。

练习方法：右手握剑提腕，剑猛向下点，力达剑尖；目视剑尖。

出剑要迅速，立剑点击，提腕要突然，臂伸直。

4. 挂剑

动作要求：右脚在前，错步侧身站立；右手握剑直臂平举，虎口向上，左剑指侧平举，虎口向上；目视前方。

练习方法：右臂内旋，剑尖向下、向左贴身挂起，力达虎口侧剑刃前部，左剑指下落，附于右手腕处。右臂外旋，剑尖向上、向前划弧成平举，目视右手腕处。右手握剑，剑尖沿身体右侧向下挂起，力达虎口侧剑刃前部，左剑指直臂前伸，虎口向上，与头同高，目视剑指。立剑并贴身弧形挂出，力达剑身前部。

5. 云剑

动作要求：两脚开步站立；右手握剑直臂侧平举，虎口向上，上体稍右转；左剑指直臂侧平举，虎口向上；目视右前方。

练习方法：右臂内旋上举，随之臂外旋；同时，右手外旋转动，仰头，使剑在面上方平圆绕环一周，左剑指向上摆起，附于右腕内侧；目视剑身。

云剑时要旋臂、屈肘，不要摆动过大，以手腕关节为轴，平剑经过头顶上方平绕，剑尖不可下垂，要仰头。

第三节　初级三路长拳套路

初级三路长拳是武术初级套路，其内容丰富，结构合理，动作简单易学、易练，适合初学者练习。拳法包括：冲拳、摆、撩拳、挑拳、架冲拳、抡劈拳、劈拳等。步型步法有：弓步、虚步、丁步、歇步、仆步、插步、坐盘、跃步、跟步、跳步、转闪及提膝，平衡并配合身法。全套主要动作共 39 个，既能单练也能对练。

一、预备动作

1. 预备式

动作要求：两脚并步站立，两臂垂于身体两侧，五指并拢贴靠腿外侧，眼向前平视，见图 3-1。

注意事项：头要端正，颌微收，挺胸，塌腰，收腹。

2. 虚步亮掌

动作要求：

（1）右脚向右后方撤步成左弓步。右掌向右、向上、向前划弧，掌心向上；左臂屈肘，左掌提至腰侧，掌心向上。目视右掌。

（2）右腿微屈，重心后移。左掌经胸前从右臂上向前穿出伸直；右臂屈肘，

图 3-1　预备式

右掌收至腰侧，掌心向上。目视左掌。

（3）重心继续后移，左脚稍向右移，脚尖点地，成左虚步。左臂内旋向左、向后划弧成勾手，勾尖向上；右手继续向后、向右、向前上划弧，屈肘抖腕，在头部上方成亮掌（即横掌），掌心向前，掌指向左。目视左方，见图3-2。

图3-2　虚步亮掌

注意事项：三个动作必须连贯。成虚步时，重心落于右腿上，右大腿与地面平行。左腿微屈，脚尖点地。

3. 并步对拳

动作要求：

（1）右腿蹬直，左腿提膝，脚尖里扣，上肢姿势不变。

（2）左脚向前落步，重心前移。左臂屈肘，左勾手变掌经左肋前伸；右臂外旋向前下落于左掌右侧，两掌同高，掌心均向上。

（3）右脚向前上一步，两臂下垂后摆。

（4）左脚向右脚并步，两臂向外向上经胸前屈肘下按，两掌变拳，拳心向下，停于小腹前。目视左侧，见图3-3。

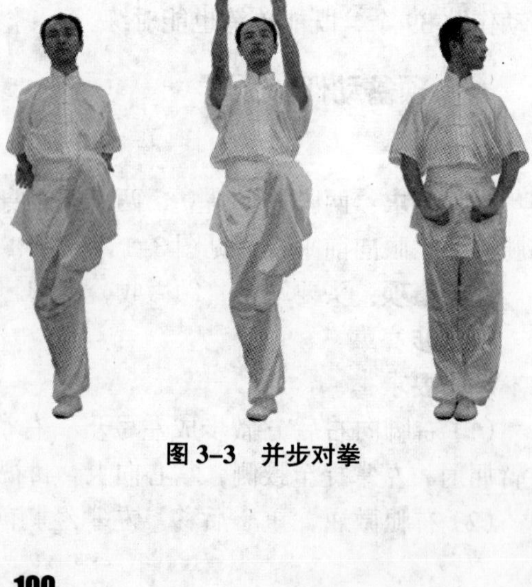

注意事项：并步后挺胸、塌腰。对拳、并步、转头要同时完成。

图3-3　并步对拳

二、第一段

1. 弓步冲拳

动作要求：

（1）左脚向左上一步，脚尖向斜前方；右腿微屈，成半马步。左臂向上向左格打，拳眼向后，拳与肩同高；右拳收至腰侧，拳心向上。目视左拳。

（2）右腿蹬直成左弓步。左拳收至腰侧，拳心向上，右拳向前冲出，高与肩平，拳眼向上。目视右拳，见图3-4。

注意事项：成左弓步时，右腿充分蹬直，脚跟不要离地。冲拳时，尽量转腰顺肩。

2. 弹腿冲拳

动作要求：重心前移至左腿，右腿屈膝提起，脚面绷直，猛力向前弹出伸直，高与腰平。右拳收至腰侧；左拳向前冲出。目视前方，见图3-5。

图3-4 弓步冲拳　　　　　　　　　　图3-5 弹腿冲拳

注意事项：支撑腿可微屈，弹出的腿要用爆发力，力点达于脚尖。

3. 马步冲拳

动作要求：右脚向前落步，脚尖里扣，上体左转。左拳收至腰侧，两腿下蹲成马步；右拳向前冲出。目视右拳，见图3-6。

注意事项：成马步时，大腿要平，两脚平行，脚跟外蹬，挺胸、塌腰。

图3-6 马步冲拳

4. 弓步冲拳

动作要求：

（1）上体右转90°，右脚尖外撇向斜前方，成半马步。右臂屈肘向右格打，拳眼向后。目视右拳。

（2）左腿蹬直成右弓步。右拳收至腰侧；左拳向前冲出。目视左拳，见图3-7。

5. 弹腿冲拳

动作要求：重心前移至右腿，左腿屈膝提起，脚面绷直，猛力向前弹出伸直，高与腰平。左拳收至腰侧，右拳向前冲出。目视前方，见图3-8。

图3-7 弓步冲拳   图3-8 弹腿冲拳

6. 大跃步前穿

动作要求：

（1）左腿屈膝。右拳变掌内旋，以手背向下挂至左膝外侧，上体前倾。目视右手。

（2）左脚向前落步，两腿微屈。右掌继续向后挂，左拳变掌，向后向下伸直。目视右掌。

（3）右腿屈膝向前提起，左腿立即猛力蹬地向前跃出。两掌向前向上划弧摆起。目视左掌。

（4）右腿落地全蹲，左腿随即落地向前铲出成仆步。右掌变拳抱于腰侧，左掌由上向右向下划弧成立掌，停于右胸前。目视左脚，见图3-9。

图3-9 大跃步前穿

注意事项：跃步要远，落地要轻，落地后立即接做下一个动作。

7. 弓步击掌

动作要求：右腿猛力蹬直成左弓步。左掌经左脚面向后划弧至身后成勾手，左臂伸直，勾尖向上，右拳由腰侧变掌向前推出，掌指向上，掌外侧向前，目视右掌，见图3-10。

8. 马步架掌

动作要求：

（1）重心移至两腿中间，左脚脚尖里扣成马步，上体右转。右臂向左侧平摆，稍屈肘；同时左勾手变掌由后经左腰侧从右臂内向前上穿出，掌心均朝上。目视左手。

（2）右掌立于左胸前；左臂向左上屈肘抖腕亮掌于头部左上方，掌心向前。目视右侧，见图3-11。

图 3-10　弓步击掌　　　　　　　图 3-11　马步架掌

注意事项：马步同前。

三、第二段

1. 虚步栽拳

动作要求：

（1）右脚蹬地，屈膝提起；左腿伸直，以前脚掌为轴向右后转体180°。右掌由左胸前向下经右腿外侧向后划弧成勾手；左臂随体转动并外旋，使掌心朝右。目视右手。

（2）右脚向右落地，重心移至右腿上，下蹲成左虚步。左掌变拳下落于左膝上，拳眼向里，拳心向后；右勾手变拳，屈肘向上架于头右上方，拳心向前。目视左方，见图3-12。

图 3-12　虚步栽拳

2. 提膝穿掌

动作要求：

（1）右腿稍伸直。右拳收至腰侧，左拳变掌由下向左向上划弧盖压于头上方，掌心向前。

（2）右腿蹬直，左腿屈膝提起，脚尖内扣。右掌从腰侧经左臂内向右前上方穿出，掌心向上，左掌收至右胸前成立掌。目视左侧，见图3-13。

图3-13　提膝穿掌

注意事项：支撑腿与右臂充分伸直。

3. 仆步穿掌

动作要求：右腿全蹲，左腿向左后方铲出成左仆步。右臂不动，左掌由右胸前向下经左腿内侧，向左脚面穿出。目随左掌转视，见图3-14。

4. 虚步挑掌

动作要求：

（1）右腿蹬直，重心前移至左腿，成左弓步。右掌稍下降，左掌随重心前移向前挑起。

（2）右脚向左前方上步，左腿半蹲，成右虚步。身体随上步左转180°。在右脚上步的同时，左掌由前向上向后划弧成立掌，右掌由后向下向前上挑起成立掌，指尖与眼平。目视右掌，见图3-15。

注意事项：上步要快，虚步要稳。

5. 马步击掌

动作要求：

（1）右脚落实，脚尖外撇，重心稍升高并右移，左掌变拳收至腰侧；右掌俯掌向外捋手。

（2）左脚向前上一步，以右脚为轴向右后转体180°，两腿下蹲成马步。左掌从右臂上成立掌向左侧击出；右掌变拳收至腰侧。目视左掌，见图3-16。

图3-14　仆步穿掌　　　　图3-15　虚步挑掌　　　　图3-16　马步击掌

注意事项： 右手做捋手时，先使臂稍内旋、腕伸直，手掌向下向外转，接着臂外旋，掌心经下向上翻转，同时抓握成拳。收拳和击掌动作要同时进行。

6. 叉步双摆掌

动作要求：

（1）重心稍右移，同时两掌向下向右摆，掌指均向上。目视右掌。

（2）右脚向左腿后插步，前脚掌着地。两臂继续由右向上向左摆，停于身体左侧，均成立掌，右掌停于左肘窝处。目随双掌转视，见图3-17。

注意事项： 两臂要划立圆，幅度要大，摆掌与后插步配合一致。

7. 弓步击掌

动作要求：

（1）两腿不动。左掌收至腰侧，掌心向上；右掌向上向右划孤，掌心向下。

（2）左腿后撤一步，成右弓步。右掌向下向后伸直摆动，成勾手，勾尖向上；左掌成立掌向前推出。目视左掌，见图3-18。

图3-17　叉步双摆掌　　　　图3-18　弓步击掌

8. 转身踢腿马步盘肘

动作要求：

（1）两脚以前脚掌为轴向左后转体180°。在转体的同时，左臂向上向前划半立圆，右臂向下向后划半立圆。

（2）上动不停，两脚不动，右臂由后向上向前划半立圆，左臂由前向下向后划半立圆。

（3）上动不停，右臂向下成反臂勾手，勾尖向上；左臂向上成亮掌，掌心向前上方。右腿伸直，脚尖勾起，向额前踢。

（4）右脚向前落地，脚尖里扣。右手不动，左臂屈肘下落至胸前，左掌心向下。目视左掌。

（5）上体左转 90°，两腿下蹲成马步。同时左掌向前向左平捋变拳收至腰侧，右勾手变拳，右臂伸直，由体后向右向前平摆，至体前时屈肘，肘尖向前，高与肩平，拳心向下。目视肘尖，见图 3-19。

图 3-19　转身踢腿马步盘肘

注意事项：两臂抡动时要划立圆，动作连贯。盘肘时要快速有力，右肩前顺。

四、第三段

1. 歇步抡砸拳

动作要求：

（1）重心稍升高，右脚尖外撇。右臂由胸前向上向右抡直；左拳向下向左，使臂抡直。目视右拳。

（2）上动不停，两脚以前脚掌为轴，向右后转体 180°。右臂向下向后抡摆，左臂向上向前随身体转动。

（3）紧接上动，两腿全蹲成歇步。左臂随身体下蹲向下平砸，拳心向上，臂部微屈；右臂伸直向上举起。目视左拳，见图 3-20。

注意事项：抡臂动作要连贯完成，划成立圆。歇步要两腿交叉全蹲，左腿大、小腿靠紧，臀部贴于左小腿外侧，膝关节在右小腿外侧，脚跟提起，右脚尖外撇，全脚着地。

2. 仆步亮掌

动作要求：

（1）左脚由右腿后抽出前上一步，左腿蹬直，右腿半蹲，成右弓步。上体微向右转。左拳收至腰侧，右拳变掌向下经胸前向右横击掌。目视右掌。

（2）右脚蹬地屈膝提起，上体右转。左拳变掌从右掌上向前穿出，掌心向上，右掌平收至左肘下。

图 3-20　歇步抡砸拳

（3）右脚向右落步，屈膝全蹲，左腿伸直，成仆步。左掌向下向后划弧成勾手，勾尖向上，右掌向右向上划弧微屈，抖腕成亮掌，掌心向前。头随右手转动，至亮掌时，目视左方，见图 3-21。

图 3-21　仆步亮掌

注意事项：仆步时，左腿充分伸直，脚尖里扣，右腿全蹲，两脚脚掌全部着地。上体挺胸、塌腰，稍左转。

3. 弓步劈拳

动作要求：

（1）右腿蹬地立起，左腿收回并向左前方上步。右掌变拳收至腰侧，左勾手变掌由下向前上经胸前向左做掳手。

（2）右腿经左腿前方向左绕上一步，左腿蹬直成右弓步。左手向左平掳后再向前挥摆，虎口朝前。

（3）在左手平掳的同时，右拳向后平摆，然后再向前向上做抡劈拳，拳高与耳平，拳心向上，左掌外旋接扶右前臂。目视右拳，见图 3-22。

注意事项： 左、右脚上步稍带弧形。

4. 换跳步弓步冲拳

动作要求：

（1）重心后移，右脚稍向后移动。右拳变掌臂内旋以掌背向下划弧挂至右膝内侧；左掌背贴靠右肘外侧，掌指向前。目视右掌。

图 3-22　弓步劈拳

（2）右腿自然上抬，上体稍向左扭转。右掌挂至体左侧，左掌伸向右腋下。目随右掌转视。

（3）右脚以全脚掌用力向下震踩，与此同时，左脚急速离地抬起。右手由左向上向前搂盖而后变拳收至腰侧，左掌伸直向下、向上、向前屈肘下按，掌心向下。上体右转，目视左掌。

（4）左脚向前落步，右腿蹬直成左弓步。右拳向前冲出，拳高与肩平；左掌藏于右腋下，掌背贴靠腋窝。目视右拳，见图 3-23。

图 3-23　换跳步弓步冲拳

注意事项： 换跳步动作要连贯、协调。震踩时腿要弯曲，全脚掌着地，左脚离地不要太高。

5. 马步冲拳

动作要求： 上体右转 90°，重心移至两腿中间，成马步。右拳收至腰侧，左掌变拳向左冲出，拳眼向上。目视左拳，见图 3-24。

6. 弓步下冲拳

动作要求： 右脚蹬直，左腿弯屈，上体稍向左转，成左弓步。左拳变掌向下经体前向上架于头左上方，掌心向上，右拳自腰侧向左前斜下方冲出。目视右拳，见图 3-25。

7. 叉步亮掌侧踹腿

动作要求：

（1）上体稍右转。左掌由头上下落于右手腕上，右拳变掌，两手交叉成十字。目视左侧。

（2）右脚蹬地并向左腿后插步，以前脚掌着地。左掌由体前向下向后划弧成勾手，勾尖向上，

图 3-24　马步冲拳　　　　图 3-25　弓步下冲拳

右掌由前向右、向上划弧抖腕亮掌，掌心向前。目视左侧。

（3）重心移至右腿，左腿屈膝提起，向左上方猛力踹出。上肢姿势不变，目视左侧，见图 3-26。

注意事项： 插步时上体稍向右倾斜，腿、臂的动作要一致。侧踹高度不能低于腰，大腿内旋，着力点在脚跟。

8. 虚步挑拳

动作要求：

（1）左脚在左侧落地。右掌变拳稍后移，左勾手变拳由体后向左上挑，拳背向上。

（2）上体左转 180°，微含胸前俯。左拳继续向前向上划弧上挑，右拳向下向前划弧挂至右膝外侧，同时右膝提起。目视右拳。

（3）右脚向左前方上步，脚尖点地，重心落于左脚，左腿下蹲成右虚步。左拳向后划弧收至腰侧，拳心向上，右拳向前屈臂挑出，拳眼斜向上，拳与肩同高。目视右拳，见图 3-27。

图 3-26　叉步亮掌侧踹腿　　　　图 3-27　虚步挑拳

五、第四段

1. 弓步顶肘

动作要求：

（1）重心升高，右脚踏实。右臂内旋向下直臂划弧以拳背下挂至右膝内侧，左拳不变。目视前下方。

（2）左腿蹬直，右腿屈膝上抬。左拳变掌，右拳不变，两臂向前向上划弧摆起。目随右拳转视。

（3）左脚蹬地起跳，身体腾空，两臂继续划弧至头上方。

（4）右脚先落地，右腿屈膝，左脚向前落步，以前脚掌着地。同时两臂向右向下屈肘停于右胸前，右拳变掌，左掌变拳。右掌心贴靠左拳面。

（5）左脚向左上一步，左腿屈膝，右腿蹬直成左弓步。右掌推左拳，以左肘尖向左顶出，高与肩平。目视前方，见图3-28。

图3-28 弓步顶肘

注意事项： 交换步时不要过高，但要快。两臂抢摆时要成圆弧。

2. 转身左拍脚

动作要求：

（1）以两脚前脚掌为轴向右后转体180°。随着转体，右臂向上、向右向下划弧抢摆，同时左拳变掌向下向后向前上抢摆。

（2）左腿伸直向前上踢起，脚面绷平。左掌变拳收至腰侧，右掌由体后向上向前拍击左脚面，见图3-29。

注意事项： 右掌拍脚时手掌稍横过来，拍脚要准而响亮。

3. 右拍脚

动作要求：

（1）左脚向前落地，左拳变掌向下向后摆，右掌变拳收至腰侧。

（2）右腿伸直向前上踢起，脚面绷平。左拳变掌由后向上向前拍击右脚面，见图3-30。

4. 腾空飞脚

动作要求：

（1）右脚落地。

（2）左脚向前摆起，右脚猛力蹬地跳起，左腿屈膝继续前上摆。同时右拳变掌向前向上摆起，左掌先上摆而后下降拍击右掌背。

图3-29　转身左拍脚　　　图3-30　右拍脚

（3）右腿继续上摆，脚面绷平。右手拍击右脚面，左掌由体前向后上举。见图3-31。

注意事项： 蹬地要向上，不要太向前冲，左膝尽量上提。击响要在腾空时完成，右臂伸直成水平。

5. 歇步下冲拳

动作要求：

（1）左、右脚先后相继落地。左掌变拳收至腰侧。

（2）身体右转90°，两腿全蹲成歇步。右掌抓握、外旋变拳收至腰侧；左拳由腰侧向前下方冲出，拳心向下。目视左拳，见图3-32。

图3-31　腾空飞脚　　　　图3-32　歇步下冲拳

6. 仆步抡劈拳

动作要求：

（1）重心升高，右臂由腰侧向体后伸直，左臂随身体重心升高向上摆起。

（2）以右脚前脚掌为轴，左腿屈膝提起，上体左转270°。左拳由前向后下划立圆一周；右拳由后向下向前上划立圆一周。

（3）左腿向后落一步，屈膝全蹲，右腿伸直，脚尖里扣成右仆步。右拳由上向下抢劈，拳眼向上；左拳后上举，拳眼向上。目视右拳，见图3-33。

注意事项： 抢臂时一定要划立圆。

7. 提膝挑掌

动作要求：

（1）重心前移成右弓步。同时右拳变掌由下向上抢摆，左拳变掌稍下落，右掌心向左，左掌心向右。

（2）左、右臂在垂直面上由前向后各划立圆一周。右臂伸直停于头上，掌心向左，掌指向上，左臂伸直停于身后成反勾手。同时右腿屈膝提起，左腿挺膝伸直独立。目视前方，见图3-34。

图3-33　仆步抢劈拳

图3-34　提膝挑掌

注意事项： 抢臂时要划立圆。

8. 提膝劈掌弓步冲拳

动作要求：

（1）下肢不动。右掌由上向下猛劈伸直，停于右小腿内侧，用力点在小指一侧；左勾手变掌，屈臂向前停于右上臂内侧，掌心向左。目视右掌。

（2）右脚向右后落地；身体右转90°。同时左掌变拳收至腰侧，右臂内旋向右划弧做劈掌。

（3）上动不停，左腿蹬直成右弓步。

图3-35　提膝劈掌弓步冲拳

右手抓握变拳收至腰侧，左拳由腰侧向左前方冲出。目视左拳，见图3-35。

六、结束动作

1. 虚步亮掌

动作要求：

（1）右脚扣于左膝后，两拳变掌，两臂右上左下屈肘交叉于体左前。目视右掌。

（2）右脚向右后落步，重心后移，右腿半蹲，上体稍右转。同时右掌向上、向右、向下划弧停于左腋下；左掌向左、向上划弧停于右臂上与左胸前，两掌心左下右上。目视左掌。

（3）左脚尖稍向右移，右腿下蹲成左虚步。左臂伸直向左、向后划弧成反勾手；右臂伸直向下、向右、向上划弧抖腕亮掌，掌心向前。目视左方，见图3-36。

图 3-36　虚步亮掌

2. 并步对拳

动作要求：

（1）左腿后撤一步，同时两掌从两腰侧向前穿出伸直，掌心向上。

（2）右腿后撤一步，同时两臂分别向体后下摆。

（3）左脚后退半步向右脚并拢。两臂由后向上经体前屈臂下按，两掌变拳，停于腹前，拳心向下，拳面相对。目视左方，见图3-37。

3. 还原

动作要求：两臂自然下垂，目视正前方，见图3-38。

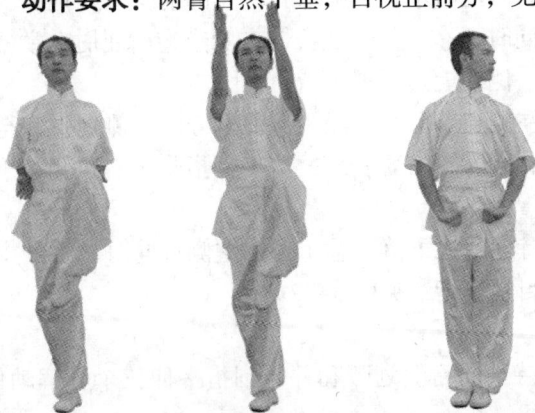

图 3-37　并步对拳　　　　　　　　图 3-38　还原

第四节　初级剑术套路

初级剑术是武术短器械套路，其内容丰富，结构合理，动作简单易学、易练，适合初学者练习。剑法包括：刺、劈、点、撩、挑、崩、截、斩、抹、削、云、挂、架、压等。步型步法有：弓步、虚步、丁步、歇步、仆步、插步、坐盘、跃步、跟步、跳步、转闪及提膝，平衡并配合剑指身法。全套主要动作共32个，既能单练也能对练。

一、预备式

1. 并步右点剑指

动作要求：身体正直，并步站立。左手持剑，以拇指为一侧，中指、无名指和小拇指为另一侧，分握护手盘与剑柄的分界处，掌心贴在护手盘下部，手背朝前，食指贴于剑柄，剑身贴于前臂后侧；右手握成剑指，食指和中指伸直并拢，无名指和小拇指屈向手心，拇指压在无名指的指甲上，手腕反屈，手背朝上，食、中指内扣指向左下侧。两臂在体侧下垂，两肘微上提。目向左平视，见图3-39。

图3-39　并步右点剑指

注意事项：持剑时，前臂与剑身要紧贴并垂直于地面。两肩松沉，上身微挺胸、收腹，两膝挺直。

动作要求：

（1）上身半面向右转，右脚向右上一步，右腿屈膝；左脚前脚掌碾地，脚跟外展，成右弓步。在右脚上步的同时，右手剑指从身体右侧经胸前屈肘上举，至左肩后向右前方平身指出，拇指一侧在上。目视剑指，见图3-40。

（2）上身右转。左手持剑由左侧直臂上举，经头部前上方向右侧划弧，至身前时，拇指一侧朝下做反臂平举；同时，右臂屈肘，右手剑指收于右腰侧，手心朝上，见图3-41。

（3）左脚向右脚并步。左手持剑随之下落，垂于身体左侧；同时右手剑指向右侧平伸指出，拇指一侧在上。目视剑指，见图3-42。

注意事项：

（1）上述的上步剑指平伸、持剑向右侧划弧和并步剑指平伸三个分解动作，必须连贯起来做。

图 3-40　并步右点剑指　　　图 3-41　并步右点剑指　　　图 3-42　并步右点剑指

（2）动作过程中，两肩必须放松。

（3）持剑向右侧划弧时，左臂直臂上举，腰向右扭转，两脚不可移动。

（4）左臂向右侧划弧至与肩同高时，肘略屈，使右手剑指从左手背上穿出成立指。左手持剑继而下落于身体左侧，剑身垂直于地面。

2. 左转并步出剑指

动作要求：

（1）左脚向左上一步，右腿屈膝；右脚前脚掌碾地使脚跟外展，膝部挺直，成左弓步。上身随之向右转。在左脚上步的同时，左手持剑屈肘经胸前向上向左弧形环绕，平举于身体左侧，拇指一侧在下。目视左手，见图 3-43。

（2）左腿伸直站立，右脚向前并步。左手持剑随之从身前下落，垂于身体左侧；同时右手剑指屈肘沿右耳侧向前平伸指出，拇指一侧在上。目视剑指，见图 3-44。

图 3-43　左转并步出剑指　　　　　图 3-44　左转并步出剑指

注意事项：右手剑指向前指出时，肘要伸直，剑指尖稍高过肩。

3. 右弓步剑指右指

动作要求：

（1）左手持剑由右手剑指上面向前平伸穿出，拇指一侧在下；右手剑指顺左臂下面屈肘收于左肩前，并全额屈腕使手指朝上。身体右转。右脚向右侧跨步，右腿屈膝；左脚脚尖随之里扣，膝盖挺直，成右弓步。目向左平视，见图 3-45。

（2）上身右转。右手剑指经过身前向右侧平伸指出，拇指一侧在上。目视剑指，见图 3-46。

图 3-45 右弓步剑指右指　　　图 3-46 右弓步剑指右指

注意事项：成右弓步时，左腿要挺直，两脚的全脚掌均着地。上身略向前倾，挺胸、塌腰。左手持剑伸平，左肩放松。

4. 虚步抱剑

动作要求：右脚的前脚掌里扣，上身左转，中心落于右腿；左脚随之移回半步，右腿屈膝，并以前脚掌虚步着地，成左虚步。在左脚移步的同时，左手持剑向胸前屈肘，手心朝外；右手剑指也向胸前屈肘，手心朝里，准备接握左手的剑。目视剑尖，见图 3-47。

图 3-47 虚步抱剑

注意事项：做左虚步时，右实左虚要分明，右脚跟不要掀起。上身要挺胸、塌腰，并且稍向前倾。两肘要平，剑尖稍高于左肘。

二、第一段

1. 弓步直刺

动作要求：右手接握左手之剑，左手握成剑指。左脚向前上半步，左腿屈膝；右脚前脚掌碾地，脚跟外展，膝部挺直，成左弓步。同时上身左转，右手持剑向身前平伸直刺，拇指一侧在上；左手剑指随之伸向身后平举，拇指一侧在上。目视剑尖，见图3-48。

注意事项： 做弓步时，前腿屈膝蹲平，两脚的全脚掌全部着地。上身稍微向前倾，腰要向左拧转、下塌，臀部不要凸起。两肩松沉，右肩前顺，左肩后引。剑尖稍高于肩。

2. 回身后劈

动作要求： 左脚不动，膝部伸直；右脚向前一步，膝略屈。上身右转同时右手持剑经过上方向后劈，剑高与肩平，拇指一侧在上；左手剑指随之由下向前上弧形绕环，在头顶上方屈肘侧举，拇指一侧在下。目视剑尖，见图3-49。

图3-48　弓步直刺　　　　　　　　　　图3-49　回身后劈

注意事项： 上步、转身、平劈和剑指向上侧举必须协调一致。转身后，腰要向右拧转，左脚不要移动。剑身和持剑臂必须成直线。

3. 弓步平抹

动作要求： 右脚向左前方上一步，左腿屈膝；右腿在后，膝部挺直，脚尖里扣，成左弓步。同时左手剑指由胸前下降，经过左下向上弧形绕环，在头顶上方屈肘侧举，拇指一侧在下；右手持剑（手心转向上）随之向前平抹，剑尖稍向右斜。目视前方，见图3-50。

注意事项： 抹剑时，手腕用力须柔和。

4. 弓步左撩

动作要求：

（1）身体左转。右腿屈膝在身前提起，脚尖下垂，脚背绷直。同时右手持剑臂外旋使剑由前向上、向后划弧，至左后方时，屈肘使手腕、前臂贴靠腹部，手心朝里；左手剑指随之由头顶上方下落，附于右手腕部（手心朝下）。目视剑身，见图3-51。

图 3-50 弓步平抹

图 3-51 弓步左撩

（2）右脚继续向右前方落步，右腿屈膝；左腿在后蹬直，脚尖里扣，成右弓步。同时右手持剑由后向下、向前反手撩起，小拇指一侧在上；左手剑指随右手运动，仍附于右手腕处。目视剑尖，见图 3-52。

注意事项：剑由前向后和由后向前弧形撩起时，必须与踢膝和向前落步的动作协调一致，握剑不可太紧。形成弓步后，上身略向前倾，直背、收臀，剑尖稍低于剑指。

5. 提膝平斩

动作要求：左脚向前一步，右手手腕向左上翻转，屈肘，使剑向左平绕至头部前上方，右腿随之由后向身前屈膝提起。右手继续翻转手腕，使剑向右平绕至右方后（手心朝上），再用力向前平斩；右手剑指由上向左、向上弧形绕环，屈肘横举于头部左上方。目视前方，见图 3-53。

图 3-52 弓步左撩

图 3-53 提膝平斩

注意事项：剑从左向后平绕时，上身必须后仰，使剑从脸部上方平绕而过，不可从头顶绕行。提膝时，左腿必须挺膝伸直站稳，右腿屈膝尽量上提，右脚贴护裆前，上身稍向前倾，挺胸、收腹。

6. 回身下刺

动作要求： 右脚向前落步，脚尖外撇，膝略屈，上身右转。同时右手持剑手腕反屈，使剑尖下垂，随之向后下方直刺，剑尖低于膝，拇指一侧在上；左手剑指向身前的右手靠拢，然后在刺剑的同时，向左上方伸直，拇指一侧在上。目视剑尖，见图3-54。

注意事项： 右手持剑要先屈肘收于身前，在右脚向前落步和上身右转的同时，使剑用力刺出。左腿伸直，右腿稍屈，腰向右拧转，剑指、两臂和剑身须成一直线。

7. 挂剑直刺

动作要求：

（1）左脚向前一步，屈膝略蹲。右臂内旋先使拇指一侧朝下成反手，然后翘腕、摆臀，使剑指向左、向上抄挂，当持剑手抄挂至左肩时，再屈肘使剑平落于胸前，手心朝里；左手剑指屈肘附于右手腕处。此时左腿伸直站立，右腿随之在身前屈膝提起，见图3-55。

图3-54 回身下刺    图3-55 挂剑直刺

（2）接着，以左脚前掌碾地，上身右转。右手持剑使剑向下插，左手剑指仍附于右手腕处。目视剑指，见图3-56。

（3）上动不停，仍以左脚前脚掌为轴碾地，右脚向身后跨一大步，右腿屈膝，身体从右向后转；左腿在后蹬直，脚尖里扣，成右弓步。同时，右手持剑向前直刺，剑尖与肩同高，拇指一侧在上；左手剑指随之向后平伸，拇指一侧在上。目视剑尖，见图3-57。

注意事项： 挂剑、下插、直刺3个分解动作必须连贯，它们与跨步、踢膝、转身、弓步的动作要协调统一。弓步直刺后，两脚全脚掌均着地，上身稍向前倾，挺胸、塌腰。

8. 虚步架剑

动作要求：

（1）右手持剑先将剑尖由左向右搅一小圈，臂内旋使持剑手的拇指一侧朝下。同时，以右脚跟和左脚前脚掌为轴碾地，右脚尖外撇，身体由右向后转，左

图 3-56 挂剑直刺

图 3-57 挂剑直刺

脚向前收拢半步，两膝均略屈成交叉步。在转身的同时，右手持剑反手向右上方屈肘上架；左手剑指屈肘经左肩前附于右手腕处。目向左平视，见图 3-58。

（2）右腿屈膝不动，左脚向前一步，膝盖稍屈，前脚掌虚步着地，重心落于右腿，成左虚步。在右手持剑略向后牵引的同时，左手剑指向前平伸指出，手心朝下。目视剑指，见图 3-59。

图 3-58 虚步架剑

图 3-59 虚步架剑

注意事项：虚步必须虚实分明，右肘略屈使剑身成立剑架于额前上方，左臂伸直，剑指稍高过肩。

三、第二段

1. 虚步平劈

动作要求：左脚脚跟外展，身体右转，重心移于左腿，右脚跟随之离地，前脚掌虚着地面成右虚步。在转身的同时，右手持剑向右下平劈，拇指一侧在上；左手剑指即向上屈肘，手心向左上方。目视剑尖，见图 3-60。

注意事项：虚步必须虚实分明，劈剑时手腕要挺直。

2. 弓步下劈

动作要求：右脚踏实，身体重心前移，左手剑指伸向右腋下，右手持剑臂内旋使手心朝下。左脚随即向左前方上步，左腿屈膝；右腿在后蹬直，脚尖里扣，成左弓步。在左脚上步的同时，右手持剑屈腕向左平绕，划一小圈后向前下方劈剑，剑尖低于肩；左手剑指随之由右腋下面向左、向上绕环，在头顶上方屈肘侧举，上身略前俯。目视剑尖，见图 3–61。

图 3–60 虚步平劈

图 3–61 弓步下劈

注意事项： 劈剑时，右肩前顺，左肩后引，剑尖与手、肩成一直线。

3. 带剑前点

动作要求：

（1）右脚向左脚靠拢，以前脚掌虚着地面，两腿均屈膝略蹲。右手持剑向上屈腕，使剑向右耳际带回，肘微屈；左手剑指随之由前下落，附于右手腕处。目向右前方平视，见图 3–62。

（2）上动不停，右脚向右前方跃一步，落地后即屈膝半蹲，全脚着地；左脚随之跟进，向右脚并步屈膝，以脚尖点地，成丁步。同时，右手持剑向前点击，拇指一侧在上；左臂屈肘，左手剑指向头顶上方侧举，手心朝上。目视剑尖，见图 3–63。

图 3–62 带剑前点

图 3–63 带剑前点

注意事项： 向前点击时，右臂前伸、屈腕，力点在剑尖，手腕稍高于肩，剑尖略比手低。成丁步后，右腿大腿尽量蹲平，左脚脚背绷直，脚尖点在右脚脚弓处，两腿必须并拢。上身稍前倾，挺胸、直背、塌腰。

4. 提膝下截

动作要求：

（1）右腿伸直，左腿退步后屈膝，上身后仰。右臂外旋手心朝上，使剑向右、向后上方弧形绕环；左手剑指不动。目视剑身，见图3-64。

（2）上动不停，右臂内旋使手心朝下，继续使剑向左、向前下方划弧下截。同时上身向前探倾，左腿屈膝提起。目视剑尖，见图3-65。

图 3-64　提膝下截　　　　图 3-65　提膝下截

注意事项：剑从右向左的圆形划弧下截是一个完整动作，必须连贯起来做。左膝尽量高提，脚背绷直，站立要稳。右臂和剑身成一直线，剑身斜平。

5. 提膝直刺

动作要求：

（1）右腿略屈膝，左脚向前落步，脚尖外撇。右臂外旋使手心朝上，并在左脚落步的同时向上屈肘，将剑柄收抱于胸前，手心朝里，剑尖高与肩平；左手剑指随之下落，按于剑柄上。此时两腿成交叉步。目视剑尖，见图3-66。

（2）右腿向身前屈膝提起，左腿伸直站立。右手持剑向前平直刺出，拇指一侧在上；同时左手剑指向左后平伸指出，手心朝下。目视剑尖，见图3-67。

图 3-66　提膝直刺　　　　图 3-67　提膝直刺

注意事项：抱剑与落步、直刺与踢膝，必须协调一致。

6. 回身平崩

动作要求：

（1）右脚向前落步，脚尖外撇；左脚前脚掌碾地使脚外转，屈膝略蹲，同时身体向右后转，成交叉步。右手持剑臂外旋使手心朝上，屈肘向胸前收回，剑身与右前臂成水平直线；左手剑指随之直臂上举，经左耳侧屈肘前落，附于右手心上面。目视剑尖，见图 3-68。

（2）上身稍向右转，左腿挺膝伸直，右腿略屈膝。同时右手持剑使剑的前端用力向后平崩，手心仍朝上；左手剑指屈肘向额部左上方侧举。目视剑尖，见图 3-69。

注意事项： 收剑和平崩两个动作必须连贯起来做。平崩时，用力点在剑的前端；平崩后，上身向右拧转，但左脚不得移动。

7. 歇步下劈

动作要求： 右脚蹬地起跳，左脚向左跃步横跨一步，落地后，右腿即向左腿后侧插步，继而两腿屈膝全蹲，成歇步。在跃步的同时，右手持剑向上举起，并在形成歇步时向左下劈，拇指一侧在上，剑尖与踝关节同高；左手剑指随着下劈动作，下按于右手腕上面。目视剑身，见图 3-70。

图 3-68 回身平崩　　　　　图 3-69 回身平崩　　　　　图 3-70 歇步下劈

注意事项： 成歇步时，左大腿盖压在右大腿上面，左脚全脚掌着地，右脚脚跟离地，臀部坐在右小腿上。劈剑时，右臂尽量向前下方伸直，剑身与地面平行。劈剑与跃步成歇步动作须同时完成。

8. 提膝下点

动作要求：

（1）右手持剑先使手心朝下成平剑，然后以两脚的前脚掌碾地，身体向右后转动，两腿边转边站起来，右手持剑平绕一周。当剑绕至上身右侧时，上身稍向左后仰，同时剑身继续向外、向上弧形绕环，剑尖接近右耳侧；此时左手剑指离开右手腕向上屈肘侧举。目视前下方，见图 3-71。

（2）上动不停，右腿伸直站立，左腿屈膝提起，上身向右侧下探俯。同时右手持剑向前下点击，拇指一侧在上。目视剑尖，见图 3-72。

注意事项：绕剑与提膝下点两个动作必须连贯、同时完成。右腿独立时，膝部要挺直，左膝尽量上提。点剑时，右手腕要下屈，剑身、右臂、左臂和剑指要在同一个垂直面内。

四、第三段

1. 并步直刺

动作要求：

图 3-71 提膝下点

图 3-72 提膝下点

（1）以右脚前脚掌为轴碾地，使身体向左后方转。在转身的同时，右臂内旋并向拇指一侧屈腕，使剑尖指向转身后的身前。左手剑指随之由上经右肩前、腹前绕环向正前方指出，手心朝下。目视剑指，见图 3-73。

（2）左脚向前落步，右脚随之跟进并步，两腿均屈膝半蹲。同时右手持剑向前平伸直刺，拇指一侧在上；左手剑指顺势附于右手腕处。目视剑尖，见图3-74。

图 3-73 并步直刺

图 3-74 并步直刺

注意事项：两腿半蹲时大腿要蹲平，两膝、两脚均须紧靠并拢。上身前倾，直背、落臀。两臂伸直，剑尖与肩相平。

2. 弓步上挑

动作要求：右脚上步，右腿屈膝，同时左脚脚跟稍内转，左腿挺膝伸直，成右弓步。右手持剑直臂向上挑举，剑尖向上，手心朝左；左手剑指仍向前平伸指出，手心朝前。上身稍微前倾。目视剑指，见图3-75。

注意事项：左臂伸直，左肩前顺，剑指略高过肩；右臂伸直上举，剑刃朝前后。上身挺胸、直背、塌腰。

3. 歇步下劈

动作要求：右腿伸直，左脚向前上步，脚尖外撇，随之两腿交叉屈膝全蹲，成歇步。同时，右手持剑向前下劈，拇指一侧在上，剑尖与踝关节同高；左手剑指屈肘附于右手腕里侧。上身稍前俯。目视剑身，见图3-76。

图3-75　弓步上挑　　　　　　　　　　图3-76　歇步下劈

注意事项：与第二段第七个动作相同。

4. 右截腕

动作要求：两脚以前脚掌碾地，并且两腿稍伸直立起，使身体右转，右腿屈膝半蹲，左腿稍屈膝，左脚前脚掌虚着地面，成左虚步，右臂内旋使拇指一侧朝下，用剑的前端向前上方划弧翻转，随着上身起立成虚步，右手持剑再向右后方托起；左手剑指仍附于右手腕，两肘均微屈。目视剑的前端，见图3-77。

注意事项：两腿虚实必须分明，上身稍向前倾，剑身平行于右额前上方，剑尖稍高于剑柄。

5. 左截腕

动作要求：左脚向前上半步，并以前脚掌碾地使身体向左后转，右脚随之向前上一步，前脚掌着地，两腿均屈膝，成左实右虚之右虚步。在右脚上步的同时，右臂外旋，使剑身的前端向左上方划弧翻转，手心朝上，剑身与地面平行；

左手剑指随之离开右手腕，屈肘向上侧举。目视剑的前端，见图3-78。

注意事项：同上述右截腕。

6. 跃步上挑

动作要求：

（1）左脚经身前向前上一步，右脚随之在身后离地，右腿后弯。同时，右臂外旋手心朝里，使剑

图3-77　右截腕　　图3-78　左截腕

由右向上、向左屈肘划弧，剑至上身左侧时，右手靠近左胯旁，拇指一侧在上并向上屈腕；右手剑指在右手向左下落时附于右手腕上。目视剑尖，见图3-79。

（2）左脚蹬地，右脚向右侧跃步，落地后屈膝略蹲，左脚随之离地屈膝从身后伸向右侧方，形成望月式平衡。上身向左侧倾斜。在右脚跃步的同时，右手持剑由左胯旁向下、向右划弧，当剑达到右侧方时，臂外旋并向拇指一侧屈腕，使剑向上跳击；左手剑指即向左上方屈肘横举，拇指一侧在下。目视右侧方，见图3-80。

图3-79　跃步上挑　　图3-80　跃步上挑

注意事项：跃步和上挑动作必须协调一致，迅速进行。挑剑时，腕部要猛然用力上屈。形成平衡动作后，右腿略屈膝站稳，左小腿尽量向上抬起。上身向右拧转，剑身斜举于右侧上方，持剑手略松，便于手腕上屈。

7. 仆步下压

动作要求：

（1）右手持剑使剑尖从头上经过，继而向身后、向右弧形平绕，当剑绕到右侧时，即屈肘将剑柄收抱于胸部前下方，手心朝上；左手剑指仍横举于左额前上方。同时，右膝伸直，上身立起，左腿屈膝提于身前。目视剑身，见图3-81。

（2）上动不停，左手剑指经身前下落，按在右手腕上。左脚随之向左侧落步，屈膝全蹲；右腿在右侧平仆伸直，脚尖里扣，成右仆步，同时，右手持剑用

剑身平面向下带压，剑尖斜向右上方。上身前探。目向右平视，见图3-82。

注意事项：做仆步时，左腿要全蹲，臀部紧靠左脚跟，不要凸起，两脚全脚掌均着地。上身前探时要挺胸，两肘略屈环抱于身前。

8. 提膝直刺

动作要求：两腿直立站起，左腿屈膝提于身前，右腿挺直站立。同时，右手持剑向右前方平伸直刺，拇指一侧在上；左手剑指屈肘在左侧上举，拇指一侧在下。目视剑尖，见图3-83。

图3-81 仆步下压　　　　　图3-82 仆步下压　　　　　图3-83 提膝直刺

注意事项：右腿独立须挺膝站稳，左膝尽量上提，脚背绷直，脚尖下垂。上身稍右倾，右肩、右臂和剑身要成一直线，左臂屈成圆形。

五、第四段

1. 弓步平劈

动作要求：右臂外旋，先使手心朝向背后、剑的下刃转翻向上，继而身体左转。同时左脚向右后侧落一大步，左腿屈膝；右脚以前脚掌为轴碾地，脚跟稍外转，右腿挺膝伸直，成左弓步。左手剑指随着持剑臂的运行而向右、向下、向左、向上圆形绕环，仍屈肘举于头部左侧上方；剑尖略高于肩。目视剑尖，见图3-84。

注意事项：向前劈剑和剑指绕环这两个动作必须协调一致、同时完成，两肩要放松。

2. 回身后撩

动作要求：右脚向前上一步，膝略屈；左脚随之离地，小腿向上弯曲。上身前俯，腰向右拧转。右手持剑随右脚上步而向后反撩，剑尖斜向下方，拇指一侧在下；左手剑指前伸成侧上举，拇指一侧在下。目视剑尖，见图3-85。

图 3-84　弓步平劈　　　　　　　　　　图 3-85　回身后撩

注意事项：右脚站立要稳，左脚脚背绷直，上身挺胸，两肩放松。

3. 歇步上崩

动作要求：

（1）右脚蹬地，左脚向前跃步，身体随之向右后转；左脚落地，脚尖稍外撇，右腿摆向身后。在身体转动的同时，右臂外旋，使拇指一侧朝上；左手剑指在身后平伸，手心朝下。目视剑尖，见图 3-86。

（2）上动不停，右脚在身后落步，两腿均屈膝全蹲，左大腿盖在右大腿上，臀部坐在右小腿上，成歇

图 3-86　歇步上崩

步。同时，右手持剑直臂下压，手腕向拇指一侧上屈，使剑尖上崩；左手剑指随之屈肘，在头部左上方侧举，拇指一侧在下。目视剑身，见图 3-87。

注意事项：向前跃步、歇步和剑尖上崩 3 个动作要连贯协调。跃步要远，落地要轻。上崩时腕部要猛然用力上屈，剑尖高与眉平。歇步时上身前俯，胸须内含。

4. 弓步斜削

动作要求：

（1）左脚脚尖内扣，身体右转，右脚随之向前上步、屈膝，左腿在身后挺膝伸直，成右弓步。右手持剑臂外旋使手心朝上，在转身的同时，屈肘向左肋前收回；左手剑指随之从身前下落，按在剑柄上。上身向右前倾。目视右方，见图 3-88。

（2）上动不停，右手持剑由后向前上方斜面弧形上削，手心斜向上方，手腕稍向左收回；左手剑指伸向后方，拇指一侧在上。目视剑尖，见图3-89。

注意事项：斜削时，右臂稍低于肩，剑尖斜向脸前右上方，略高于头；左臂在身后侧平举，剑指指尖略高于肩。

图 3-87　歇步上崩 　　　　　图 3-88　弓步斜削

5. 进步左撩

动作要求：

（1）右腿伸直，上身向右转，左腿稍屈膝。同时，右手持剑使手心朝里经脸前边转身边向左划弧，剑至体前时，左手剑指附于右手腕里侧。目视剑尖，见图3-90。

图 3-89　弓步斜削 　　　　　图 3-90　进步左撩

（2）以右脚跟为轴碾地，脚尖外撇，身体向右后转；左脚随之向前上步，以前脚掌虚着地面。同时，右手持剑反手向下、向前、向上继续划弧撩起，剑至前上方时，肘部略屈，拇指一侧在下，剑尖高与肩平；左手剑指随右手动作，仍附于右手腕上。目视剑尖。

注意事项：上述两个剑身的划弧动作，必须连贯成一个完整的绕环动作。撩剑后右腿微屈，左腿伸直，身体重心落于右腿，剑尖稍微朝下。

6. 进步右撩

动作要求：

（1）右手持剑直臂向上、向右后方划弧，左手剑指随势收于右肩前，手心朝左。目视剑尖，见图3-91。

（2）左脚踏实后以脚跟为轴碾地，脚尖外撇；右脚随之向左脚向上一步，前脚掌虚着地面。同时，右手持剑由右向下、向前划弧抡臂撩起，剑至前方时，肘微屈，手心朝上，剑尖高与肩平；左手剑指随之由右肩前向下、向前、向后上方绕环，屈肘侧举于头部左上方。目视剑尖，见图3-92。

注意事项：同上述进步左撩，惟左右相反。

7. 坐盘反撩

动作要求：右脚踏实后向前一小步，随即左脚从右腿后向右侧插一步，两腿屈膝下坐，成坐盘势。在左脚插步的同时，右手持剑向上、向左、向下再向右上方反手绕环斜上撩，剑尖高过头顶；左手剑指随之经体前向下、向右上方划弧，屈肘横举于左耳侧，拇指一侧在下；上身向左前倾俯。目视剑尖，见图3-93。

图3-91　进步右撩　　　　图3-92　进步右撩　　　　图3-93　坐盘反撩

注意事项：坐盘必须与反撩剑动作协调进行。坐盘时，左腿盘坐地面，左脚背外侧着地；右腿盘坐于左腿之上，全脚掌着地，脚尖朝身前。上身倾俯时胸腰内含，剑尖与右臂、左肘、左肩成一直线。

8. 转身云剑

动作要求：

（1）右脚蹬地，两腿伸直站立，并以两脚的前脚掌碾地，使身体向左后转。转身之后，右腿屈膝略蹲，右脚踏实；左膝微屈，前脚掌虚着地面，身体重心落于右腿。同时，右手持剑随身体转动一周后屈肘使剑平举，拇指一侧在下；此时左手剑指附于右手腕处。目视剑尖，见图3-94。

（2）上动不停，上身后仰。右手持剑向左、向后、向右、向前圆形环绕一周，剑至身前时，右手手心朝上，使剑尖下垂；左手剑指放开，拇指一侧朝上，准备接握右手之剑。此时重心前移，左脚踏实，右腿伸直，上身前倾。目视左手，见图3-95。

注意事项：转身和云剑动作必须连贯，云剑要平、要快，腕关节放松使之灵活。

六、结束动作

1. 虚步背剑

动作要求：右手将剑柄交于左手后即握成剑指，左手接剑后反握住剑柄向身体左侧下垂。此时右脚向右前方上步，脚尖里扣，屈膝略蹲，上身随之左转；左脚随之向前移步，一前脚掌虚着地面，膝微屈。在上身左转的同时，右手剑指随之由身后向上屈肘侧举于头部上方，手心朝上。目向左平视，见图3-96。

注意事项：重心落于右腿，上身前倾，挺胸、塌腰，两肩松沉，左肘略上提，剑身紧贴前臂后侧，并与地面垂直。

2. 收式

动作要求：右腿伸直，右脚向左脚靠拢，并步站立。右手剑指下落于身体右侧，手心朝下，恢复成预备势。目向正前方平视，见图3-97。

图3-94 转身云剑　　图3-95 转身云剑　　图3-96 虚步背剑　　图3-97 收式

注意事项：同预备式。

第五节　二十四式太极拳套路

二十四式太极拳是武术内家拳中的初级套路，其内容丰富，结构合理，动作简单易学、易练，适合初学者练习。它要求动作轻柔、连绵不断、一气呵成。全套主要动作共24个，既能单练也能对练。

一、预备式

身体自然站立，两脚并拢，两手垂于大腿外侧；头顶正直，口闭齿扣，胸腹放松；眼平视前方。

二、第一段

1. 起式

动作要求：

（1）左脚开立：左脚向左分开，两脚平行同肩宽，见图 3-98。

（2）两臂前举：两臂慢慢向前举，自然伸直，两手心向下，见图 3-99。

（3）屈腿按掌：两腿慢慢屈膝半蹲，同时两掌轻轻下按至腹前，见图 3-100。

图 3-98　起式　　　　图 3-99　起式　　　　图 3-100　起式

注意事项：起脚时先提脚跟，高不过足踝，落脚时前脚掌先着地，要做到点起点落、轻起轻落。上举两臂时，不可耸肩，不要出现指尖朝下的"折腕"。屈膝时松腰敛臀，上体保持正直，两掌下按时沉肩垂肘。

2. 左右野马分鬃

（1）左野马分鬃。

动作要求：

1）抱球收脚：上体稍右转，右臂屈抱于右胸前，左臂屈抱于腹前，成右抱球；左脚收至右脚内侧成丁步，见图 3-101。

2）弓步分手：上体左转，左脚向左前方迈出一步，成左弓步；同时两掌前后分开，左手心斜向上，右手按至右胯旁，两臂微屈，见图 3-102。

图 3-101　抱球收脚

图 3-102 弓步分手

（2）右野马分鬃。

动作要求：

1）抱球收脚：重心稍向后移，左脚尖翘起外撇；上体稍左转，左手翻转在左胸前屈抱，右手翻转前摆，在腹前屈抱，成左抱球；重心移至左腿，右脚收至左脚内侧成丁步，见图 3-103。

2）弓步分手：同前弓步分手，惟左右相反，见图 3-104。

图 3-103 抱球收脚    图 3-104 弓步分手

（3）左野马分鬃。

动作要求： 同前左野马分鬃。

注意事项： 弓步时，不可将重心过早前移，造成脚掌沉猛落地，后脚应有蹬碾动作。分手与弓步要协调同步。转体撇脚时，先屈后腿，腰后坐，同时两臂自旋。

3. 白鹤亮翅

动作要求：

（1）跟步抱球：上体稍左转，右脚向前跟步，落于左脚后；同时两手在胸前屈臂抱球，见图 3-105。

（2）虚步分手：上体后坐并向右转体，左脚稍向前移动，成左脚虚步；同时右手分至右额前，掌心向内，左手按至左腿旁，上体转正；眼平视前方，见图3-106。

图3-105　跟步抱球 　　　　　　　　　　图3-106　虚步分手

注意事项：抱球与跟步要同时，转身时身体侧转不超过45°，左脚前移与分手同时完成。

4. 左右搂膝拗步

（1）左搂膝拗步。

动作要求：

1）收脚托掌：上体右转，右手至头前下落，经右胯侧向后方上举，与头同高，手心向上，左手上摆，向右划弧落至右肩前；左脚收至右脚内侧成丁步；目视右手，见图3-107。

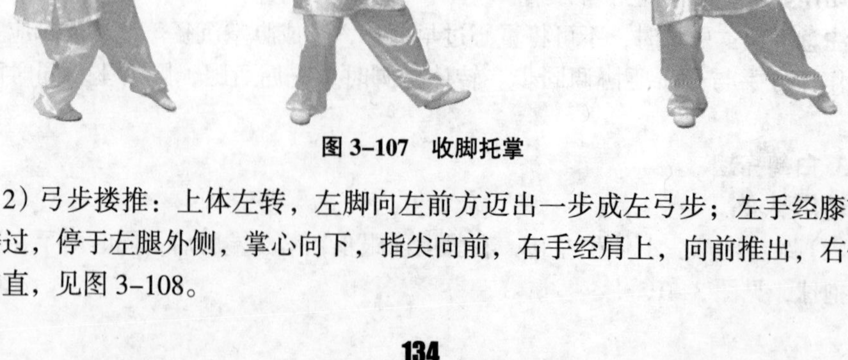

图3-107　收脚托掌

2）弓步搂推：上体左转，左脚向左前方迈出一步成左弓步；左手经膝前上方搂过，停于左腿外侧，掌心向下，指尖向前，右手经肩上，向前推出，右臂自然伸直，见图3-108。

图 3-108　弓步搂推

（2）右搂膝拗步。

动作要求：

1）收脚托掌：重心稍后移，左脚尖翘起外撇，上体左转，右脚收至左脚内侧成丁步；右手经头前划弧摆至左前肩，掌心向下，左手向左上方划弧上举，与头同高，掌心向上；目视左手，见图 3-109。

图 3-109　收脚托掌

2）弓步搂推：同前弓步搂推，惟左右相反。

（3）左搂膝拗步。

动作要求：动作与右搂膝拗步相同，惟左右相反。

注意事项：两手划弧时要以腰带动；推掌时要沉肩垂肘，坐腕舒掌。搂推协调，转身蹬地推掌。

5. 手挥琵琶

（1）跟步展臂。

动作要求：右脚向前收拢半步落于左脚后；右臂稍向前伸展，见图 3-110。

（2）虚步合手。

动作要求：上体稍向左回转，左脚稍前移，脚跟着地，成左虚步；两臂屈肘合抱，右手与左肘相对，掌心向左，见图3-111。

图 3-110　跟步展臂　　　　　　　　　　图 3-111　虚步合手

注意事项： 两手摆掌时有上挑并向里合之意。合臂时腰下沉，两臂前伸，腋下虚空。

三、第二段

1. 左右倒卷肱

（1）右倒卷肱。

动作要求：

1）退步卷肱：上体稍右转，两手翻转向上，右手随转体向后上方划弧上举至肩上耳侧，左手停于体前；上体稍左转；左脚提起向后退一步，脚前掌轻轻落地；目视左手，见图3-112。

2）虚步推掌：上体继续左转，重心后移，成右虚步；右手推至体前，左手向后、向下划弧，收至左腰侧，手心向上；目视右手，见图3-113。

图 3-112　退步卷肱　　　　　　　　　　图 3-113　虚步推掌

（2）左倒卷肱。

动作要求：

1）退步卷肱：同前退步卷肱，惟左右相反。

2）虚步推掌：同前虚步推掌，惟左右相反。

（3）右倒卷肱。

动作要求：同前右倒卷肱。

（4）左倒卷肱。

动作要求：同前左倒卷肱。

注意事项：转身时用腰带手后撤，走斜弧形路线。提膝屈肘和左掌翻手都要同步完成。推掌走弧形且坐腕、展掌、舒指。

2. 左揽雀尾

（1）抱球收脚。

动作要求：上体右转，右手向侧后上方划弧，左手在体前下落，两手呈右抱球状；左脚收成丁步，见图 3-114。

图 3-114　抱球收脚

（2）弓步掤臂。

动作要求：上体左转，左脚向左前方迈成左弓步；两手前后分开，左臂半屈向体前掤架，右手向下划弧按于右胯旁，五指向前；目视左手，见图 3-115。

（3）转体摆臂。

动作要求：上体稍向左转，左手向左前方伸出，同时右臂外旋，向上、向前伸至左臂内侧，掌心向上，见图 3-116。

（4）转体后捋。

动作要求：上体右转，身体后坐，两手同时向下经腹前向右后方划弧后捋，右手举于身体侧后方，掌心向外，左臂平屈于胸前，掌心向内；目视右手，见图 3-117。

图 3-115　弓步掤臂

图 3-116　转体摆臂

（5）弓步前挤。

动作要求：重心前移成左弓步；右手推送左前臂向体前挤出，两臂撑圆，见图 3-118。

图 3-117　转体后捋

图 3-118　弓步前挤

（6）后坐引手。

动作要求：上体后坐，左脚尖翘起；左手翻转向下，右手经左腕上方向前伸出，掌心转向下，两手左右分开与肩同宽，两臂屈收后引，收至腹前，手心斜向下，见图 3-119。

（7）弓步前按。

动作要求：重心前移成左弓步；两手沿弧线推至体前，见图 3-120。

注意事项：捋时要转腰带手，不可直臂、折腕。挤时松腰、弓腿一致。按时两手沿弧线向上、向前推按。

3. 右揽雀尾

（1）转体分手。

动作要求：重心后移，上体右转，左脚尖内扣；右手划弧右摆，两手平举于身体两侧；头随右手移转，见图 3-121。

图 3-119 后坐引手

图 3-120 弓步前按

图 3-121 转体分手

（2）抱球收脚。

动作要求：左腿屈膝，重心左移，右脚收成丁步；两手呈左抱球状，见图 3-122。

（3）弓步掤臂。

动作要求：同前弓步掤臂，惟左右相反。

（4）转体摆臂。

动作要求：同前转体摆臂，惟左右相反。

图 3-122 抱球收脚

（5）转体后捋。

动作要求：同前转体后捋，惟左右相反。

（6）弓步前挤。

动作要求：同前弓步前挤，惟左右相反。

（7）后坐引手。

动作要求：同前后坐引手，惟左右相反。

（8）弓步前按。

动作要求：同前弓步前按，惟左右相反。

注意事项：由左势向右势转化时，左脚尽量里扣。右手随身体右转平行向右划弧时，右手不可随着向右摆动。重心移动变化时，上体保持正直，随腰转动。

4. 单鞭

（1）转体运臂。

动作要求：上体左转，左腿屈膝，右脚尖内扣；左手向左划弧，掌心向外，右手向左划弧至左肘前，掌心转向上；视线随左手运转，见图3-123。

（2）勾手收脚。

动作要求：上体右转，右腿屈膝，左脚收成丁步；右手向上向左划弧，至身体右前方变成勾手，腕高与肩平，左手向下、向右划弧至右肩前，掌心转向内；目视勾手，见图3-124。

（3）弓步推掌。

动作要求：上体左转，左脚向左前方迈出成左弓步；左手经面前翻掌向前推出，见图3-125。

注意事项：重心移动平稳，两腿要虚实分明。做勾手时右臂不要过直。推掌时随上体转动，弓腿，翻掌前推。

图3-123　转体运臂

图3-124　勾手收脚

图3-125　弓步推掌

5. 云手

（1）转体松勾。

动作要求：上体右转，左脚尖内扣；左手向下、向右划弧至右肩前，掌心向内，右勾手松开变掌，见图3-126。

（2）左云收步。

动作要求：上体左转，重心左移，右脚向左脚收拢，两腿屈膝半蹲，两脚平行向前成小开立步；左手经头前向左划弧运转，掌心渐渐向外翻转，右手向下、向左划弧运转，掌心渐渐转向内；视线随左手运转，见图3-127。

图3-126　转体松勾 　　　　　　　　图3-127　左云收步

（3）右云开步。

动作要求：上体右转，重心右转，左脚向左横开一步，脚尖向前；右手经头前向右划弧运转，掌心逐渐由内转向外，左手向下、向右划弧，停于右肩前，掌心渐渐翻转向内；视线随右手运转，见图3-128。

图3-128　右云开步

（4）左云收步。

动作要求：同前左云收步。

（5）右云开步。

动作要求：同前右云开步。

（6）左云收步。

动作要求：同前左云收步。

注意事项： 以腰为轴，转腰带手交叉划圆。上下肢要协调一致，不可脱节。身体平移，不可起伏。

6. 单鞭

（1）转体勾手。

动作要求： 上体右转，重心右移，左脚跟提起；右手向左划弧，至右前方掌心翻转变勾手；左手向下向右划弧至右肩前，掌心转向内；目视勾手，见图3-129。

（2）弓步推掌。

动作要求： 同前弓步推掌。

注意事项： 同前单鞭。

图3-129　转体勾手

四、第三段

1. 高探马

（1）跟步翻手。

动作要求： 后脚向前收拢半步；右手勾手松开，两手翻转向上，肘关节微屈，见图3-130。

（2）虚步推掌。

动作要求： 上体稍右转，重心后移，左脚稍向前移成左虚步；上体左转，右手经头侧向前推出；左臂屈收至腹前，掌心向上，见图3-131。

图3-130　跟步翻手　　图3-131　虚步推掌

注意事项： 跟步时上体正直，不可起伏。推手与成虚步同时进行。

2. 右蹬脚

（1）穿手上步。

动作要求： 上体稍左转，左脚提收向左前方迈出，脚尖着地；右手稍向后收，左手经右手背上方向前穿出，两手交叉，左掌心斜向上，右掌心斜向下，见图3-132。

（2）分手弓步。

动作要求： 重心前移成左弓步；上体稍右转，两手向两侧划弧分开，掌心皆向外；目视右手，见图3-133。

（3）抱手收脚。

动作要求： 右脚成丁步；两手向腹前划弧相交合抱，举至胸前，右手在外，两掌心皆转向内，见图3-134。

图 3-132　穿手上步　　　　图 3-133　分手弓步　　　　图 3-134　抱手收脚

（4）分手蹬脚。

动作要求：两手手心向外撑开，两臂展于身体两侧，肘关节微屈，腕与肩平；左腿支撑，右腿屈膝上提，脚跟用力慢慢向前上方蹬出，脚尖上勾，膝关节伸直，右腿与右臂上下相对，方向为右前方约 30°；目视右手，见图 3-135。

注意事项：两手交叉距离胸部 20 厘米，身体左转 45°。蹬脚，两手高不过头。分手撑掌与蹬脚同时完成。

3. 双峰贯耳

（1）屈膝并手。

动作要求：右小腿屈膝回收，左手向体前划弧，与右手并行落于右膝上方，掌心皆翻转向上，见图 3-136。

图 3-135　分手蹬脚　　　　　　　　图 3-136　屈膝并手

（2）弓步贯拳。

动作要求：右脚下落向右前方上步成右弓步；两手握拳经两腰侧向上、向前划弧摆至头前，两臂半屈成钳形，两拳相对，与同头宽，拳眼斜向下，见图

3-137。

注意事项： 弓步的方向与右蹬脚的方向一致。弓步贯拳时肘关节下垂，上体正直。

4. 转身左蹬脚

（1）转体分手。

动作要求： 重心后移，左腿屈坐，上体左转，右脚尖内扣；两拳松开，左手向左划弧，两手平举于身体两侧，掌心向外；目视左手，见图3-138。

图 3-137　弓步贯拳 　　　　　　　　　图 3-138　转体分手

（2）抱手收脚。

动作要求： 重心右移，右腿屈膝后坐，左脚收至右脚内侧成丁步；两手向下划弧交叉合抱，举至胸前，左手在外，两手心皆向内，见图3-139。

（3）分手蹬脚。

动作要求： 同右蹬脚，惟左右相反。

注意事项： 转身时，就充分坐腿扣脚，上体保持正直，不可低头弯腰。左蹬脚与右蹬脚的方向要对称。

5. 左下势独立

（1）收脚勾手。

图 3-139　抱手收脚

动作要求： 左腿屈收于右小腿内侧；上体右转，右臂稍内合，右手变勾手，左手划弧摆至右肩前，掌心向右；目视前方，见图3-140。

（2）仆步穿掌。

动作要求： 上体左转，右腿屈膝，左腿向右前方伸出成左仆步；左手经右肋沿左腿内侧向左穿出，掌心向前，指尖向左；目视左手，见图3-141。

（3）弓腿起身。

动作要求： 重心移向左腿成左弓步；左手前穿并向上挑起，右勾手内旋，置

图 3-140 收脚勾手

图 3-141 仆步穿掌

于身后，见图 3-142。

（4）独立挑掌。

动作要求：上体左转，重心前移，右腿屈膝提起成左独立步；左手下落按于左胯旁，右勾手下落变掌，向体前挑起，掌心向左，高与眼平，右臂半屈成弧，见图 3-143。

图 3-142 弓腿起身

图 3-143 独立挑掌

注意事项：仆步穿掌时上体不可前倾。由仆步转换独立步时，一定要充分做好两脚的外撇和内扣。独立挑掌时前手肘与膝相对。

6. 右下势独立

（1）落脚勾手。

动作要求：右脚落于左脚右前方，脚前掌着地，上体左转，左脚以脚掌为轴随之扭转；左手变勾手向上提举于身体左侧，高与肩平，右手划弧摆至左肩前，掌心向左；目视勾手，见图 3-144。

（2）仆步穿掌。

动作要求：同前仆步穿掌，惟左右相反。

（3）弓步起身。

动作要求：同前弓步起身，惟左右相反。

（4）独立挑掌。

动作要求：同前独立挑掌，惟左右相反。

注意事项：右脚前掌应落在左脚右前方 20 厘米处。仆步穿掌时，应先把右脚撬起后再伸出。

五、第四段

1. 左右穿梭

（1）右穿梭。

动作要求：

1）落脚抱球：左脚向左前方落步，脚尖外撇，上体左转；两手呈左抱球状，见图 3-145。

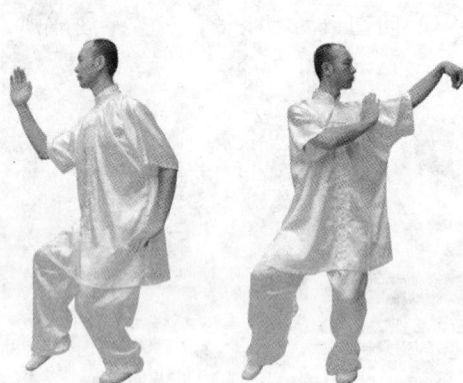

图 3-144　落脚勾手　　　　　　　　　图 3-145　落脚抱球

2）弓步架推：上体右转，右脚向右前方上步成右弓步；右手向前上方划弧，翻转上举，架于右额前上方，左手向后下方划弧，经肋前推至体前，高与鼻平；目视左手，见图 3-146。

（2）左穿梭。

动作要求：

1）收脚抱球：重心稍后移，右脚尖外撇，左脚收成丁步；上体右转，两手在右肋前上下相抱，见图 3-147。

2）弓步架推：同前弓步架推，惟左右相反。

注意事项：做弓步架推时，手脚方向一致，两掌要有滚动上架与前推。

图 3-146　弓步架推

2. 海底针

（1）跟步提手。

动作要求：右脚向前收拢半步，随之重心后移，右腿屈坐；上体右转，右手下落屈臂提至耳侧，掌心向左，指尖向前，见图 3-148。

（2）虚步插掌。

动作要求：上体左转向前俯身，左脚稍前移成左虚步；右手向前下方斜插，右手经膝前划弧搂过，按至右胸前；目视右手，见图 3-149。

图 3-147　收脚抱球　　　　图 3-148　跟步提手　　　　图 3-149　虚步插掌

注意事项：右手随转体在体侧划一立圆提于右耳侧。插掌时不可因前俯而弯腰驼背。上下肢动作必须协调同步。

3. 闪通背

（1）提手收脚。

动作要求：上体右转，恢复正直；右手提至胸前，左手屈臂收举，指尖贴近右腕内侧；左脚提起，见图 3-150。

图 3-150 提手收脚

（2）弓步推掌。

动作要求：左脚向前上步成左弓步；左手推至体前，右手撑于头侧上方，掌心斜向上，两手分展；目视左手，见图 3-151。

注意事项：两手先上提后分开。右手上撑向后引拉。前手、前腿上下相对。

4. 转身搬拦捶

（1）转身扣脚。

动作要求：重心后移，右腿屈坐，左脚尖内扣；身体右转，右手摆至体右侧，左手摆至头左侧，掌心均向外；目视右手，见图 3-152。

图 3-151 弓步推掌　　　　　　　　　图 3-152 转身扣脚

（2）坐腿握拳。

动作要求：重心左移，左腿屈坐，右腿自然伸直；右手握拳向下、向左划弧停于左肋前，拳心向下，左手举于左额前；眼向前平视，见图 3-153。

（3）踩脚搬拳。

动作要求：右脚提收至左脚内侧，再向前迈出，脚跟着地，脚尖外撇；右拳经胸前向前搬压，拳心向上，高与胸平，肘部微屈，左手经右前臂外侧下落，按于左胯旁；目视右拳，见图 3-154。

图 3-153　坐腿握拳　　　　　　　　　图 3-154　跺脚搬拳

（4）转体收拳。

动作要求：上体右转，重心前移；右拳向右划弧至体侧，拳心向下，左臂外旋，向体前划弧，掌心斜向上，见图 3-155。

（5）上步拦掌。

动作要求：左脚向前上步，脚跟着地；左掌拦至体前，掌心向前，右拳翻转收至腰间，拳心向上；目视左掌，见图 3-156。

（6）弓步打拳。

动作要求：上体左转，重心前移成左弓步；右拳向前打出，肘微屈，拳眼向上，左手微收，掌指附于右前臂内侧，掌心向右，见图 3-157。

图 3-155　转体收拳　　　　　图 3-156　上步拦掌　　　　　图 3-157　弓步打拳

注意事项：身体右转时，左脚尽力内扣。垫步时勿抬脚过高，迈出时脚尖外撇。

5. 如封似闭

（1）穿手翻掌。

动作要求：左手翻转向上，从右前臂下向前穿出；同时右拳变掌，也翻转向上，两手交叉举于体前，见图3-158。

（2）后坐收掌。

动作要求：重心后移，两臂屈收后引，两手分开收至胸前，与胸同宽，掌心斜相对；目视前方，见图3-159。

图 3-158　穿手翻掌　　　　　　　　　图 3-159　后坐收掌

（3）弓步按掌。

动作要求：重心前移成左弓步；两掌经胸前弧线向前推出，高与肩平，宽与肩同，见图3-160。

图 3-160　弓步按掌

注意事项：后坐收掌时避免上体后仰。弓步按掌时两掌由下向上、向前推按。

6. 十字手

（1）转身扣脚。

动作要求：上体右转，重心右移，右腿屈坐，左脚尖内扣；右手向右摆至头前，两手心皆向外；目视右手，见图 3-161。

（2）弓腿分手。

动作要求： 上体继续右转，右脚尖外撇侧弓，右手继续划弧至身体右侧，两臂侧平举，手心皆向外；目视右手，见图 3-162。

图 3-161　转身扣脚　　　　　　　　　图 3-162　弓腿分手

（3）交叉搭手。

动作要求： 上体左转，重心左移，左腿屈膝侧弓，右脚尖内扣；两手划弧下落，交叉上举成斜十字形，右手在外，手心皆向内，见图 3-163。

（4）收脚合抱。

动作要求： 上体转正，右脚提起收拢半步，两腿慢慢直立；两手交叉合抱于胸前，见图 3-164。

注意事项： 转体扣脚与弓步分手要连贯衔接。两手划弧下落时不可弯腰低头。

7. 收式

（1）翻掌分手。

动作要求： 两臂内旋，两手翻转向下分开，两臂慢慢下落停于身体两侧；目视前方，见图 3-165。

（2）并脚还原。

动作要求： 左脚轻轻收回，恢复成预备姿势，见图 3-166。

注意事项： 翻掌分手时，左手在上，腕关节不要弯曲；垂臂落手与起身一致。

图 3-163　交叉搭手　　图 3-164　收脚合抱

图 3-165　翻掌分手　　图 3-166　并脚还原

第六节　四十二式太极剑套路

四十二式太极剑全套共 42 个动作。它顺乎人体的自然规律，强调体用结合，追求顺、畅、遂、和的效果和境界。适合有一定武术基础者练习。

一、预备式

动作要求：两脚并拢，脚尖朝前；畅胸舒背；身体直立，两臂自然垂于身体两侧，右手成剑指，手心朝里；左手持剑，手心朝后；剑身竖直贴靠在左臂后面，剑尖朝上；目视前方，见图3-167。

注意事项：头颈自然竖直，下颌微收，上体保持自然，不可挺胸收腹。两肩臂要自然松沉；剑刃不可触及身体；精神要集中。

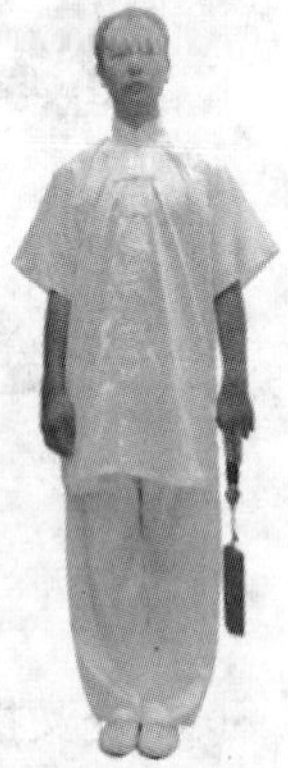

图 3-167　预备式

二、第一段

1. 起式

动作要求：

（1）左脚提起向左迈半步，与肩同宽；身体重心在两腿中间，同时两臂微屈略内旋，两手距身体约 10 厘米；目视前方，见图3-168。

（2）两臂自然伸直向左前方摆举至与肩平，手心朝下；上体略右转，随转体右手剑指右摆，至右前方后屈肘向下划弧至腹前，手心朝下；左手持剑，右摆后屈肘置于体前，腕同肩高，手心朝下；两手心相对；同时重心左移，左腿屈膝半蹲，右脚收提至左脚内侧（脚不触地）；目视右前方，见图3-169。

图 3-168　起式

图 3-169　起式

（3）右脚向右前方（约 45°）上步，随身体重心前移成右弓步；同时右手剑指经左臂下向前上方摆举，臂微屈，腕同肩高，手心斜朝上；左手持剑附于右前臂内侧（剑柄在右前臂上方），手心朝下；身体重心移向右腿，左脚跟至右脚内侧后方，脚尖点地；同时右手剑指向右前方伸送；左手持剑屈肘置于右胸前，手心朝下；目视剑指前方，见图 3-170。

（4）重心左移，右脚尖内扣，身体左转（约 90°），左脚向左前方上步，成左弓步；同时左手持剑经膝前向左划弧搂至左胯旁，臂微屈，手心朝后，剑身竖直，剑尖朝上；右手剑指屈肘经右耳旁向前指出，手心斜朝前，指尖朝上，腕同肩高；目视前方，见图 3-171。

图 3-170 起式　　　　　　　　　　　　图 3-171 起式

注意事项： 两手摆举转换要与重心移动协调配合，上体要保持中正安舒，不可左右摇摆或前俯后仰；两肩要松沉，两臂不可僵直。

2. 并步点剑

动作要求：

（1）重心前移，右脚经左脚内侧向右前方（约 45°）上步，随重心前移成右弓步；同时左手持剑经胸前向前穿出至右腕上（剑柄贴靠右腕）；重心前移，左脚收提至右脚内侧；同时两手分别向左、右两侧摆举后屈肘向下划弧置于胯旁，手心均朝下；目视前方，见图 3-172。

图 3-172 并步点剑

（2）左脚向左前方（约 45°）上步，随重心前移成左弓步；同时两手侧分摆举，略高于肩后向前划弧于体前相合，左手在外，高与胸齐，手心朝外，臂呈弧形；剑身贴靠左前臂，剑尖斜朝后，右手虎口对剑柄准备接剑；目视前方，见图 3-173。

（3）身体重心前移，右脚向左脚并步，屈膝半蹲；同时右手接握剑柄，随以腕关节为轴，使剑尖由身体左后方经上向前划弧，至腕与胸高时，提腕使剑尖向前下方点剑；左手变剑指附于右腕内侧；目视剑尖方向，见图3–174。

图3–173　并步点剑　　　图3–174　并步点剑

注意事项： 两手侧分摆举划弧与成弓步要协调一致，两臂不要僵挺；右手接剑时动作要自然，勿停顿；点剑时，两肩要保持松沉，上体正直，不可耸肩、拱背或凸臀；劲注剑尖。

3. 弓步斜削剑

动作要求：

（1）身体重心移至左腿，右脚跟提起；同时右手握剑、沉腕、变手心朝上，使剑尖划一小弧指向左下方；左手剑指屈肘附于右前臂内侧，手心朝右，指尖朝上；目视剑尖方向，见图3–175。

（2）右脚向右后方后撤步，脚跟着地，随身体重心右移，右腿屈膝，左脚跟外展成右弓步；身体右转（约90°）；同时右手握剑随转体向右上方斜削，腕同肩高；左手剑指左摆置于胯旁，手心斜朝下，指尖朝前；目视剑尖方向，见图3–176。

图3–175　弓步斜削剑　　　图3–176　弓步斜削剑

注意事项： 削剑时要与转腰、弓步协调一致，以腰带臂，使剑重力达剑刃前端；上体中正，神态自然。

4. 提膝劈剑

动作要求：

（1）左腿屈膝，身体重心后移，上体随之略向右转，右脚尖翘起外摆；同时右手握剑屈肘向右、向后划弧至体右后方，手心朝上，腕略高于腰；左手剑指向前、向右划弧摆至右肩前，手心斜朝下；目视剑尖，见图3–177。

（2）身体略向左转，重心前移，右脚掌踏实，右腿自然直立；左腿屈膝提起成右独立步；同时右手握剑向前劈出，剑、臂平直；左手剑指经下向左弧摆举至与肩平，手心朝外，指尖朝前；目视剑尖，见图3–178。

图 3–177　提膝劈剑　　　　　　　　图 3–178　提膝劈剑

注意事项：身体左右转动要与两臂动作协调一致；提膝独立要与劈剑协调一致；劲贯剑身下刃。

5. 左弓步拦

动作要求：

（1）右腿屈膝半蹲，上体略左转，左脚向左落地，脚跟着地；同时右手握剑以腕关节为轴使剑尖在体前顺时针划一圆弧；左手剑指附于右前臂内侧，手心朝下；目视剑尖方向，见图3–179。

（2）身体左转（约90°），随重心前移；左脚踏实，右脚跟外展成左弓步；同时右手握剑，随转体经下向左前方划弧拦出，手心斜朝上，腕同胸高；左手剑指经下向左、向上划弧，臂呈弧形举于头前上方，手心斜朝上；目视剑尖方向，见图3–180。

注意事项：身体转动与剑绕环要协调一致；弓步时上体不可前俯。

6. 左虚步撩

动作要求：

（1）右腿屈膝，重心稍后移，左脚尖翘起并稍外展，上体左转；随重心前移左脚落地踏实，上体略右转，右脚向右前方上步，脚跟着地；同时右手握剑随转

图 3-179　左弓步拦

图 3-180　左弓步拦

体屈肘向上，向左划弧至左胯旁，手心朝里，剑尖斜朝后上方；左手剑指下落附于右腕部；目视剑尖方向，见图 3-181。

（2）身体右转，右脚尖外展，随重心前移落地踏实，右腿屈膝半蹲，左脚向左前方上步成左虚步；同时右手握剑，剑刃经后向下、向左前上方立圆撩架至头前上方，臂微屈，手心朝外，剑尖略低于手；左手剑指附于右肩部；目视左前方，见图 3-182。

图 3-181　左虚步撩　　图 3-182　左虚步撩

注意事项：剑向左后绕环要与身体转换一致，向前撩剑要与迈左步协调一致，整个动作要连贯圆活。

7. 右弓步撩

动作要求：

（1）身体略向右转，左脚向左上步，脚跟着地；同时右手握剑向上、向右划弧至身体右上方，腕稍低于肩，臂微屈，剑尖朝右上方；左手剑指屈肘落于右肩前，手心斜朝下；目视剑尖方向，见图 3-183。

（2）身体左转，随重心移至左腿，左脚尖外展落地踏实，继而右脚向前上步，随重心前移成右弓步；同时右手握剑经下向前立剑撩出，腕同肩高，手心斜向上，剑尖斜向下；左手剑指向下、向左上方划弧，臂呈弧形举于头上方，手心斜朝上；目视剑尖方向，见图 3-184。

注意事项：撩剑时剑贴身体立圆撩出，幅度宜大，且要做到势动神随；上步时重心要平稳，勿起伏。

图 3-183　右弓步撩　　　　　　图 3-184　右弓步撩

8. 提膝捧剑

动作要求：

（1）左腿屈膝半蹲，重心后移，身体略向左转；同时右手握剑随转体向左平带，手心朝上，腕同胸高，剑尖朝前；左手剑指屈肘下落附于右腕部，手心朝下；目视剑尖方向，见图 3-185。

（2）身体略向右转，右脚向后撤步，随重心后移成左虚步；同时右手握剑随转体手心转向下，使剑经体前向右平带至右胯旁，剑尖朝前；左手剑指向下、向左划弧至左胯旁，手心朝下；目视剑尖方向。

（3）左脚向前落步，随重心前移，左腿自然直立，右腿屈膝提起成左独立步；同时两手手心

图 3-185　提膝捧剑　　　图 3-186　提膝捧剑

翻转朝上随提膝由两侧向胸前相合，左手剑指捧托在右手背下，与胸同高；剑尖朝前，略高于腕；目视前方，见图 3-186。

注意事项：左、右转体带剑要协调连贯；捧剑与提膝协调一致；提膝时膝不得低于腰部。

9. 蹬脚前刺

动作要求：左腿直立，右脚以脚跟为力点，勾脚向前蹬出；同时两手捧剑略回引再向前平刺；目视剑尖方向，见图 3-187。

注意事项：蹬脚时身体不可前俯或挺腹，脚高不得低于腰部；剑向前平刺时

两臂要保持松沉。

10. 跳步平刺

动作要求：

（1）右脚向前落步，随身体重心前移右脚蹬地向前跳步，左脚前摆落地踏实，腿微屈；右脚在左脚将落地时迅速向左脚内侧靠拢（脚不着地）；同时两手捧剑随右脚落步向前平刺；左脚落地时两手腕部内旋，同时撤回置于两胯旁，手心均朝下；目视前方，见图3-188。

图3-187　蹬脚前刺

图3-188　跳步平刺

（2）右脚向前上步成右弓步；同时右手握剑经腰部向前平刺，腕同胸高。手心朝上，劲注剑尖；左手剑指经左向上、向前划弧，臂呈弧形举于头上方，手心斜朝上；目视剑尖方向，见图3-189。

注意事项：右脚落步与前刺、左跳步与两手回抽要协调一致；左脚落地后右脚有刹那间暂停，再进步平刺。

图3-189　跳步平刺

三、第二段

11. 转身下刺

动作要求：

（1）左腿屈膝，重心后移；右腿自然伸直，脚尖上翘；同时右手握剑向左、向右平带屈肘收至胸前，手心朝上；左手剑指屈肘置于胸前，剑身平贴于左前臂下，两手心斜相对；目视左前方，见图3-190。

（2）右脚尖内扣落地，重心移至右腿；继而以右脚掌为轴身体左后转（约

270°），左腿屈膝提起收至右脚内侧（不着地）；两手仍合手胸前；目视左前方，见图3-191。

（3）左脚向左前方落步成左弓步；同时右手握剑向左前下方平剑刺出，手心朝上；左手剑指向左、向上划弧，臂呈弧形举于头前上方，手心斜朝上；目视剑尖方向，见图3-192。

图 3-190 转身下刺   图 3-191 转身下刺   图 3-192 转身下刺

注意事项：转身时要平稳自然，不可低头弯腰；弓步与刺剑要协调一致。

2. 弓步平斩

动作要求：

（1）重心前移，右脚收提于左脚内侧（脚不触地）；同时右手握剑，沉腕，手心斜朝上；左手剑指屈肘向前附于右前臂上；目视剑尖，见图3-193。

（2）右脚向右后方撤步，左脚碾步内扣成右横裆步，身体右转（约90°）；同时右手握剑向右平斩；左手剑指向左分展侧举，略低于胸，手心朝左，指尖朝前；目视剑尖，见图3-194。

图 3-193 弓步平斩   图 3-194 弓步平斩

注意事项：肩、肘松活，以腰带臂，眼随剑走，运劲沉稳持续不断。

3. 弓步崩剑

动作要求：

（1）重心左移，身体略左转；随转体右手握剑，以剑柄领先，屈肘向右带剑至面前，手心朝后；左手剑指弧形左摆至左胯旁，手心朝下，指尖朝前；继而重心再右移，左腿经右脚后向右插步成叉步；同时右手握剑略向左带后内旋翻、手心朝下、向右带，腕与胸高，于臂自然伸直，剑尖朝前，与肩同高；左手剑指向左摆举，手心朝外，指尖朝前；目视右侧，见图 3–195。

图 3–195 弓步崩剑

（2）重心移至左腿，右腿屈膝提起；同时两前臂向内划弧合于腹前，手心朝上，剑尖朝前；目视前方，见图 3–196。

（3）右脚向右落步成右弓步，上体略右转；同时，右手握剑右摆崩剑，劲贯剑身前端，腕同肩高，剑尖高于腕，臂微屈，手心朝上；左手剑指向左分展，停于胯旁，手心朝下；目视剑尖，见图 3–197。

图 3–196 弓步崩剑　　　　图 3–197 弓步崩剑

注意事项：捧剑与提膝、崩剑与弓步要协调一致；崩剑为一发劲动作，要转腰、沉胯，发劲松弹；整个动作要连贯。

4. 歇步压剑

动作要求：身体左转，重心移至左腿；右脚向左脚后插步，脚前掌着地；同时右手握剑经上向左划弧，变手心朝下；两腿屈膝下蹲成歇步；同时右手握剑向下压剑，臂微屈，腕同膝高；左手剑指向上划弧，臂呈弧形举于头上方，手心斜朝上；目视剑尖，见图 3-198。

图 3-198　歇步压剑

注意事项：压剑时，肩、肘松沉，不可僵直；剑身距地面约 10 厘米。

5. 进步绞剑

动作要求：

（1）身体略右转，两腿蹬伸，左腿屈膝，右脚向前上步成右虚步；同时右手握剑虎口朝前上方立剑上提，腕同肩高，剑尖略低于腕；左手剑指经上弧形前摆，附于右前臂内侧，手心朝下；目视前下方，见图 3-199。

（2）右脚向前上步，重心前移；同时右手握剑绞剑；左手剑指向下、向左划弧侧举，腕略高于肩，手心朝外，指尖朝前，臂呈弧形；目视剑尖方向，见图 3-200。

图 3-199　进步绞剑　　　　图 3-200　进步绞剑

（3）左脚向前上步，重心前移；同时右手握剑再次绞剑；左手剑指动作不变；目视剑尖，见图3-201。

（4）右脚向前上步成右弓步；同时右手握剑继续绞剑后前送；左手剑指经上向前附于右前臂上，手心朝下；目视剑尖，见图3-202。

图 3-201　进步绞剑　　　　　　　　　图 3-202　进步绞剑

注意事项：上步要轻灵平稳，不可忽高忽低；上一步，绞一剑，共上三步，并使上步与绞剑协调一致，剑尖运转呈螺旋形。

6. 提膝上刺

动作要求：

（1）重心后移，上体略左转，左腿屈膝半蹲，右膝微屈；同时右手握剑屈肘回抽带至左腹前，手心朝上，剑身平直，剑尖朝右；左手剑指附于剑柄上；目平视剑尖方向，见图3-203。

（2）重心前移，身体略右转，右腿自然直立，左腿屈膝提起成右独立式；同时右手握剑向前上方刺出，手心朝上，左手剑指附于右前臂内侧；目视剑尖，见图3-204。

图 3-203　提膝上刺　　　　　　　　　图 3-204　提膝上刺

注意事项：提膝与刺剑要协调一致；提膝不得低于腰部，上体要保持端正自然。

7. 虚步下截

动作要求：

（1）右腿屈膝半蹲；左脚向左落步，脚跟着地，上体略左转；同时右手握剑随转体屈肘外旋向左上方带剑，手心朝里，腕同头高，剑尖朝右；左手剑指经下向左划弧至左胯旁，手心斜朝下；目视右侧，见图3-205。

（2）重心左移，左脚踏实，屈膝半蹲，上体右转，右脚向左移半步，脚尖点地成右虚步；同时右手握剑随转体略向左带后向右下方截剑至右胯旁，剑尖朝右前，与膝同高，劲贯剑身下刃；左手剑指向上，臂呈弧形举于头上方，手心斜朝上；目视右侧，见图3-206。

图3-205　虚步下截　　　　　　图3-206　虚步下截

注意事项：虚步与截剑要协调一致；截剑时，右臂不可僵直。

8. 右左平带

动作要求：

（1）左膝微屈，右腿屈膝提起，脚尖下垂；同时右手握剑立刃向前伸送至与胸高，臂自然伸直，剑尖略低于手；左手剑指经上向前附于右前臂内侧；右脚向右前方落步，上体略右转成右弓步；同时右手握剑前伸，手心转向下后屈肘向右带剑至右肋前，剑尖朝前；目视剑尖，见图3-207。

（2）重心前移，左脚向左前方上步成左弓步；同时右手握剑随剑尖前伸，前臂外旋，至手心朝上后微屈肘向左带剑至左肋前，剑尖朝前；左手剑指经下向左，臂呈弧形举于头上方，手心斜朝上；目视前方，见图3-208。

注意事项：弓步与带剑协调一致；上体不可前俯或凸臀。

9. 弓步劈剑

动作要求：

（1）随重心前移，右脚摆步向前，屈膝半蹲；左腿自然伸直，脚跟提起，上

图 3-207 右左平带

体右转；同时右手握剑向右后方下截；左手剑指屈肘向下附于右肩前，手心斜朝下；目视剑尖，见图 3-209。

（2）上体左转，左脚向前上步成左弓步；同时右手握剑经上向前劈剑，与肩同高，剑尖略高于腕；左手剑指经下向左上方划弧，臂呈弧形举于头上方，手心斜朝外；目视前方，见图 3-210。

注意事项： 上右步与回身截剑要协调一致，弓步与劈剑要协调一致；整个动作要连贯完成。

图 3-208 右左平带

图 3-209 弓步劈剑

图 2-210 弓步劈剑

10. 丁步托剑

动作要求：

（1）随重心前移，右腿屈膝上提成独立式；上体右转并微前倾；同时右手握剑向右后方截剑；左手剑指屈肘摆至右肩前，手心朝右后；目视剑尖，见图3-211。

（2）右脚向前落步，屈膝半蹲，左脚跟步至右脚内侧，脚尖点地成左丁步；同时右手握剑向前、屈肘向上托剑，剑尖朝右；左手剑指附于右腕内侧，手心朝前；目视右侧，见图3-212。

图 3-211　丁步托剑　　　　图 3-212　丁步托剑

注意事项： 提膝与回身下截剑、丁步与托剑要协调一致；剑上托时劲贯剑身上刃；整个动作要连贯。

四、第三段

1. 分脚后点

动作要求：

（1）左脚向左前方上步，脚尖内扣，膝微屈，上体右转（约90°）；以右脚前掌为轴脚跟内转，膝微屈；右手握剑使剑尖向右、向下划弧至腕下与肩同高，手心斜朝上，剑尖斜向下，左手剑指仍附右腕；目视剑尖，见图3-213。

（2）右脚向后撤步，腿自然伸直，左脚以跟为轴，脚尖内扣碾步，屈膝半蹲，身体右转（约90°）；同时右手握剑，剑尖领先，经下向后划弧穿至腹前，手心朝外，剑尖朝右，稍低于腕；左手剑指仍附于右腕；目视剑尖方向，见图3-214。

图 3-213　分脚后点　　　　　　图 3-214　分脚后点

（3）重心前移，右腿屈膝前顶成右弓步；上体略右转；同时右手握剑沿右腿内侧向前穿刺，与肩同高；左手剑指向左后方划弧摆举，与肩同高，手心朝外；目视剑尖，见图3-215。

（4）重心前移，左脚向右脚并步，两腿屈膝半蹲，上体略左转；同时右手握剑，剑柄领先，向上、向左划弧带剑至左胯旁，手心朝内，剑尖朝左上方；左手剑指向上，在头上方与右手相合后，屈肘下落附于右腕内侧；目视左侧，见图3-216。

图 3-215　分脚后点　　　　　　图 3-216　分脚后点

（5）左腿自然伸直；右腿屈膝提起，脚尖自然下垂；上体右转（约90°）；同时右手握剑使剑尖在体左侧立圆划弧至后下方时，以剑柄领先，前臂内旋上提举至头前上方，手心朝右，剑尖朝前下方；左手剑指外旋，向前下方伸出至右脚踝内侧前方，手心朝前上方；目视剑尖方向，见图3-217。

（6）右脚向前摆踢成分脚；同时上体略向右拧转，随转体右手握剑经上向右后方点剑，腕同肩高；左手剑指向左上方举，臂呈弧形举于头上方，手心斜朝上；目视剑尖，见图3-218。

图 3-217　分脚后点　　　　　　图 3-218　分脚后点

注意事项：提膝与提剑、分脚与后点剑要协调一致；整个动作要连贯圆活，一气呵成。

2. 仆步穿剑（右）

动作要求：

（1）左腿屈膝半蹲，右腿屈膝向后落步成左弓步；同时上体左转，随转体右手握剑弧形向体前摆举，腕同胸高，手心朝上，剑身平直，剑尖朝前；左手剑指向下，屈肘附于右前臂内侧，手心朝下；目视剑尖，见图3-219。

（2）身体重心后移，两脚以脚掌为轴碾步，身体右转（约90°）成右横弓步；同时右手握剑屈肘经胸前向右摆举斩剑，臂微屈，手心朝上，剑尖略高于腕；左手剑指向左分展侧举，与腰同高，臂微屈，手心朝外；目视剑尖，见图3-220。

图 3-219　仆步穿剑（右）　　　图 3-220　仆步穿剑（右）

（3）重心左移，成左横弓步；上体略左转；同时右手握剑屈臂上举、带至头前上方，手心朝内，剑身平直，剑尖朝右；左手剑指向上摆举，附于右腕内侧，臂呈弧形，手心朝前；目视剑尖方向，见图3-221。

（4）左腿屈膝全蹲成右仆步，上体略右转；同时右手握剑向下置于裆前，手心朝外，使剑立剑落至右腿内侧，剑尖朝右；左手剑指仍附右腕；目视剑尖方向，见图3-222。

图 3-221　仆步穿剑（右）　　　图 3-222　仆步穿剑（右）

（5）重心右移，右脚尖外展，左脚尖内扣碾步成右弓步；同时身体右转（约90°），随转体右手握剑沿右腿内侧向前立剑穿出，腕同胸高，臂自然伸直，手心朝左；左手剑指仍附于右腕内侧；目视前方，见图3-223。

注意事项： 身体重心左右转换要平稳，上体切忌摇晃，动作时，以身带臂、使剑，动作连贯圆活。

3. 蹬脚架剑（左）

动作要求：

（1）右脚尖外展；身体略右转；同时右手持剑向右上方带剑至头前上方（腕距右额约10厘米），手心朝外，剑尖朝前；左手剑指屈肘附于右后臂内侧，手心朝右；目视剑尖方向，见图3-224。

图3-223　仆步穿剑（右） 　　图3-224　蹬脚架剑（左）

（2）右腿自然直立，左脚经右脚踝内侧屈膝提起，脚尖自然下垂；同时右手握剑略向右带；目视剑尖方向，见图3-225。

（3）左脚以脚跟为力点向左侧蹬脚；同时右手握剑上架，臂微屈；左手剑指向左侧指出，臂自然伸直，腕同肩高，手心朝前，指尖朝上；目视剑指方向，见图3-226。

图3-225　蹬脚架剑（左）　图3-226　蹬脚架剑（左）

注意事项： 剑指、剑尖、蹬脚均朝同一方向；蹬脚与架剑、剑指动作要协调一致；右腿独立要站稳；蹬脚高度不得低于腰部；此式为平衡动作。

4. 提膝点剑

动作要求：左腿屈膝成右独立步，上体略右转；同时右手握剑经上向右前下方点剑，剑尖与膝同高；左手剑指屈肘右摆，附于右前臂内侧，手心朝下；目视剑尖方向，见图 3-227。

注意事项：左腿屈膝扣脚与点剑要协调一致；右腿站立要稳。

5. 仆步横扫（左）

动作要求：

（1）右腿屈膝全蹲，左脚向左后方落步成左仆步；上体略左转；同时左手剑指屈肘内旋，经左肋前向后反插至左腿外侧，手心朝上；右手握剑沉腕下落至右膝前上方，手心朝上；目视剑尖，见图 3-228。

图 3-227　提膝点剑

图 3-228　仆步横扫（左）

（2）身体重心左移，身体左转（约 90°），左腿屈膝，脚尖外展，右脚跟外展碾步成左弓步；同时右手握剑，向左平扫，腕同胸高，手心朝上，臂微屈，剑尖朝前下方略低于腕；左手剑指经左向上，臂呈弧形举于头上方，手心朝上；目视剑尖，见图 3-229。

注意事项：由仆步转换成弓步时，上体不要前倾和突臀。

6. 弓步下截（右、左）

动作要求：

（1）身体重心前移，右脚跟至左脚内侧（脚不触地）；同时右手握剑内旋划弧拨剑，腕同腰高，手心朝下，剑尖朝左前下方；左手剑指屈肘下落附于右腕内侧，手心朝下；目视剑尖，见图 3-230。

（2）右脚向右前方上步成右弓步，上体略右转；同时右手握剑向右前方划弧截剑，臂微屈，腕同胸高，虎口朝下，剑尖朝前下方；左手剑指仍附右腕；目视剑尖，见图 3-231。

（3）身体重心移至右腿；左脚跟至右脚内侧（脚不触地），上体右转；同时右手握剑外旋划弧拨剑至右胯旁，手心朝上，剑尖朝右前下方；左手剑指附于右腕内侧，手心朝下；目视剑尖，见图 3-232。

图 3-229　仆步横扫（左）

图 3-230　弓步下截（右、左）

图 3-231　弓步下截（右、左）

图 3-232　弓步下截（右、左）

（4）身体重心左移，左脚向左前方上步，右脚跟外展成左弓步，上体左转（约 45°）；同时右手握剑向左划弧截剑至身体左前方，臂微屈，腕同胸高，手心朝上；剑尖朝前下方；左手剑指向左前上方划弧摆举，臂呈弧形举于头前上方，手心朝外；目视剑尖，见图 3-233。

注意事项：划弧拨剑，以腕为轴，手腕松活，剑尖形成一小圆弧；截剑时以身带剑，身随步转。整个动作要柔和连贯，眼随剑走。

7. 弓步下刺

动作要求：

（1）身体重心前移，右脚在左脚后震脚，屈膝半蹲；左脚跟提起，上体略右转；同时右手握剑屈肘回带至右肋前，手心朝上，剑尖朝前，略低于手；左手剑指先前伸，再随右手回带屈肘附于右腕内侧，手心朝下；目视剑尖，见图 3-234。

图3-233 弓步下截（右、左）

图3-234 弓步下刺

（2）身体重心前移，左脚向左前方上步成左弓步，上体略左转；同时右手握剑向左前下方刺出，腕同腰高，手心朝上；左手剑指仍附于右腕内侧，手心朝下；目视剑尖，见图3-235。

注意事项：震脚与刺剑均为发力动作。震脚与两手相合屈肘回带、刺剑与弓步均要协调一致；刺剑时先转腰回带为之蓄劲，继而以转腰沉胯带剑下刺，力注剑尖；发劲要松弹。

图3-235 弓步下刺

8. 右左云抹

动作要求：

（1）随身体重心前移，右脚跟至左脚内侧（脚不触地），身体略左转；同时右手握剑沉腕略向左带，臂微屈，手心朝上，剑尖略低于手；左手剑指略向左带后经胸前向右划弧至右臂上方，手心朝右；目视剑尖。

（2）右脚向右上步成右横引步，上体右转；同时右手握剑向右上方划弧削剑，臂微屈；左手剑指向左划弧分展举于左前方，与胸同高，目视剑尖。

（3）上体略右转，身体重心右移；继而上体略左转，左脚向右盖步，膝微屈；右脚在左脚即将落地时蹬地、屈膝后举于左小腿后，脚尖下垂（离地面约10厘米）；同时右手握剑在面前逆时针划弧云剑，摆至体前，腕同胸高，臂微屈，手心朝下，剑尖朝左前方；左手剑指与右手在胸前相合，附于右腕内侧，手心朝下；目视剑尖，见图3-236。

图3-236 右左云抹

（4）右脚向右上步成右弓步，上体右转；同时右手握剑向右抹剑至右前方，手心朝下；左手剑指仍附于右腕内侧；目视剑尖方向，见图3-237。

注意事项： 以上为右云抹剑。盖步时，步法要轻灵；云剑时，要以身带剑，使剑运行连贯圆活，身剑要协调。

（5）身体重心右移，左脚跟至右脚内侧（脚不触地），身体略右转；同时右手握剑略屈肘右带，腕同胸高，剑尖朝左前；左手剑指仍附丁右腕内侧；目视剑尖方向，见图3-238。

图 3-237　右左云抹

图 3-238　右左云抹

（6）左脚向左上步成左弓步，上体左转；同时右手握剑向前伸送后向左抹带，腕同胸高，手心朝下，剑尖朝前；左手剑指经前向左划弧摆举至体左侧，手心朝外；目视剑尖，见图3-239。

（7）身体重心左移，右脚向左盖步；右脚将落地时，左脚蹬地，屈膝后举于右小腿后，脚尖下垂（离地约10厘米）；上体略右转；同时右手握剑在面前顺时针划圆云剑，摆至体前，腕同胸高，手心朝上，剑尖朝右前方；左手剑指在云剑时向右与右手相合，附于右腕内侧，手心朝下；目视剑尖，见图3-240。

图 3-239　右左云抹

图 3-240　右左云抹

（8）左脚向左上步成左弓步，上体略左转；同时右手握剑向左抹剑，手心朝上；左手剑指向左划弧后，臂呈弧形举于头前上方；目视剑尖，见图3-241。

注意事项：此式为左云抹剑，要领同右云抹剑；右、左云抹剑要连贯完成。

9. 右弓步劈

动作要求：

（1）身体重心前移，右脚跟至左脚内侧（脚不触地），身体略左转；同时右手握剑，剑刃领先，经下向左后方划弧至左腹前，臂微屈，手心斜朝上，剑尖朝左后下，与胯同高；左手剑指屈肘向下落于右前臂上，手心朝外；目视剑尖，见图3-242。

图 3-241　右左云抹　　图 3-242　右弓步劈

（2）右脚向右上步成右弓步，上体略右转；同时右手握剑经上向右划弧劈剑，腕同胸高，剑臂一线；左手剑指经下向左划弧，臂呈弧形举于头上方，手心朝外；目视剑尖，见图3-243。

注意事项：弓步与劈剑要协调一致，速度要缓慢均匀，动作要圆活连贯，劲贯剑身。

图 3-243　右弓步劈

10. 后举腿架剑

动作要求：

（1）身体重心前移，左脚摆步向前，屈膝半蹲；右脚跟提起，上体略左转；同时右手握剑向左挂剑，腕同腰高，剑尖朝左；左手剑指屈肘下落附于右前臂上，手心朝外；目视左下方，见图3-244。

（2）左腿直立，右腿屈膝，后举小腿，脚面展平同臀高，上体略右转；同时右手握剑上架（离头部约10厘米）；剑尖朝左；左手剑指经面前向左摆举，臂微屈，指尖朝上；目视剑指，见图3-245。

注意事项：左手剑指与剑尖为同一方向；右腿后举与举剑上架、剑指动作要协调一致；独立要稳，此式为平衡动作。

图 3-244　后举腿架剑　　　　　图 3-245　后举腿架剑

五、第四段

1. 丁步点剑

动作要求：

（1）左腿屈膝，身体略右转；右脚向右落步，脚跟着地，腿自然伸直；同时右手握剑略向右摆举使剑尖向上，高于右腕；目视左前方，见图 3-246。

（2）重心右移，身体右转，右脚踏实，屈膝半蹲，左脚跟至右脚内侧，脚尖点地成左丁步；同时右手握剑向右点击，腕同胸高；左手剑指经体前向右划弧屈肘附于右腕内侧；目视剑尖，见图 3-247。

注意事项： 丁步与点剑要协调一致；点剑时力注剑锋。

图 3-246　丁步点剑　　　　图 3-247　丁步点剑

2. 马步推剑

动作要求：

（1）左脚向左后方撤步，右腿屈膝，随身体重心后移，以脚掌擦地撤半步，脚跟提起，腿微屈，上体向右扭转；同时右手握剑，虎口朝上，屈肘收至右肋下，剑身竖直，剑尖朝上；左手剑指附于右腕，手心朝下；目视右侧，见图 3-248。

（2）左脚蹬地，随身体重心前移，右脚向右前方上步，脚尖内扣，左脚跟滑半步，两腿屈膝半蹲成马步；上体左转；同时右手握剑向右前方立剑平推，腕同胸高，剑尖朝上，力贯剑身前刃；左手剑指经胸前向左推举，手心朝外，指尖朝前，与肩同高；目视右侧，见图3-249。

注意事项： 此式为发力动作；马步与推剑要协调一致，推剑时要转腰沉胯，劲力顺达。

图 3-248 马步推剑　　图 3-249 马步推剑

3. 独立上托

动作要求：

（1）身体重心左移，右脚向左插步，身体右转；同时右手握剑以腕为轴，外旋翻转手腕，使剑尖经下向后、向上在体右侧立圆划弧至头部右侧，剑尖朝右上方，虎口仍朝上，腕同胸高；左手剑指略向前摆举；目视右前方，见图3-250。

（2）身体重心后移，两腿屈膝下蹲，并以左脚跟、右脚掌为轴碾步，身体右后转（约180°）；同时右手握剑前臂内旋，剑柄领先向下、向右后方划弧摆举至右膝前上方，剑尖朝前；左手剑指屈肘向右附于右腕内侧，手心朝下；目视剑尖，见图3-251。

图 3-250 独立上托　　图 3-251 独立上托

（3）上体略右转，右腿自然直立，左腿屈膝提起成右独立式；同时右手握剑臂内旋向上托举停于右额上方（约10厘米），剑身平直，剑尖朝左；左手剑指屈肘附于右上臂内侧，手心朝外；目视左侧，见图3-252。

注意事项： 插步转体时，上体不要过于前俯和凸臀；提膝与上举剑要协调一致；此式为平衡动作。

4. 挂剑前点

动作要求：

（1）左脚向左摆步，随身体重心前移，右脚跟提起，上体略左转；同时右手握剑向左下方划弧挂剑，手心朝内；左手剑指屈肘附于右上臂内侧，手心朝外；目视剑尖方向，见图 3-253。

（2）身体重心前移，右脚摆步向前，上体略右转；同时右手握剑经上向前划弧，前臂外旋，手心朝上，剑尖朝前，低于右腕；左手剑指附于右前臂内侧，手心朝右；目视剑尖方向，见图 3-254。

图 3-252　独立上托　　　　图 3-253　挂剑前点　　　　图 3-254　挂剑前点

（3）身体重心前移，右脚踏实，左脚跟提起，上体略右转；同时右手握剑向右划弧穿挂剑，手心朝外；左手剑指向上，臂呈弧形举于头上方，手心朝左；目视剑尖方向，见图 3-255。

（4）身体重心前移，左脚摆步向前，脚跟着地；身体略左转；同时右手握剑向右伸举，手心朝上，腕同腰高，剑尖朝右下方；左手剑指下落至与肩同高，手心朝外；目视左手剑指方向，见图 3-256。

（5）身体重心前移，左脚踏实，屈膝半蹲，右脚向右前方上步成右虚步；上体左转（约 90°）；同时右手握剑经上向右前下方点剑；左手剑指经下向左划弧，臂呈弧形举至头上方，手心朝外；目视剑尖，见图 3-257。

注意事项：左右挂剑，动作要连贯圆活，贴近身体；立圆挂剑，虚步与点剑要协调一致。

5. 歇步崩剑

动作要求：

（1）右脚跟内扣踏实，屈膝半蹲；左脚跟提起，身体重心前移，上体右转；同时右手握剑翘腕向后带剑至右胯旁，手心朝内，剑尖朝左上方，略低于肩；左手剑指屈肘下落附于右腕上，手心朝下；目视右前下方，见图 3-258。

图 3-255　挂剑前点

图 3-256　挂剑前点

图 3-257　挂剑前点

图 3-258　歇步崩剑

（2）身体重心略左移，右腿屈膝；左脚向左上步成右弓步，上体略右转；同时右手握剑经下向右划弧反撩，腕同胸高，手心朝后，剑尖朝右；左手剑指经下向左划弧摆举至与肩平；目视剑尖，见图 3-259。

（3）重心后移，右脚向左脚后撤步成歇步；身体略右转；同时右手握剑，变虎口朝上后沉腕崩剑，腕同腰高；左手剑指向上，臂呈弧形举于左上方，手心斜朝上；目视右前方，见图 3-260。

注意事项：歇步与崩剑动作要协调一致；沉腕崩剑，劲贯剑锋。

6. 弓步反刺

动作要求：

（1）右脚踏实，右腿伸起直立，左腿屈膝提起脚尖下垂；上体稍左倾；同时右手握剑屈肘侧举，腕低于胸，使剑身斜置于右肩上方，手心朝前，剑尖朝左上方；左手剑指下落，与肩同高；目视右前方，见图 3-261。

（2）左脚向左落步，成左弓步，上体略向左倾；同时右手握剑向前上方探刺；左手剑指向右与右臂在体前相合，附于右腕内侧；目视剑尖，见图3-262。

注意事项： 动作要舒展；弓步与探刺要协调一致。

图3-259　歇步崩剑

图3-260　歇步崩剑

图3-261　弓步反刺

图3-262　弓步反刺

7. 转身下刺

动作要求：

（1）随身体重心后移，身体右转，左脚尖内扣；同时右手握剑屈肘回带至左肩前，手心朝内，剑尖朝右；左手剑指附于右腕内侧；手心朝外；目视右侧，见图3-263。

（2）身体重心左移，右脚屈膝提起，脚尖下垂；以左脚掌为轴碾步，身体右转；同时右手握剑向右摆至右肩前，使剑尖向下划弧至右膝外侧，手心朝后，剑尖斜朝下；左手剑指仍附于右腕上；目视剑尖，见图3-264。

（3）随身体右转（约180°），左脚跟向左碾转，右脚向右后方落步成右弓步；同时右手握剑向前下方刺出，腕同胸高，手心朝上；左手剑指附于右腕上，手心朝下；目视剑尖，见图 3-265。

注意事项：动作要连贯圆活，上体不要过于前倾；弓步与刺剑要协调一致。

8. 提膝提剑

动作要求：

（1）身体重心后移，上体左转；左脚尖外摆，屈膝半蹲，右腿自然伸直；同时右手握剑，以剑柄领先，屈臂外旋，向左上方带剑（距头部约 20 厘米），手心朝内，剑尖朝右；左手剑指附于前臂内侧，手心朝外；目视前方，见图 3-266。

图 3-263　转身下刺

图 3-264　转身下刺

图 3-265　转身下刺

图 3-266　提膝提剑

（2）身体重心右移，右腿屈膝，左腿自然伸直，左脚跟外转，上体略右转；同时右手握剑，剑柄领先，前臂内旋，手心朝下，经腹前摆至右胸前（约 30 厘米），使剑尖经上向右前划弧，剑尖低于腕；左手剑指附于右腕内侧，手心朝外；目视剑尖，见图 3-267。

（3）左腿屈膝提起成右独立步；上体略右转并稍前倾；同时右手握剑，剑柄领先，向右、向上划弧提剑，臂呈弧形举于右前方，腕同额高，虎口斜朝下，剑尖置于左膝外侧；左手剑指经腹前向左划弧摆举，与胸同高，手心朝外；目视左前下方，见图 3-268。

图 3-267　提膝提剑　　　　　图 3-268　提膝提剑

注意事项：提膝与提剑要协调一致。

9. 行步穿剑

动作要求：

（1）右腿屈膝。左脚向左落步，脚跟着地，上体左转；同时右手握剑，手心转向上，剑尖领先，经左肋下向左、向前穿剑，腕与腰同高，剑尖朝前；左手剑指向右上方划弧摆举至右肩前，手心朝下；目视剑指，见图 3-269。

（2）随身体重心前移，左脚踏实，膝微屈，右脚向右摆步，上体右转；同时右手握剑，剑尖领先，向前、向右划弧穿剑，腕与胸同高，剑尖朝右；左手剑指经胸前向左分展侧举，臂呈弧形，手心朝外；目视剑尖，见图 3-270。

（3）随身体重心前移，左脚向右扣步，上体略右转；两手动作不变。依次右、左脚再各上一步，见图 3-271。

图 3-269　行步穿剑　　　　图 3-270　行步穿剑　　　　图 3-271　行步穿剑

注意事项：穿剑时，略沉胯拧腰蓄劲；行步时，左脚扣、右脚摆，行走平稳，勿飘浮，共走 5 步，轨迹成一圆形。

10. 摆腿架剑

动作要求：

（1）右手握剑，前臂内旋经面前使剑尖在头前方逆时针划弧，屈肘向左摆至左肋前，剑尖朝左上方；当右手握剑左摆至面前时，右脚外摆腿，下落至水平时屈收小腿；左手剑指向上，在面前与右手相合，屈肘附于右腕内侧，手心朝下；目视前方，见图 3–272。

图 3–272　摆腿架剑

（2）左腿屈膝，右脚向右前方落步，身体略右转；同时右手握剑经前向右划弧抹剑，腕与胸同高，手心朝下，剑尖朝左；左手剑指附于右前臂内侧，手心朝下；目视剑身前端，见图 3–273。

（3）右腿屈膝半蹲，左脚跟外展，上体略左转；同时右手握剑上举架剑，剑尖朝前；左手剑指随右手上举后经面前向前指出，指尖朝上，目视剑指方向，见图 3–274。

图 3–273　摆腿架剑　　　　图 3–274　摆腿架剑

注意事项： 外摆腿不得低于胸，并要与剑和剑指紧密配合；弓步与抹剑上架要协调一致；剑指与剑为同一方向。

11. 弓步直刺

动作要求：

（1）身体重心移至右腿，左脚收提至右脚内侧（脚不触地）；同时右手握剑经右向下收至右胯旁，虎口朝前，剑尖朝前；左手剑指经左向下收至左胯旁，手心朝下，指尖朝前；目视右前下方，见图 3-275。

（2）左脚向前上步成左弓步；上体略左转；同时右手握剑立刃向前平刺；左手剑指在胸前与右手相合，附于右腕内侧后向前伸送，手心斜向下；目视前方，见图 3-276。

注意事项：弓步与刺剑要协调一致，上体要自然直立，不要挺胸、凸臀。

12. 收式

动作要求：

（1）身体重心后移，右腿屈膝，上体右转；同时右手握剑屈肘向右回带至右胸前；左手剑指仍附腕随之右移，两手心相对（准备接剑），剑身微贴在左前臂外侧；目视前下方，见图 3-277。

图 3-275 弓步直刺　　　　图 3-276 弓步直刺　　　　图 3-277 收式

（2）上体左转，重心前移，右脚上步成平行步；同时左剑指变掌接剑（反握），经腹前向左摆置于左胯旁，手心朝后，剑身竖直，剑尖朝上；右手变剑指经下向右后方划弧，随屈肘举至右耳侧，手心朝前，指尖朝上，与头同高；目视前方，见图 3-278。

（3）两腿自然伸直；同时右手剑指经胸前向下落于身体右侧；然后左脚向右脚并拢，身体自然站立，两臂垂于体侧；目视前方，见图 3-279。

注意事项：动作要连贯、圆活、缓慢；最后成并步自然站立时，全身放松，深呼气，神气归元。

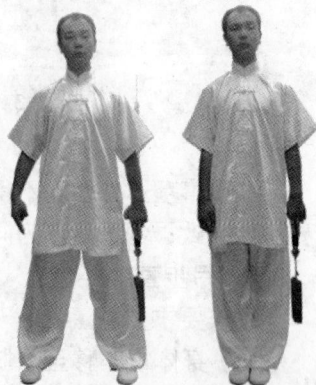

图 3-278 收式　　　　图 3-279 收式

第七节 三十六式太极扇套路

太极扇扇法包括：合扇、开扇、撩扇、云扇、托扇、推扇、翻扇等。步型步法有：弓步、虚步、丁步、歇步、仆步、插步、坐盘、点步、跟步、跳步、蹬脚及提膝，平衡并配合扇法。要求全套动作不仅要有太极拳的连绵不断，还要有快速有力的开合扇。

一、第一段

1. 起式

（1）并步持扇。

动作要求：两脚并拢，身体自然直立；两臂自然垂于身体两侧，右手握扇首，扇根朝下，右手掌心朝内；目视前方，见图3-280。

（2）两脚开立。

动作要求：身形不变，左脚自然提起向左平行开步，与肩同宽；重心在两腿之间；两臂微内旋，两掌心转向后；眼平视前方，见图3-281。

注意事项：整个身体自然放松，两脚稳抓地，两膝不要绷直，做到心静体松，气沉丹田。

（3）两臂上提。

动作要求：身体姿势不变，左手五指自然张开，右手以扇根为力点，两臂由下向上缓缓提起止于肩高，两手与肩宽；目视前方，见图3-282。

图 3-280 并步持扇	图 3-281 两脚开立	图 3-282 两臂上提

注意事项：提臂时要沉肩微屈，向前送臂时，两手体现出绷劲。

（4）两手下按。

动作要求： 两腿屈膝缓缓下蹲坐胯；同时两手缓缓下按至腹部斜前方，掌心朝下，扇根和左手指尖朝前，见图3-283。

注意事项： 屈膝下蹲时，要保持身体中正，后背要有上下对应拔长之意；臀部要收敛，意存丹田，气贯足心和掌心。

（5）转身划弧。

动作要求： 重心移于右脚，身体左转，脚尖外展45°；两手经腹前先向内后向外平行划弧；眼随右手，见图3-284。

注意事项： 两手划弧前掌要先微下按，气要先松沉，再转动腰身。

（6）丁步抱扇。

动作要求： 右脚落实向右转45°，重心移至右脚，左脚收成丁步；同时身体转向正前方，两臂划弧收抱于腰间；掌心朝上；眼随右手，见图3-285。

图3-283　两手下按　　　图3-284　转身划弧　　　图3-285　丁步抱扇

注意事项： 脚和手要同时到位。

（7）虚步捧扇。

动作要求： 左脚向前上步，脚后跟轻着地；同时两手上提，将扇捧于胸前，左手掌心托在右手下方；目视扇根，见图3-286。

注意事项： 步法要虚实分明，右膝和脚尖呈上下一条线，左膝微屈。

（8）弓步刺扇。

动作要求： 重心前移，成左弓步；同时以扇根为力点，两臂朝正前方送刺扇，见图3-287。

注意事项： 由虚步移成左弓步时，胯要平行移动，不能有起伏。

（9）虚步开臂。

动作要求： 重心后移成右虚步；前脚尖上提；同时两臂向下划弧，经腹前继续向身体两侧开臂；目随扇走，见图3-288。

图 3-286 虚步捧扇　　图 3-287 弓步刺扇　　　图 3-288 虚步开臂

注意事项：两臂打开时，胸扩展开，松肩顺臂，坐胯，身随右臂略转。

（10）马步下按。

动作要求：右腿支撑，左脚提起，提收到右小腿内侧；同时，两臂向上托在头斜上方；目随扇走；上动不停，左脚侧开步成马步；同时两臂下按于腹前，左掌按在右手上方；目视下按手方向，见图 3-289。

注意事项：马步要气沉丹田，按掌的距离离腹前约 30 厘米。

（11）虚步缠绕。

动作要求：重心移于左腿，身体左转，同时右手握扇随身体转向左小臂下方；目随扇走；上动不停，身体右转向正前方；左腿向前上步，脚后跟虚点地成左虚步；同时右手握扇经左小臂内侧随转身缠绕到腹前，左手托在右手下方；目随扇走，见图 3-290。

图 3-289 马步下按　　　　　　　　图 3-290 虚步缠绕

注意事项：绕扇时要用腰带扇，扇走身随。

（12）虚步抛接扇。

动作要求：下肢动作不变；右手扇略下沉，然后迅速向上抛起，扇在空中转一个立圆，扇根落握于右手；左手继续托在右手下方；目随扇走，见图 3-291。

注意事项：扇子抛接时从腹前抛起到脸前，要有一定的高度，接扇时要体现抓接的方法。

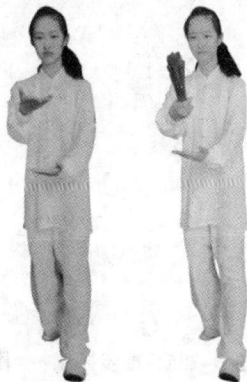

2. 怀中抱月

（1）转身架扇。

动作要求：重心前移，右脚和身体转向右 45°成右叉步；同时右手扇外旋朝上翻架在头上方；左手合在右小臂内侧；目随扇走，见图 3-292。

图 3-291 虚步抛接扇

（2）提步右摆。

动作要求：重心完全移到右腿上，左腿由后向前提收在左小腿内侧，脚不落地；同时右手扇下落略向后平摆于身体的右侧；目随扇走，见图 3-293。

注意事项：手脚要同时移动，收腿时要敛臀，尾骨收提，身体保持中正。

（3）点步开扇。

动作要求：左腿继续前移，脚前掌落在右脚前方，两腿略蹬直；身体直立，重心略前移；同时两臂向前继续平摆，右手平扇于胸前，扇柄成一条线；左手止于身体左侧，掌心翻朝外，小指一侧朝上，掌心朝外推；目视开扇前方，见图 3-294。

图 3-292 转身架扇　　　　图 3-293 提步右摆　　　　图 3-294 点步开扇

注意事项：怀中抱月意境中动作浑圆，气顺畅运行于周身，力充于意念之

中，整个动作达到饱满、规范、协调，体现太极拳特有的美感。

3. 燕子抄水

（1）虚步穿扇。

动作要求： 重心下落，成右虚步；同时右手以扇沿为力点向左臂下方穿扇；身随穿扇略左转；目随扇走，见图 3-295。

注意事项： 重心下落时要松腰坐胯，上身自然立直。

（2）提膝击扇。

动作要求： 右腿支撑直立，左腿屈膝上提；同时右手扇朝头的右斜上方合扇击打，左手随势合在右臂肘关节内侧；目视击扇方向，见图 3-296。

（3）撤步下将。

动作要求： 重心下落，左腿后撤步成右弓步；同时右手扇内旋，两掌心朝下，两臂摆在体前；目视前方。重心后移成左半马步；同时两臂下移腹前；眼随手走，见图3-297。

注意事项： 下将时两臂要绵里藏针，要松腰坐胯，躯干和手臂动作要协调一致。

（4）丁步平将。

动作要求： 右脚尖内扣，身体左后转180°成左弓步；同时两臂经腹前继续向左斜前方划弧线移动；目随手走；上动不停，重心移到右腿上，左脚收在右脚内侧，脚前掌着地成左虚步；同时两臂位于头的右斜上方，朝脸前平移；右手架扇，左手掌心朝外位于脸前；目视左手前方，见图 3-298。

图 3-295　虚步穿扇　　图 3-296　提膝击扇

图 3-297　撤步下将

图 3-298　丁步平将

（5）仆步穿掌。

动作要求：身体右转，左脚撤步，脚前掌着地；同时两臂摆于头的斜前方；重心下移成左仆步；同时左臂划弧线下落以掌指领先穿掌位于左仆腿的内侧，右手扇首领先弧线下落，扣腕持扇位于右体侧；目随左手，见图3-299。

（6）叉步开扇。

动作要求：上动不停，起身时重心前移至左腿，脚尖外展45°，左臂前送抄掌，右手持扇微下落；目随左手，见图3-300。

图3-299　仆步穿掌

图3-300　叉步开扇

注意事项：前三动，要体现身体由高向低走燕子抄水的动作，意念要领先，内气不要断，始终在丹田。

动作要求：上动不停，左腿前弓，后腿蹬地脚跟提起，合胯拧腰成左叉步，扇经胯侧由后向前送臂，同时将扇快速立扇打开，左臂合于臂内侧肘关节处；目视开扇正前方，见图3-301。

注意事项：拧腰合胯是叉步动作要求必须做到的，在开扇一瞬间，要体现动作的精气神，尤其扇与眼神配合要紧凑一致。

4. 顺水推舟

（1）提步蓄劲。

动作要求：重心前移，左腿支撑，右腿提收位于左小腿内侧；同时两臂自然下落于腹前，立扇；目视正前方。

注意事项：提步落臂要体现气沉丹田，体现气、力合蓄。左腿支撑要稳。

（2）弓步推扇。

动作要求：上动不停，右腿向前上步成右弓步；同时右手立扇向前推出，左手立掌向后推掌；目视推扇正前方，见图3-302。

注意事项：顺水推舟意境中动作体现一种内力，就像水中推舟，在水的阻力

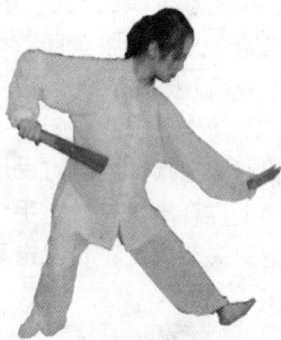

图3-301　叉步开扇

下，整个身体的暗用力将舟前推，前弓时胯要平行移动。身体移动要成为一个整体。

5. 华佗垂帘

（1）偏马步举扇。

动作要求：重心移到左腿成左偏马步；同时两臂弧形向上合举，以扇沿为力点；目随扇走，见图3-303。

注意事项：气下沉，坐胯，沉肩，两臂自然上提。

（2）马步切扇。

动作要求：上动不停，重心移到两腿之间，两脚微内扣坐胯成马步；同时两手内合自然下落位于腹前，以扇沿为力点向下切扇，左手掌心附着于右手背上方，两臂撑圆；目随扇走，见图3-304。

图 3-302　弓步推扇　　　　图 3-303　偏马步举扇　　　　图 3-304　马步切扇

注意事项：下切扇时，身体与扇配合，气与力配合，内外要协调一致。马步要圆裆合胯立腰，气沉丹田。

6. 黄莺落架

（1）左转弓步。

动作要求：身体右转成右弓步；同时两手合臂以扇柄的前端为力点向右前方击送；目随扇走；上动不停，重心完全移到右侧，同时两臂继续上举到头上方，见图3-305。

注意事项：身体与扇要同时体现向左滚动的动作。

（2）歇步端扇。

动作要求：上动不停，重心在右腿，左腿后撤在右脚的斜后方，屈膝全蹲成右歇步；同时两臂向两侧下落打开，右手立扇，左手掌心朝腰随之略右转；目视扇方向，见图3-306。

图 3-305　左转弓步

图 3-306　歇步端扇

注意事项：动作完成要柔和缓慢，连贯圆活。

7. 凤凰旋舞

（1）旋转平扫扇。

动作要求：

1）身体略起成交叉半蹲步；同时以右手扇沿为力点内旋臂朝后旋翻，握扇手心朝后，左臂随之合于右肘内侧；上身略右拧；目视扇手，见图 3-307。

2）上动不停，以扇柄领先，右脚以脚后跟为轴，左脚以脚前掌为轴，左转身 180°，两脚自然扭转；目随扇走，见图 3-308。

3）上动不停，身体继续左转 180°，以扇领先，成右虚步，右手扇摆在身体右侧；目随扇走，见图 3-309。

图 3-307　旋转平扫扇

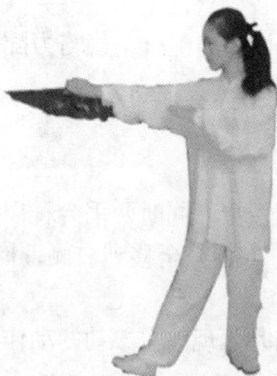

图 3-308　旋转平扫扇

图 3-309　旋转平扫扇

注意事项：总共旋转 360°；扇子扫转时要走平圆。旋转时动作要流畅，两脚扭转要配合得当。

（2）虚步云扇。

动作要求：

1）重心前移成左弓步；同时右手平扇继续朝左斜前方平带；身体自然前送；目随扇走，见图3-310。

2）上动不停，重心后移；同时右手扇朝头上方云扇，云扇时以手腕为力点旋翻；目随扇走，见图3-311。

3）下肢动作不变，两臂随即打开朝两侧下落侧平举，右手立扇，左手掌心朝下；目随扇走，见图3-312。

图 3-310 虚步云扇　　　　图 3-311 虚步云扇　　　　图 3-312 虚步云扇

注意事项：转身云扇时，身随扇走；上云扇时，头略后仰，腰身要活，身法体现自然。

8. 乌龙摆尾

（1）左虚步抱扇。

动作要求：

1）重心移到左腿左脚尖斜前方，右腿随即上步，脚后跟着地；同时两臂下落合于腹前，右手立扇；左掌托在右手下方；目视前方，见图3-313。

2）上动不停，重心略前移，右脚掌落实屈膝半蹲成右半马步；同时右手扇以扇沿为力点平行向左摆，手心朝上；左手附在右手腕内侧，身体略左转；目随扇走，见图3-314。

（2）提膝外击扇。

动作要求：上动不停，重心完全移到右腿，直立支撑，左腿提膝；同时两臂朝两侧打开与肩高；右手迅速合扇外击，左手掌心朝下以掌根为力点朝外侧击；目视前方，见图3-315。

注意事项：做提膝时，脚要站稳，腰身立直，两臂打开时腰身要有一个松抖的力。

图 3-313　左虚步抱扇　　　图 3-314　左虚步抱扇　　　图 3-315　提膝外击扇

9. 翻身打虎

（1）叉步撩扇。

动作要求：

1）重心下落，右腿屈膝半蹲，左脚前落，脚跟着地成右虚步；同时两臂自然朝前合臂，右手以扇首为力点技击，左手掌指合于右手腕内侧；目视击扇方向，见图 3-316。

2）上动不停，左脚尖内扣，重心移在左腿，身体右后转身（约 90°）；同时两臂随转身落在胸前，见图 3-317。

3）上动不停，左腿支撑，右腿朝后撤步成左叉步；同时右手扇向下划弧随转身朝正前方撩击，小指一侧朝上，左臂随即向后打开后推掌，小指一侧朝上；目随扇走，见图 3-318。

图 3-316　叉步撩扇　　　图 3-317　叉步撩扇　　　图 3-318　叉步撩扇

注意事项：转身叉步撩扇时两肩舒展，两臂放平。力达两手，胸阔略展。

（2）转身弓步开扇。

动作要求：

1）左脚尖内扣，右脚掌碾转，右后转身180°成马步；同时左掌经身体左侧划弧向前挑掌，右手扇经头上方举扇；目视前方，见图3–319。

2）上动不停，身体继续右转成右弓步；同时右手扇由上向前边劈边开扇，握扇手虎口朝前；左臂摆架于头上方，掌心朝上；目视正前方，见图3–320。

注意事项：开扇时动作要有力度，方法是从上向下劈，做到脚到扇到，扇到眼到，协调配合一致。翻身打虎动作完成气势要大，转身时身体要带点翻动的感觉。

二、第二段

1. 神龙返首

（1）弓步合扇。

图 3–319　转身弓步开扇　　图 3–320　转身弓步开扇

动作要求：

1）后腿略屈膝松沉；同时握扇的右手内旋，小指一侧朝上；目视前方，见图3–321。

2）上动不停，转成右弓步时，右手用力朝斜前抖腕合扇，手心朝上，左臂继续架于头上方，见图3–322。

（2）左右云手。

动作要求：下肢步型不变；左手合在右小臂内侧，掌心朝下；目视正前方，见图3–323。

图 3–321　弓步合扇　　　图 3–322　弓步合扇　　　图 3–323　左右云手

注意事项：左臂下落时意念引导肩胯松沉，尤其是左肩左胯。

动作要求：

1）上动不停，左腿屈膝松胯，身体左转，重心移到左腿成左弓步；同时左臂下落经腹前划弧位于左胯侧，掌心朝下；右手扇经脸前划弧摆于左斜上方；目随扇走，见图 3-324。

2）上动不停，重心随即移到两腿之间成马步过渡式；同时右手扇经左斜方下落于腹前；左臂上提立掌于左斜前方；目视左掌前方，见图 3-325。

3）上动不停，重心继续移到右腿，右手扇经腹前划弧位于右胯侧，左手经脸前摆向右斜前方立掌，掌心朝右；目视左掌前方，见图 3-326。

图 3-324　左右云手　　　　图 3-325　左右云手　　　　图 3-326　左右云手

（3）歇步开扇。

动作要求：

1）上动不停，重心完全移到右腿支撑，左腿向右斜后方 45°方向撤落步；同时右手扇向身体右侧打开，手心朝上；左掌合于右臂肘内侧，掌心朝下；目随扇走，见图 3-327。

2）上动不停，重心下落，臀部坐在左小腿上，成歇步；同时右手扇向上举，接近头顶时，突然开立扇，扇沿朝前；左臂立掌合于右肩内侧；开扇同时头随扇做突然摆头动作，目视左前方，见图 3-328。

图 3-327　歇步开扇　　　　图 3-328　歇步开扇

注意事项：在左右转胯移重心时，切忌重心不能上提，始终体现松腰沉胯、气沉丹田；上肢动作的云手要连绵不断，腰身随手臂左右转动，体现身法、路线

一定要走圆弧。上下肢与躯干动作配合协调一致。

2. 叶底采莲

动作要求：

1）身体略起；左脚朝左斜前方45°撤步，同时右手扇下落劈扇位于斜后45°方向；左臂掌心朝下按在右臂肘内侧；目视扇的正前方，见图3-329。

2）上动不停，身体左回转向斜45°，成左叉步，右胯内脚跟提起；同时左臂经体前摆向左侧，掌心朝外，掌根朝上手扇经体前平摆开扇，位于胸前，扇柄成一条线，目视扇，见图3-330、图3-331。

图 3-329　叶底采莲　　　图 3-330　叶底采莲　　　图 3-331　叶底采莲

注意事项：叉步、转身开扇、摆头都要同时完成，左右臂弧度，左掌要有暗暗朝外推力之意，右手扇一定要打平。

3. 云雁南飞

（1）行步遮面扇。

动作要求：重心移到左腿，右腿朝斜前方45°上步，脚跟着地，面朝东北方向；同时两臂内合，右手扇沿为力点，先平穿然后做立扇，离身体距离约50厘米，遮于脸面；左手掌心朝下合在右腕内侧；目视扇，见图3-332。

注意事项：这个动作是一个防守脸部的方法，因此也叫遮面扇。

动作要求：

1）上动不停，右脚尖外展，重心前移，右腿支撑，左腿经右腿内侧上步扣脚；身体继续右转向45°，同时右手扇随转身立扇右摆，左臂随即打开，掌心朝外，小指一侧朝上；目随扇走，见图3-333。

2）上动不停，重心移于左腿，身体继续转身，右腿随身体方向向前弧度上步，脚尖外展；同时右手立扇继续右摆，左臂动作基本不变；目随扇走，见图3-334。

图 3-332　行步遮面扇　　　　图 3-333　行步遮面扇　　　　图 3-334　行步遮面扇

3）上动不停，重心移于右脚，左腿由后弧线上步，脚尖内扣，同时右手扇跟随左臂摆动；目随扇走，见图 3-335。

注意事项： 整个动作要连贯一致，走几个方位时步法流畅，身随扇走，脚摆扣清晰，立扇转动时要有向外的一种推力。

（2）虚步扫扇。

动作要求： 上动不停，重心移于左腿，身体右后转 180°，右脚虚点地，重心下移成虚步；同时右手扇以扇沿为力点朝右斜下方扫扇，左手摆架于头斜上方；目随扇走，见图 3-336。

4. 昭君扑蝶

（1）转身扑扇。

动作要求：

1）上动不停，步型不变；右手扇朝上方托起，左臂自然按在左侧方向，掌心朝下；目视托扇，见图 3-337。

2）上动不停，身体左后转 180°；右腿后撤一步成左弓步；同时右手扇继续经头上方随转身朝头的斜上方扑压扇面，随即左手外旋掌心朝上落于左肋间；目随扇走，见图 3-338。

3）上动不停，步型不变；左手向上接握扇，掌心朝上；目视接扇方向，见图 3-339。

注意事项： 转身时重心不要上提，换手接握扇动作要干净利落。

（2）换手推掌。

动作要求： 上动不停，身体右后转成右弓步；同时右手经胸前随转身朝正前方推掌，左手握扇朝斜上方刺扇；目视右手推掌前方，见图 3-340。

图 3-335　行步遮面扇

图 3-336　虚步扫扇

图 3-337　转身扑扇

图 3-338　转身扑扇

图 3-339　转身扑扇

图 3-340　换手推掌

（3）转身换手扇。

动作要求：

1）上动不停，身体回转 180°，右手举在头上方；目视扇方向，见图 3-341。

2）上动不停，身体继续回转，右手用虎口迅速接握扇，掌心朝下；目视扇方向，见图 3-342。

（4）叉步扫扇。

动作要求：上动不停，重心移在右腿，左腿斜后方撤步成右叉步；同时右手扇朝身体的右斜下后方以扇沿为立点扫扇，左手架于头斜上方；目随扇走，见图 3-343。

图 3-341 转身换手扇　　图 3-342 转身换手扇　　图 3-343 叉步扫扇

5. 转身抛接

（1）转身接扇。

动作要求：

1）后腿松膝，身体直立左转成半马步；同时两臂自然下落背于身后，右手扇迅速交与左手，左手虎口接于扇柄的一端，见图 3-344。

2）上动不停，左脚外展，右脚掌碾扣，身体继续左后转成左叉步；左手握扇落于左腿外侧；目视前方，见图 3-345。

注意事项：身体转动时要自然垂直，敛臀立腰；两手背身交换扇时，动作要干净利落。

（2）叉步抛接扇。

动作要求：上动不停，步型不变；左手握扇将扇柄前端抛向前上方，抛扇时扇根转朝下；右手掌心朝上，准备接扇，眼随扇走，见图 3-346。

图 3-344 转身接扇　　图 3-345 转身接扇　　图 3-346 叉步抛接扇

（3）叉步接握扇。

动作要求：上动不停，步型不变，右手接握扇根，做立扇；左臂自然摆按于身体左侧，掌心朝外；目视扇的前方，见图 3-347。

6. 回首展臂

（1）顺势推扇。

动作要求：

1）重心前移到左腿；右腿提收在左小腿内侧，身体自然立直；同时两手自然下落合于腹前，气沉丹田；目视前方，见图 3-348。

图 3-347　叉步接握扇　　　图 3-348　顺势推扇

2）上动不停，右腿向前上步成右弓步；同时两臂打开，右手扇前推，左手立掌后推；目视正前方，见图 3-349。

注意事项：从力的角度讲，上一动作是蓄气、蓄劲，后一动作是发劲。因此，蓄时气和力要收聚丹田，发力时要贯送到扇的前端，随后到掌根，上到头的百会穴，下到两脚。

（2）并步撩扇。

动作要求：

1）身体动作基本不变，右手合扇；目视前方，见图 3-350。

2）上动不停，重心前移，后腿收在左脚内侧，成右丁步；同时右手扇随身体左后扭转时向上举于头上方，见图 3-351。

图 3-349　顺势推扇　　　图 3-350　并步撩扇　　　图 3-351　并步撩扇

3）上动不停，左脚落实成并步；同时右手扇经身体左侧向下划弧撩劈扇，左手合于右腕内侧，掌心朝下；目随扇走，见图3-352。

4）上动不停，重心转移，左脚踏实，右脚虚点地；同时身体继续左转，右手扇上撩在体前；小指一侧朝上，左臂回收于右肘内侧；目视撩扇方向，见图3-353。

（3）分腿开扇。

动作要求：

1）上动不停，身体上提，左腿直立，右腿屈膝提起；同时右手扇继续上撩架于头上方，左手按掌位于右膝内侧，掌心朝内；目视前方，见图3-354。

2）上动不停，向上伸右小腿，成右分腿平衡；同时身体直立继续右后拧转；右手扇朝斜后45°打开扇，左臂朝头上方摆架掌，掌心朝上；目视开扇方向，见图3-355。

图3-352 并步撩扇　　图3-353 并步撩扇　　图3-354 分腿开扇　　图3-355 分腿开扇

7. 掩手挑帘

（1）并步前挑扇。

动作要求：左腿屈蹲，右脚收落在左脚内侧；同时右手以扇柄为力点下落经右胯侧向体前上挑；目视扇的前方。

（2）提膝挑扇。

动作要求：重心移在右腿，身体上提，左腿屈膝提起；同时右手以扇柄为力点继续上挑，手臂伸直，立扇位于头上方，扇沿朝前，左手随挑扇以掌根为力点向前推掌；目视正前方。

注意事项：重心由高变低时，意念引导气沉、体松，切忌出现拙力。提膝上挑扇时，力要先往前送，左腿膝关节要尽量向上提，右腿支撑要稳。

8. 乌龙倒卷

（1）弓步刺扇。

动作要求：

1）右腿松膝弯曲，左腿提膝略下落；同时两臂经身体两侧落于腰间；右手扇落平，扇沿朝前，两手心朝上；目随扇走。

2）上动不停，左脚上前落步成右虚步；两手同时将扇由腹前送出；目视前方。

3）上动不停，重心继续前移，成左弓步，同时两手以扇沿为力点将扇向前刺出；两手心朝上；目视正前方。

（2）合扇撩击。

动作要求：

1）身体动作不变；左手虎口助力将扇快速合起；目视前方，见图3-356。

2）上动不停，重心移到左腿，膝关节弯曲，右腿屈膝提收；同时将扇收于腰间，左掌前穿，掌心朝上，见图3-357。

3）上动不停，右腿上前落成右弓步；同时右臂外旋将扇向前撩击，小指一侧朝上；左臂内旋合于右肘内侧，掌心朝下；目随撩扇方向，见图3-358。

图3-356　合扇撩击　　　　图3-357　合扇撩击　　　　图3-358　合扇撩击

4）上动不停，重心移到右腿，屈膝半蹲，左腿随即屈膝提收；同时右手扇内旋收回于腰间，左掌外旋经右臂下方向前穿掌；目视掌前方。

5）上动不停，左脚向前上步屈膝支撑，右腿屈膝上提，同时左臂内旋盖掌；目视盖掌方向，见图3-359。

（3）弓步开扇。

动作要求： 右腿向前落步成右弓步；同时右手直臂向前撩开扇，左臂合于右臂肘内侧，掌心朝下；目视开扇方向，见图3-360。

注意事项： 这一组动作要在松柔连贯的过程中完成，运行过程要体现动作方法和动作的攻防含义，比如撩扇穿掌；开扇的劲力速度均匀，身体也要随动作自然拧动。

9. 叉步撩击

（1）转身打掌。

动作要求：

1）身体动作不变；右手扇迅速向前合起；目视前方，见图 3-361。

图 3-359　合扇撩击　　　　图 3-360　弓步开扇　　　　图 3-361　转身打掌

2）上动不停，身体左后转 180°，成左弓步；同时左臂随转身向前打掌；目视击掌方向，见图 3-362。

3）上动不停，身体动作不变；右手扇经头上方朝前下劈扇；左臂外旋收于左腰间，掌心朝上；目视劈扇方向，见图 3-363。

（2）叉步撩击。

动作要求：上动不停，重心后移，左腿后撤一步成右叉步；同时右手扇向后撤步的左腿方向反撩开扇，手心朝上，左臂随即架于头上方，掌心朝外；目视开扇方向，见图 3-364。

图 3-362　转身打掌　　　　图 3-363　转身打掌　　　　图 3-364　叉步撩击

注意事项： 在转身打掌、撤步撩扇时，身体重心保持平稳，不要忽高忽低，上下起伏。叉步开扇撩击时，摆头动作一定要配合紧凑。

三、第三段

1. 振臂看花
动作要求：

（1）后腿略收，上身略起；同时右手扇朝右腿外侧移动，以扇柄一端为力点；目随扇走，见图 3-365。

（2）上动不停，左腿收并在右脚内侧，身体直立成并步；同时右手扇继续朝前、朝上，边挑扇边合扇，举在头上方，扇首朝前；左臂立掌随即合于右肩内侧；目视前方，见图 3-366。

注意事项： 合并步时步法要轻，身体虽然直立，但两膝不要紧张绷直；左臂肘关节不要上提。

2. 随风摆柳

（1）开合步抨手一。

动作要求： 身体右后转 135°斜向前方，重心下落时，左腿后撤一步成右弓步；同时两臂下落摆于脸前；目视前方，见图 3-367。

图 3-365　振臂看花　　　图 3-366　振臂看花　　　图 3-367　开合步抨手一

注意事项： 动作位于右方 45°，左脚后撤时要向后方撤步；两臂肘关节要松沉。

（2）开合步抨手二。

动作要求：

1）上动不停，身体左后转 180°成左弓步同时两臂随转身再转换为以虎口为力点带向体前；目视扇干的方向，见图 3-368。

2）上动不停，重心移于左腿，右腿轻合步成并步；两脚距离约为 10 厘米；同时两臂继续向上平提于脸前；目视前方，见图 3-369。

3）上动不停，重心完全移在右腿，身体右后转，左腿撤步，脚后跟着地；同时两臂随右转身继续向右斜前方下压；目视手臂前方，见图 3-370。

图 3-368　开合步抨手二　　　图 3-369　开合步抨手二　　　图 3-370　开合步抨手二

注意事项：这一组动作主要体现动作的开合步，即弓步为开，并步为合；步法要轻灵柔和，虚实开合转换要分明。上下肢动作配合为手在右侧为开步，左侧为合步，在运行的过程中身体保持平稳，不要上下起伏。手臂运行时要以腰带臂，以臂领身，协调一致，手眼相随。

3. 迎风掸尘

（1）马步下压。

动作要求：重心移到两腿之间，屈膝坐胯成半马步；同时身体随之左转；两臂随之下抨，目视左手的位置，见图 3-371。

（2）提膝开扇。

动作要求：重心继续移到左腿，身体转向左斜前方，左腿直立，右腿随之屈膝提起于腹前；同时两臂经腹前摆向身体的前方，右手突开扇位于右膝上方，手心朝内，左臂打开位于身体左侧，掌根朝外，体略前俯；目视开扇方向，见图 3-372。

4. 推波助澜

（1）虚步合臂。

动作要求：左腿屈膝，重心下移，右腿下落脚跟着地；同时左掌合于右手腕内侧；目视扇手，见图 3-373。

图 3-371 马步下压　　图 3-372 提膝开扇　　图 3-373 虚步合臂

（2）弓步合挤。

动作要求：上动不停，重心前移；右腿成右弓步，身体位于斜前方45°，同时左臂继续向前下方合挤、前推；目视扇手，见图3-374。

注意事项：由高向低的动作过渡时，首先支撑腿要屈膝，重心下落才能做到平稳，内劲不断。凡是虚步时，前腿膝关节都要微屈。凡是提膝动作，由于力的需要，上身都要体现略前俯。此动作方法要体现合、挤、推力。

5.转身击扇

（1）转身端扇。

动作要求：身体右后转身时，右脚掌外展，后脚跟提起，重心移到前腿，两手动作不变；目随扇手，见图3-375。

（2）弓步击扇。

动作要求：上动不停，身体继续向右后转身；后腿撤向斜后方，成右弓步；同时右手合扇击向身体的前方，高于脸，左手合于右小臂内侧；目视击扇方向，见图3-376。

图 3-374 弓步合挤　　图 3-375 转身端扇　　图 3-376 弓步击扇

注意事项： 两动作要连贯；转身时转脚和合扇要快，动作不要起伏。

6. 舞袖翻花

（1）虚步下压。

动作要求： 重心后移成虚步；同时两臂下抨至腹前；目视下抨方向，见图 3-377。

（2）撤步前摆臂。

动作要求： 右腿后撤一步成左弓步；同时两臂划弧前上摆在脸前；目视左手方向，见图 3-378。

（3）马步下压。

动作要求： 重心后移，右腿成右半马步；同时两臂下抨经腹前，掌心朝下，身随臂走；目随手动，见图 3-379。

图 3-377　虚步下压　　　　图 3-378　撤步前摆臂　　　　图 3-379　马步下压

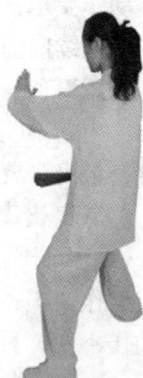

注意事项： 动作连贯一致，两臂在身体两侧体现左右下压，要走立圆；两臂左右移动幅度要大，在移动过程中，要体现动作方法，体现柔和缓慢、圆活、自然的特点。

7. 插花盖顶

（1）转身持扇。

动作要求： 上动不停，重心完全移到左腿，两臂继续向身体右后侧抨；左手握拳在腹前，拳心朝下，右手持扇在胯的斜后方；目视持扇方向，见图 3-380。

（2）提膝反击拳。

动作要求： 上动不停，右腿直立支撑，左腿提膝；身体左转向正前方；同时，左手握拳以肘关节为轴反臂向体前反击拳，力点在拳背，身体略前倾；右手持扇位置不变，扇首朝前；目视击拳方向，见图 3-381。

注意事项： 右腿支撑脚尖要在 45°，提膝击拳时要站稳；上体随击拳稍前倾，下颌内收，头上顶，神敛眉宇之间，气沉丹田之处。

8. 金瓶倒水

（1）虚步开臂。

动作要求：

1）重心下移，左腿后撤落步；同时右手扇移到斜后方，左拳微下落；目视前方，见图3-382。

2）上动不停，重心直接移到左腿成右虚步，右脚尖上提；同时左臂下落于身体左侧；掌心朝上，右手握扇上移，位于身体右侧，做准备开扇的动作；目视正前方，见图3-383。

图3-380　转身持扇　　图3-381　提膝反击拳　　图3-382　虚步开臂　　图3-383　虚步开臂

（2）提膝下开扇。

动作要求： 左腿支撑直立，右腿屈膝上提；同时右手扇向前突然开扇，手臂略直，扇沿朝下，左臂随开扇合在右臂肘关节处；目视开扇方向，见图3-384。

注意事项： 提膝、开扇、合臂要同一时间完成。独立提膝动作要稳，身体不得晃动，腰要紧张，脚要紧抓地。

9. 回身看花

动作要求： 左腿重心下移，右腿后撤步，身体随之右后转180°成右弓步；同时右手扇随转身向后合击扇。左掌架于头上方；眼随扇走，见图3-385。

图3-384　提膝下开扇　　图3-385　回身看花

注意事项： 转身时重心下移，依靠两腿的碾动转身合扇略快，身体控制力要稳，手、眼配合要紧凑；合扇时手腕动作要干净利落。

四、第四段

1. 霸王举鼎

（1）左右云手。

动作要求：

1）身体姿势不变，左掌缓缓下落于右小臂内侧，掌心朝下；目视扇的前方，见图3-386。

2）上动不停，身体左后转，重心随之移向左腿成左弓步；同时右手扇经脸前向左斜前方云手，扇击向斜前方，左臂下抨经过腹前位于左胯斜前方；掌心朝下；目随扇走，见图3-387。

3）上动不停，重心继续移到右腿成马步；同时右手扇划弧位于腹前，左掌上移，揽于脸前；目视揽手方向，见图3-388。

图3-386　左右云手　　　　图3-387　左右云手　　　　图3-388　左右云手

（2）并步开扇。

动作要求： 重心移在右腿，左腿合并在右脚内侧；身体随即直立；同时右手臂朝外打开随即向头上方直臂开扇，举于头上方，扇沿朝前，左臂合于右肩内侧，成立掌，开扇时身体和头部都要向左前方转动；目视前方，见图3-389。

注意事项： 这组动作要连贯一致，左右云手应该是并步开扇的蓄劲，开扇时充分体现动作的力度。扇的声音要清脆响亮，体现武术动作的精气神。这组动作有点类似前面的神龙返首，只是最后的定势动作一个是歇步，另一个是并步。但要求都是一样的。

2. 神扇穿雾

（1）转身穿扇。

动作要求： 重心下移，身体左转，右脚掌碾动；左脚掌外转，同时右手扇由上朝左臂下方以扇沿为力点穿扇，左臂朝穿扇的反方向以虎口为力点合臂，掌心朝下；目视穿扇方向，见图3-390。

（2）弓步穿扇。

动作要求：身体继续左转，右腿后撤一步成左弓步；同时右手扇继续向前穿扇，位于胸的正前方，左掌合在右肘内侧；目视穿扇方向，见图 3-391。

图 3-389 并步开扇　　　　图 3-390 转身穿扇　　　　图 3-391 弓步穿扇

3. 四维雄风

（1）并步合扇。

动作要求：重心移于右腿，左脚收并于右脚内侧，身体立直成并步，同时两臂前后开臂；右臂握扇随转身快速合扇，手心朝上；左臂掌心朝上位于身体的左斜后方；目视合击扇的方向，见图 3-392。

注意事项：并步时上身要向击扇的方向略带拧劲。随着击扇动作，身体自然向前微倾。

（2）半蹲步合臂。

图 3-392 并步合扇

动作要求：重心下移，两臂合于胸前，右手扇劈向左斜方，左掌掌心合于右手腕内侧；上身朝后略拧转；目视劈扇方向，见图 3-393。

（3）盖步开击扇。

动作要求：左脚向前盖步；同时扇朝前快速反手开扇，左臂打开，掌心朝外；目视开扇方向，见图 3-394。

注意事项：开扇时扇要走平线，盖步和开扇要同时完成。

动作要求：上动不停，身体、步型不变，开扇后立即合扇，见图 3-395。

注意事项：合扇时也要走平线，要体现开、合扇的技巧动作。

图 3-393　半蹲步合臂　　　图 3-394　盖步开击扇　　　　图 3-395　盖步开击扇

4. 仆步端扇

（1）上步挂扇。

动作要求：

1）右脚向前一步，脚跟着地，脚尖略内扣，成右虚左实步；同时右手以扇首为力点向下挂扇，左掌略内扣；目随扇走，见图 3-396。

2）上动不停，重心移于右腿，身体继续左转；右手扇经腹前继续向前挂，左臂掌合于右臂肘内侧；目随扇走，见图 3-397。

（2）转身挂扇。

动作要求：上动不停，身体继续向右后转身，右手握扇继续上挂，位于头的斜后方；左手继续合在右臂内侧；目视右手臂方向，见图 3-398。

图 3-396　上步挂扇　　　　图 3-397　上步挂扇　　　　图 3-398　转身挂扇

（3）提膝挑掌。

动作要求：上动不停，身体向左回转 180°；同时右腿直立；左腿屈膝提起；

左臂由下划弧向前挑掌，以掌指为力点，食指对鼻尖成一条线，右手握扇位于右胯侧；目视挑掌前方，见图3-399。

（4）仆步开扇。

动作要求：支撑腿屈膝，重心下落，右腿全蹲，左腿以脚外侧为力点向左侧仆地，于地面仆平，上身立直；同时右手扇朝胸正前方开扇，右手手心朝上，将扇端平；左臂合在右小臂内侧，掌心朝内；目视扇的方向，见图3-400。

注意事项：由提膝到仆步跨度较大，因此必须做到支撑腿屈膝下蹲，同时气沉丹田；左腿由内朝外仆地，脚尖朝前，全脚着地；上体随开扇微前倾。

5. 白鹤亮翅

（1）马步开臂。

动作要求：身体上提，左脚略收，重心右移成马步；同时以扇柄为力点朝身体的右侧开臂，左臂朝外伸展，掌心朝外做推掌；目视扇的方向，见图3-401。

图3-399　提膝挑掌　　　　图3-400　仆步开扇　　　　图3-401　马步开臂

（2）高叉步展臂。

动作要求：身体继续立起，左腿朝右脚斜后方叉步；同时两臂朝上合臂时要展胸，整个身体要舒展，内旋臂；目视手的上方，见图3-402。

注意事项：两臂在头上方时扇沿朝上，右手将扇托旋一圈。

（3）高歇步抱扇。

动作要求：两腿屈膝下落半蹲成高歇步；同时两臂下落于胸前抱扇；右手手心朝上，左手附在右小臂内侧；目视抱扇前方，见图3-403。

图3-402　高叉步展臂　　图3-403　高歇步抱扇

（4）高叉步展臂。

动作要求：同前高叉步展臂。

（5）高歇步抱扇。

动作要求：同前高歇步抱扇。

注意事项：做这组动作时，整个身体要向上挺拔开展，向上时吸气，向下时呼气。扇在头上方，手托扇根，扇沿朝上，手臂和扇子直立旋转，整个白鹤亮翅动作重复进行两次。

6. 风扫秋叶

（1）上步平摆扇。

动作要求：重心前移，身体略右转，左腿经右脚内侧向前上一步，脚尖内扣；同时右手扇直接下落以扇柄为力点平摆在胸前；目视前方，见图 3-404。

注意事项：上步为八卦步的扣步，注意重心落在后腿。

（2）上步翻立扇。

动作要求：重心移到左腿，右脚经左腿小腿内侧弧行向前上步，脚外摆；身体随之继续右转；同时以右手扇沿为力点翻立扇，小指一侧朝上，左臂摆在左侧与肩同高；目随扇走，见图 3-405。

注意事项：上步为八卦步的摆步，注意重心落在后腿。

（3）转身拨扇。

动作要求：上动不停，重心移到右腿，左腿继续弧行上步为扣步，随之身体继续右转；同时右手立扇随转身朝身体的外侧反臂拨扇，左臂继续摆在左侧，掌心朝外，小指一侧朝上；目随扇走，见图 3-406。

图 3-404　上步平摆扇　　　图 3-405　上步翻立扇　　图 3-406　转身拨扇

（4）高点步背扇。

动作要求：身体继续右转，身体转正，左脚支撑，右脚提点步；同时右手扇继续后拨，背在身体的后背；左臂摆在体前，左掌位于右肋侧做立掌，掌心朝外；目视前方，见图 3–407。

注意事项：这一组八卦步的步法，摆扣步要走圆，行走时扇领身随，拨扇动作要围绕身体的圆心朝外用力拨扇，手臂不能松软。

7. 大地春色

（1）弓步穿扇。

动作要求：重心下移，身体左转，右脚撤步成左弓步；同时右手扇端在右小臂下方，左臂合在右小臂内侧；目视前方，见图 3–408。

（2）并步合击扇。

动作要求：上动不停，身体右转；同时左脚并于右脚内侧，上身略拧转，两臂前后打开，右手扇随扇合起于肩高，左臂掌心朝上，高于耳侧；目视合击扇方向，见图 3–409。

图 3–407　高点步背扇　　　　图 3–408　弓步穿扇　　　　图 3–409　并步合击扇

注意事项：合击扇时意境上两臂动作要放长击远，动作要气收神敛。

8. 彩蝶翻飞

（1）盖步开扇。

动作要求：

1）重心下移，左脚成半蹲步；同时两臂上举，气下沉；目视前方，见图 3–410。

2）上动不停，左脚朝右脚斜前方上步，脚尖外展，后脚跟提起，重心略前移，成盖步；同时两臂经体前下落，右手扇朝斜下前方迅速开扇，左臂摆在左侧斜后方与肩同高，小指一侧朝上，悬臂扣腕，见图 3–411。

注意事项：开扇时扇沿朝下，扇面要垂直立直，这个动作的规范与否，直接影响着下面抛扇动作的成功率。

（2）开扇抛接。

动作要求：

1）身体姿态不变，右手虎口一侧的扇柄朝头上方抛起，目视抛扇上方，见图 3-412。

图 3-410　盖步开扇　　　　图 3-411　盖步开扇　　　　图 3-412　开扇抛接

2）上动不停，身体姿势不变，当扇旋转一周下落时右手反臂准备接握扇。

3）上动不停，身体姿势不变，右手接扇后手臂继续旋转，扇根落握在右手掌心，成合扇；目视握扇方向，见图 3-413。

（3）合扇抛接。

动作要求：身体姿势不变，右手合扇将扇向上抛起，扇首和扇根交换一个方向；扇首落握右手中；目随扇走，见图 3-414。

图 3-413　开扇抛接　　　　　　　　　图 3-414　合扇抛接

注意事项：开扇抛接和合扇抛接都是扇子的一种技巧性动作，它可以锻炼人

的灵敏反应能力及心理的平衡能力，尤其是接扇时一定要心态平稳，眼明手快，从容抛起，从容接握，接握时要稳、准。另外抛接扇的动作还有一定的趣味性，可以提高人们在太极扇演练过程中的兴趣。

9. 收式

（1）上步接握扇。

动作要求：重心移到左腿，右腿朝右斜前方上步成右虚步；同时右手接握扇首后，左臂外旋，掌心朝上成托掌；目视握扇方向，见图3-415。

（2）两臂上举。

动作要求：上动不停，重心移到右腿，左脚掌虚点地，转成左虚步；同时两臂继续朝上举，脖颈略后仰；目视头上方，见图3-416。

（3）并步下按。

动作要求：身体立起，成并步；同时右手扇以扇身为力点，左臂以掌心为力点，两臂同时下按于腹前，整个身体自然放松，气下沉；目视前方，见图3-417。

图3-415　上步接握扇　　　　图3-416　两臂上举　　　　图3-417　并步下按

（4）并步站立。

动作要求：身体自然垂直，两脚并立；同时两手继续下落于两胯侧，下颌微收；目视前方，见图3-418。

注意事项：收式动作是整套动作的结束，因此动作要平衡，气要调整平和，整个身体还原起式的状态。

图3-418　并步站立

第八节　木兰扇套路

木兰扇套路内容丰富，动作简单易学、易烁，适合初学者练习。扇法包括：合扇、开扇、撩扇、云扇、托扇、推扇、翻扇等。步型步法有：弓步、虚步、丁步、歇步、仆步、插步、坐盘、点步、跟步、跳步、蹬脚及提膝，平衡并配合扇法。全套主要动作共 39 个。

一、预备式

动作要求：身体立直；两脚跟并拢，脚尖外展成八字形，右手握扇，扇顶朝下；两手自然垂于身体两侧；目视前方，见图 3-419。

二、第一段

1. 神龙昂首

（1）左手侧举。

动作要求：身体微向左转，两脚动作不变；左臂向左侧抬起，掌心朝下，高与肩平，手臂自然伸直；右臂稍屈肘，扇顶微向左扣；目视左手前方，见图 3-420。

（2）左手推掌。

动作要求：身体微向左转，两脚动作不变；左臂先屈肘坐腕，使指尖转朝上，再以掌跟左侧平推，臂自然伸直；右手动作不变；目视左手方向，见图 3-421。

| 图 3-419　预备式 | 图 3-420　左手侧举 | 图 3-421　左手推掌 |

（3）左手平摆。

动作要求：身体右转约 90°，两脚动作不变；左掌心转朝下，随手腕外旋，掌心转朝前，再随身体右转向右前平摆，掌心朝右，横掌；右手动作不变；目视左手前方，见图 3-422。

（4）左手推掌。

动作要求：身体左转 45°回正，两脚动作不变；左臂随体转先屈肘坐腕，使指尖转朝上，再以掌跟向前平推，与胸同高；右手动作不变；目平视正前方，见图 3-423。

2. 龙飞凤舞

（1）两手相对。

动作要求：两脚动作不变；左手下落至胸前，掌心斜朝右下方；右手握扇向左上方划弧，至右小腹前，掌心朝左下方；目视两手，见图 3-424。

（2）右手内旋。

动作要求：两脚动作继续不变；左手划弧下落至左胯前，掌心斜朝下，指尖朝右前方；右手握扇经体前向上划弧，至脸前时，前臂内旋，掌心转朝前，继续上提至头额前上方，扇骨水平；目视前方，见图 3-425。

图 3-422　左手平摆　　图 3-423　左手推掌　　图 3-424　两手相对　　图 3-425　右手内旋

（3）两手划弧。

动作要求：上动不停，两脚动作不变；左手经左向上立圆至右前臂上方，掌心斜朝下；右手同时继续经右向下划圆弧至身体左前下方，掌心朝左，扇顶朝左前下方；目视扇顶方向，见图 3-426。

（4）右手侧举。

动作要求：上体右转 45°两腿伸直，脚跟离地；右手随转体向右上方划弧抬起，扇顶朝向斜上方，扇骨与右臂成一斜直线；左手同时上提至右胸前立掌，掌心朝右；目视右手，见图 3-427。

（5）重心右移。

动作要求： 上体左转 45°回正；两腿稍屈膝，右脚跟着地，身体重心移至右脚；左手左移至胸前立掌，掌心朝右；右手右上举动作不变；头向左转回正，目平视正前方，见图 3-428。

（6）右脚独立。

动作要求： 右腿伸直，右腿独立；左腿屈膝向前提起，脚尖自然下垂稍内扣；两手动作不变；目视左前方，见图 3-429。

图 3-426 两手划弧　　图 3-427 右手侧举　　图 3-428 重心右移　　图 3-429 右脚独立

（7）左腿上抬。

动作要求： 右脚动作不变；左腿小腿上抬，脚背朝上；两手动作不变；目视左脚方向，见图 3-430。

（8）左脚蹬脚。

动作要求： 右脚动作不变；左腿提膝，脚尖内勾，以脚跟蹬向左前 15°前方向；两手动作不变；目视左脚方向，见图 3-431。

3. 燕子探海

（1）左脚落步。

动作要求： 右腿屈膝，左脚体前下落，脚跟着地；两手动作依旧不变；目视左前方，见图 3-432。

（2）右脚退步。

动作要求： 身体右转 90°；左脚尖内扣约 60°落地，身体重心移至左脚；右脚提起向体后退步，前脚掌落地；右手握扇向体前下落，同时外旋，掌心翻朝上；左手向下按至腹前，掌心朝下；目平视前方，见图 3-433。

（3）重心后移。

动作要求：身体重心后移；右腿屈膝，脚跟着地；左脚跟离地，成虚步；右手握扇屈肘回收，落至腹前，掌心朝上，扇顶朝左；左手同时外旋至虎口朝前，经右手下方向前穿；目视左手，见图 3-434。

图 3-430　左腿上抬　　　　图 3-431　左脚蹬脚　　　　图 3-432　左脚落步

图 3-433　右脚退步　　　　图 3-434　重心后移

（4）右手上抬。

动作要求：身体重心前移；左腿伸直，两脚着地；右脚跟离地；右手握扇经前向上划弧，抬至右肩上方；左手同时屈肘坐腕，手掌内旋至右胸前立掌，掌心朝右；目平视前方，见图 3-435。

（5）独立开扇。

动作要求： 右腿屈膝向后方抬起。脚掌斜朝上，高与臀平。右手向前方甩腕开扇，扇顶朝上，掌心朝左；左手动作不变。头向左转，目视左侧，见图3-436。

4. 金龙穿心

（1）右脚上步。

动作要求： 左腿稍屈膝；右脚向右前45°落步，脚跟着地；右手腕内旋，掌心转朝前，向右前方按扇微下落，手略高于肩；左手动作不变；目视扇面，见图3-437。

（2）右手合扇。

动作要求： 上动不停，两脚动作不变；右手外旋腕，掌心斜朝上，向前甩腕，扇团合于虎口中；左手动作不变；目视右手扇，见图3-438。

图3-435 右手上抬　　图3-436 独立开扇　　图3-437 右脚上步　　图3-438 右手合扇

（3）右手平摆。

动作要求： 上体左转45°，两脚动作不变；右手握扇随体转向左下方划弧平摆至胸前，掌心朝上，手臂自然伸直，扇顶朝左；左手随体转同时移至胸前立掌；目随扇移，注视扇顶前方，见图3-439。

（4）左手平穿。

动作要求： 上体右转45°，两脚动作不变；左手稍外旋，掌心转朝上，指尖朝左，经右前臂上方左侧平穿，手臂自然伸直，高与肩平；右手握扇，屈肘回收至胸前，掌心朝上，扇顶朝左目平视前方，见图3-440。

（5）两手抱球。

动作要求： 身体左转约45°，两脚动作不变；右手扇顶经腹前向左穿至左腹前，掌心朝上，扇顶朝左；左手内旋屈肘回收至左胸前，掌心朝下，与右手扇上下相对，似抱球状；目视左手，见图3-441。

（6）弓步推掌。

动作要求：身体右转90°，重心前移至右脚，右腿屈膝半蹲，左腿自然伸直；右前臂内旋上提，扇骨横架于头额右前上方，掌心朝前；左手沉肘坐腕立掌，接着向右斜前方平推，臂微屈，掌根与胸同高；目平视前方，见图3-442。

| 图3-439 右手平摆 | 图3-440 左手平穿 | 图3-441 两手抱球 | 图3-442 弓步推掌 |

5. 推云播雨

（1）右脚独立。

动作要求：右腿伸直，右脚独立；左腿屈膝向前提起，脚尖自然下垂稍内扣；两手动作基本不变；目平视前方，见图3-443。

（2）左腿上抬。

动作要求：上动不停，左小腿上抬，高与腰平，脚背朝上；右脚动作不变；两手动作基本不变；目视脚尖前方，见图3-444。

（3）左腿上蹬。

动作要求：上动不停，左腿挺膝，脚尖勾起，脚跟向斜上方蹬出，脚高过胸；右脚动作不变；两手动作不变；目视左脚前方，见图3-445。

（4）左脚落步。

动作要求：右腿稍屈膝；左脚向左前45°落步，脚跟着地；两手同时向右斜后方下落至胸前，掌心均朝下，扇顶指向斜后方；扇骨水平；目视扇顶方向，见图3-446。

（5）右手撩扇。

动作要求：身体左转约90°，左脚尖外展落地，重心左移；右脚向右前45°

方向上步，脚跟着地；随身体左转，左手向左上划弧至头额左前上方架掌，掌心朝上，指尖朝右；右手同时由后经下向右脚前上方撩扇；手微高于肩；掌心朝上，扇顶斜朝上；目视扇顶方向，见图3-447。

6. 风卷残叶

（1）右手平摆。

动作要求：身体左转180°；右脚尖内扣，重心右移；左脚尖外展着地；右手随体转向左平摆至体右前方，掌心朝上；左手同时下落至体左侧，掌心斜朝下；目视右手，见图3-448。

图 3-443 右脚独立　　　图 3-444 左腿上抬　　　图 3-445 左腿上蹬

图 3-446 左脚落步　　　图 3-447 右手撩扇　　　图 3-448 右手平摆

（2）右脚上步。

动作要求：身体重心移至左脚，左腿稍屈；右脚上步，脚跟着地；右手握扇屈肘手至腹前，掌心朝上，扇顶朝右；左手同时经左向后附于腰背后，掌心朝左；目视前方，见图 3-449。

（3）重心前移。

动作要求：右脚尖外展 45°着地，身体重心移至右脚；两手动作不变；目视前方，见图 3-450。

（4）右脚独立。

动作要求：右腿伸直，右脚独立；左腿屈膝提起，脚尖自然下垂；两手动作不变；目视前方，见图 3-451。

（5）左腿上抬。

动作要求：上动不停，左小腿上抬至平腰高，脚背朝上；右腿动作不变；两手动作不变；目视前方。

（6）左脚蹬脚。

动作要求：上动不停，左腿挺膝，脚尖勾起，以脚跟斜上方蹬出，脚高过胸；右脚动作不变；两手动作不变；目视左脚前方。

（7）左脚落步。

动作要求：右脚稍屈膝；左脚向体前落步，脚跟着地；两手动作不变；目视前下方，见图 3-452。

图 3-449　右脚上步　　图 3-450　重心前移　　图 3-451　右脚独立　　图 3-452　左脚落步

（8）向右转体。

动作要求：身体右转 180°，左脚尖内扣，重心移至左脚；右脚尖外展着地；随身体右转，左手从背后抽出，两手同时向右后下方划弧摆至体前，左掌心斜朝下，右掌心斜朝上，扇顶朝斜下方；目视前下方，见图 3-453。

（9）叉步立掌。

动作要求：身体右转，重心前移，右腿屈膝；左腿自然伸直，脚跟离地；右手握扇向右后斜上方划弧抬起，掌心斜朝上，扇顶斜向右后上方，扇骨与右臂成一斜线；左手同时右划弧至右胸前坐腕立掌，掌心朝右；目视扇顶方向，见图

3–454。

7. 神女挥扇

（1）右手撩扇。

动作要求：上体左转，身体重心移至右脚；左脚向前方上步，脚跟着地，脚尖外展约 90°；左腿屈膝，重心移至左脚；右脚跟离地，腿自然伸直；右手经下方前撩扇，手高平扇，掌心朝上，扇顶朝前；左手同时经下向前划一小弧，于右胸立掌；目视前方，见图 3–455。

图 3–453　向右转体　　　　图 3–454　叉步立掌　　　　图 3–455　右手撩扇

（2）叉步开扇。

动作要求：上体左转两脚动作基本不变；右手腕上翘向内甩腕、开扇，扇顶朝上；左手动作不变；头向左转，目平视正前方，见图 3–456。

8. 挥舞彩扇

（1）扇面翻平。

动作要求：两脚动作不变；右前臂内旋，扇面翻朝下，落至腹前，扇顶朝左；右前臂外旋，掌心转朝上；目视扇面，见图 3–457。

图 3–456　叉步开扇　　　　图 3–457　扇面翻平

（2）扇面内旋。

动作要求：两脚动作不变；右手腕内旋至掌心反手斜朝上，带动扇面逆时针翻转；左手同时下落至胸前，掌心朝上；目视扇面，见图 3–458。

（3）右脚盖步。

动作要求：左腿蹬直，右脚向左侧盖步，前脚掌着地；右手继续外旋抬至头上方；左手同时右旋至右胸前，掌心朝下；头向上抬，目视扇面，见图3-459。

（4）右手云扇。

动作要求：两脚动作不变；右手继续经右向下外旋云扇至右胯旁；左手同时经左向上架于头额左上方，掌心斜朝上；目视右手扇面，见图3-460。

图3-458　扇面内旋　　　图3-459　右脚盖步　　　图3-460　右手云扇

（5）两手左摆。

动作要求：两脚跟着地，以两前脚掌为轴身体向左转时，重心落至左脚，右脚向右前45°上步，脚跟着地；右手内旋平云扇至掌心反向上后继续内旋向左前方平摆，掌心朝右，扇顶朝左，手略过肩；同时左手外旋下落至胸前，再向左平摆至左前方，略高于肩；目视左前方，见图3-461。

9. 拨云见日

动作要求：两脚动作不变；右手握扇经上向右沿顺时针方向外旋腕云转划立圆，收至左腰腹前，掌心朝上，扇顶朝左；左手同时经上向右划弧云转左胸前，肘稍屈，掌心朝下，两掌心上下相对，成抱球状；目视两手，见图3-462。

图3-461　两手左摆　图3-462　拨云见日

10. 彩云飘荡

动作要求：右脚尖外展45°方向落地，身体重心前移至右脚；左腿自然伸直，脚跟离地；两手同时以腕为轴沿逆时针方向在面前云转至左胸前，掌心均转朝右，横掌，扇顶朝左；目视两手，见图3-463。

三、第二段

1. 犀牛别宫

（1）左脚上步。

动作要求：身体稍向右转，右腿微屈膝；左脚向前方上步，脚跟着地；两手随体转略向右平摆；右手摆至胸前；两手指尖朝左，掌心朝前，肘微屈，胸微向右翘；目视右手扇面，见图 3-464。

（2）身体右转。

动作要求：身体右转 180°；左脚尖内扣约 90°，重心移至左脚，左腿稍屈；右脚跟离地稍向内侧，成右虚步；两手同时随体转继续向右平摆，右手收至右腰背后，背扇，手背朝后，扇顶朝上，扇面朝后；左手屈肘收至右肩前，掌心朝里；目视左手，见图 3-465。

图 3-463　彩云飘荡　　　　图 3-464　左脚上步　　　　图 3-465　身体右转

（3）犀牛别宫。

动作要求：身体重心前移至右脚，左脚蹬直，右脚独立；左脚向后屈膝抬起，成后举腿平衡；左手经下向左划弧，上抬至头额左前上方翻腕架掌；掌心斜朝上，指尖朝右；右手动作不变；目平视右侧前方，见图 3-466。

2. 仙人指路

（1）左脚上步。

动作要求：右腿稍微屈膝，左脚向左前方落步，脚跟着地；右手握扇下落至右胯旁，前臂外旋至掌心朝前，再向前；左手同时经前方下落，附于右前臂上，掌心朝下；目视前方，见图 3-467。

（2）身体右转。

动作要求：身体向右转 180°；左脚尖内扣着地，重心左移；右脚尖外展着地；重心再移至右脚，左脚跟离地；右前臂稍内旋，扇面转朝左上方，右手随体转向右平摆至右前方向；左手附右前臂动作不变；目视扇顶前方，见图 3-468。

图 3-466　犀牛别宫　　　　图 3-467　左脚上步　　　　图 3-468　身体右转

（3）右手上抬。

动作要求：身体重心置于右脚；左脚上步，前脚掌虚着地；右手握扇经右向上抬至右上方后，前臂稍内旋，扇顶朝上；左手同时向左下方划弧至左腹前按摩；目视前方，见图 3-469。

（4）向前推扇。

动作要求：两脚动作基本不变，右腿稍微屈膝；右手扇面略向前方平推，扇顶朝上；左手继续下按至左胯前，肘稍屈；目平视前方，见图 3-470。

（5）向后抽扇。

动作要求：右腿蹬直；左脚尖略向回收，成左前点步；右手腕上提向内扣，扇顶转朝前，掌心朝下；目平视前方，见图 3-471。

图 3-469　右手上抬　图 3-470　向前推扇　图 3-471　向后抽扇

3. 飞燕扑蝶

动作要求：右腿屈膝下蹲；左腿自然伸直，以左脚外侧擦地前伸，成坐莲步；左臂屈肘，扇顶朝下，经胸腹前沿左腿向前穿，掌心朝下；左臂同时向后上方反手抬起，掌心斜朝上，两臂成一斜线；目视扇顶前方，见图 3-472。

4. 雨打樱花

（1）身体起立。

动作要求： 右脚蹬地，左腿屈膝，重心前移，起立。左脚上步，脚跟着地，身体略往左转；两手同时下落至体前，掌心相对；目视前下方，见图 3-473。

（2）重心右移。

动作要求： 身体左转，右脚尖内扣着地，重心移至右脚；左脚跟自然离地。右手内旋收至腹前，掌心朝里，扇顶朝左下方；左手同时内旋稍上抬，掌心朝下；目视前下方，见图 3-474。

图 3-472　飞燕扑蝶　　　图 3-473　身体起立　　　图 3-474　重心右移

（3）左腿后退。

动作要求： 右腿自然伸直；右脚退步，前脚掌着地。左手经左摆置体后，手背附于左腰背上；右手动作基本不变；目视前下方，见图 3-475。

（4）后座合扇。

动作要求： 身体重心后移，左腿屈膝，右脚跟离地，成右虚步；上体右转；右手外旋朝斜下方合扇，扇顶斜朝下；目视扇顶，见图 3-476。

5. 顺水推舟

（1）右手前举。

图 3-475　左腿后退　　图 3-476　后座合扇

动作要求： 右腿自然伸直，重心前移，右脚跟着地；右手握扇，向体前划弧抬起，高与肩平，扇顶朝前；左手动作不变，见图 3-477。

（2）虚步落扇。

动作要求：身体重心后移，左腿微屈膝；右腿放松，成右虚步；右手往下向右划弧至体右下方，扇顶朝右下方，掌心斜朝前；左手动作不变；目视扇顶，见图3-478。

6. 凤凰展翅

（1）向左转体。

动作要求：身体左转约180°；右脚尖内扣落地，重心移向右脚；左脚跟离地内转；右手外旋后摆至右后下方，掌心斜朝上，扇顶朝斜后下方；左手同时向上方划弧摆掌，掌心斜朝右；目视前方，见图3-479。

（2）左脚勾踢。

动作要求：右腿蹬直，右脚独立；左脚勾脚尖向前方上踢，脚高于腰；右手经右后划弧上抬至头额前上方，向前上方开扇，扇顶朝前方，扇面直立，掌心朝左；左手同时经左向左后下方划弧，落至身体左侧，掌心斜朝上；目视前方，见图3-480。

图3-477　右手前举　　图3-478　虚步落扇　　图3-479　向左转体　　图3-480　左脚勾踢

7. 右倒卷珠帘

（1）左脚落步。

动作要求：左脚向前方落步，脚跟着地，脚尖同时外展；右腿稍屈膝；右前臂内旋，掌心向下按至腹前，扇顶朝左前方；左手同时向左后方抬起，掌心朝上，指尖朝左，稍低于肩；目视前下方，见图3-481。

（2）重心前移。

动作要求：身体重心前移至左脚，左脚自然伸直；右脚跟离地；右手外旋腕，掌心朝上；左手同时经上向前划弧至胸前，掌心朝下，指尖朝右前方；目视前下方，见图 3-482。

（3）右脚上步。

动作要求：右脚朝前方上步，脚跟着地；左腿稍屈膝；左手下落，按至腹前；右手扇骨经右手背上方穿出，高与肩平，扇顶朝左；目视前方，见图 3-483。

（4）左脚上步。

动作要求：身体右转 90°，右脚尖外展约 90°落地，重心移至右脚，右腿稍屈膝；左脚上步脚跟着地；右手内旋下落，扇面按腹前，掌心朝下；左手外旋经右手背上方向前穿出，虎口朝前，高与肩平；目视左手前方，见图 3-484。

图 3-481　左脚落步　　图 3-482　重心前移　　图 3-483　右脚上步　　图 3-484　左脚上步

（5）两手平摆。

动作要求：身体右转 45°；左脚尖内扣落地，重心左移；右脚朝右前 45°落步，脚跟着地；两手微内旋，掌心朝右，向右平摆，高与胸平；肘微屈；目视前方，见图 3-485。

（6）右手背扇。

动作要求：身体右转 45°，右脚尖外展 45°落地，重心前移，左脚上步脚跟着地；两手随体转继续向右平摆，右手经右下落附于右腰背后，手背朝外，扇顶朝上；左手屈肘至右胸前，掌心朝里，指尖朝右；目视右侧前方，见图 3-486。

（7）左手右摆。

动作要求：两脚动作不变，上体左转；左手经体前向左平摆；掌心朝前，指尖朝左；右手背扇动作不变；目视左手，见图 3-487。

8. 左倒卷珠帘

（1）左手推掌。

动作要求：身体左转 90°，左脚尖外展，右脚动作基本不变；左手腕稍内旋，掌心斜朝前，立掌平推；右手动作不变；目视左手，见图 3-488。

图 3-485 两手平摆　　图 3-486 右手背扇　　图 3-487 左手右摆　　图 3-488 左手推掌

（2）向前穿扇。

动作要求：身体重心落于左脚；右脚上步，脚跟着地；左手向下按至腹前，指尖朝右前方；右手由背后抽出提至腹前，手腕外旋经左手背上方，以扇骨尖向前穿出，掌心朝上，略高于肩；目视前方，见图 3-489。

（3）左手穿掌。

动作要求：身体左转 90°；右脚尖内扣，重心右移，右腿稍屈膝；左脚跟离地向内拧转，成左虚步；右手内旋下落，按至腹前，掌心朝下，扇顶朝左前方；左手同时外旋上提，经右手背上方，以虎口向前平穿，掌心朝上，高与肩平；目视前方，见图 3-490。

9. 美女献扇

（1）向左扫腿。

动作要求：右脚动作不变；左脚以前脚掌向左划弧扫至左后方向，脚尖斜朝左，身体左转 90°；左手内旋，掌心斜朝左；右手外旋，掌心朝左，两手随体转稍向左平摆；目视右侧，见图 3-491。

图 3-489 向前穿扇　　　图 3-490 左手穿掌　　　图 3-491 向左扫腿

（2）左手后背。

动作要求：身体左转，重心移至左脚，左腿屈膝；右脚向右前45°上步，脚跟着地；右手平摆至身体左侧，掌心朝里，扇顶朝左，略低于胸；左手同时经左划弧下落，屈肘附于左腰背上，掌心朝后；目视左前方向，见图3-492。

（3）向右合扇。

动作要求：两脚动作不变，右手经上向右划弧至身体右侧合扇，扇高与胸平，扇顶朝右侧方向，掌心朝上，扇骨与手臂成一水平线；左手动作不变；目视扇顶方向，见图3-493。

（4）右手上抬。

动作要求：身体重心移至右脚，右腿稍屈膝，脚尖落地；左腿自然伸直，脚跟离地；右手握扇向上划弧抬至头右上方，扇顶朝上，掌心朝前，手臂微屈；目视前方，见图3-494。

（5）甩腕开扇。

动作要求：两脚动作不变；右手向右前斜上方开扇，扇顶朝前，掌心朝左，高过头顶，左手后背动作不变；目视前方，见图3-495。

图3-492　左手后背　　图3-493　向右合扇　　图3-494　右手上抬　　图3-495　甩腕开扇

10. 雪浪翻滚

（1）两手侧举。

动作要求：身体向左转；左脚跟内转，右脚动作不变；右手外旋下落至体右侧，掌心朝上，扇顶朝右，左手同时向左侧抬起，掌心朝下，指尖朝左，两手与肩同高；目平视前方，见图3-496。

（2）右手平摆。

动作要求：身体继续左转；右脚跟继续内转落地，重心左移，左脚跟离地；右手向前平摆到体右前方，掌心朝上，肘微屈；左手外旋，掌心斜朝右上方；目视右手前方，见图3-497。

（3）右脚上步。

动作要求：右脚上步，脚跟着地；左脚动作不变；两臂屈肘，向内平摆，两掌心朝里，右手在内，左手在外，于面前成十字交叉，扇顶朝左上方；目视扇面，见图3-498。

图3-496　两手侧举　　　　图3-497　右手平摆　　　　图3-498　右脚上步

（4）两手内旋。

动作要求：身体继续左转45°，右脚尖内扣，左脚动作不变；两手同时内旋，掌心斜朝下；目视扇面，见图3-499。

（5）左脚后插。

动作要求：右腿屈膝，重心右移；左脚插步，前脚掌着地；两手同时向两侧平行拉开；扇顶朝左，掌心斜朝前，高于肩；目视右手扇面，见图3-500。

图3-499　两手内旋　　　　图3-500　左脚后插

（6）向右下按。

动作要求：两脚动作不变；两手同时往右向下划弧，按至斜下方；右手掌心朝下，扇顶朝右；目视扇面，见图3-501。

（7）虚步托扇。

动作要求：身体左转90°；重心移至左脚，左腿屈膝，脚跟着地；右脚掌离地成右虚步；两手经下向前划弧，右手划至体前平托扇，高与肩平，掌心朝上，扇顶朝前；左手划至头额左前上方架掌，掌心斜朝上方；目视扇顶前方，见图3-502。

图 3-501　向右下按　　　　图 3-502　虚步托扇

四、第三段

1. 敦煌飞壁

（1）身体左转。

动作要求：身体向左转180°，右脚尖内扣，右腿屈膝，重心右移，左脚跟离地内转；左手随体转经体前划弧下落至右腹前，掌心朝前，右手同时向左摆，合扇于左手虎口中；目视右手扇，见图3-503、图3-504、图3-505。

（2）左脚独立。

动作要求：身体重心前移至左脚，左腿伸直，左脚独立；右腿屈膝，向前提起，脚尖自然下垂；两手动作不变；目视前方，见图3-506。

图 3-503　身体左转　　图 3-504　身体左转　　图 3-505　身体左转　　图 3-506　左脚独立

（3）小腿上抬。

动作要求：上动不停，左脚动作不变；右小腿向上方抬起，脚背朝上，脚高于腰；两手动作不变；目视前方，见图3-507。

（4）右脚前蹬。

动作要求：上动不停，右腿挺膝，脚尖勾起，脚跟向前上方蹬出，脚高过胸；左脚动作不变；两手动作不变；目视前方，见图3-508。

（5）右脚落步。

动作要求：左腿稍屈膝；右脚经体前下落，脚跟着地；两手动作不变；目视前下方，见图3-509。

（6）两手前抬。

动作要求：身体重心前移至右脚，右腿伸直，左脚跟离地；两手向体前抬起，扇顶朝前，手高于肩，左手附于扇骨上；目视前方，见图3-510。

图3-507　小腿上抬　　图3-508　右脚前蹬　　图3-509　右脚落步　　图3-510　两手前抬

（7）右手后摆。

动作要求：上体稍右转，重心后移，左脚跟落地，右腿屈膝；右脚跟离地；右手握扇经体前划弧下落向后摆，掌心朝右侧前，扇骨与手臂成一斜直线；左手向斜上方伸出，掌心斜朝下；目视扇顶，见图3-511。

（8）重心前移。

动作要求：身体重心向前移至右脚，右腿伸直，脚跟着地；左脚跟离地；两手动作基本不变；头向左转，目视左手，见图3-512。

图3-511　右手后摆　　图3-512　重心前移

（9）独立开扇。

动作要求：右脚独立；左腿屈膝向后抬起，脚掌心朝上，高与臀平；左手向上翻转，掌心转朝上；右手平开扇；头向右转，目视扇面，见图3-513。

2. 仙童摘果

动作要求：右腿稍屈膝；左脚向前方落步，前脚掌着地，成左虚步；右手经下划弧托扇，手高于胸，掌心朝上，扇顶朝前；左手同时向前方下落，附于右手腕上，掌心斜朝下；目视前方，见图 3-514。

3. 雨找樱花

（1）上步推扇。

动作要求： 身体左转 45°；左脚跟落地，重心移至左脚，左腿稍屈膝；右脚上步，脚跟着地；右手腕内旋至脸前立扇，并略向前平推扇，扇顶朝上，掌心朝前；左手下落至右胸前立掌，掌心朝外，肘稍屈；目视前方，见图 3-515。

（2）左脚插步。

动作要求： 身体左转 180°；右脚尖内扣着地，重心移至右脚，右腿稍屈膝；左脚插步，前脚掌着地；左手经下划弧抬至体前，与腹同高，掌心斜朝下，指尖斜朝前；右手同时向下划弧，至身体前下方，掌心斜朝下；目视右手，见图 3-516。

图 3-513　独立开扇　　图 3-514　仙童摘果　　图 3-515　上步推扇　　图 3-516　左脚插步

（3）向后合扇。

动作要求： 身体重心后移；左腿屈膝；右腿自然伸直，脚跟离地，成右虚步；右手外旋腕，掌心转朝上，然后向右后斜下方合扇，扇顶朝下，掌心斜朝上；左手同时向上划弧，抬至头额左前上方翻腕架掌，掌心斜朝上；目视右手扇，见图 3-517。

4. 推窗望月

（1）水平开扇。

动作要求： 身体重心前移至右脚；左脚向左前 45°上步，脚跟着地；右手上抬至与肩同高，向前开扇，大扇骨紧贴右前臂；左手经体前下落至右胸前立掌，掌心朝右；目视右手扇，见图 3-518。

（2）两手左摆。

动作要求：身体左转 180°；左脚尖外展落地，左腿稍屈膝；重心移至左脚，右脚跟离地；右前臂内旋至掌心朝左，扇面直立，两手同时向左平摆；目随右手扇运移，见图 3-519。

（3）右脚上步。

动作要求：右脚向右前方上步，脚跟着地；左脚动作不变；两手继续向左平摆，左手摆至左胸前立掌，掌心斜朝右；右手摆至头额前方，掌心朝前，扇顶朝左上方；目随手运移，见图 3-520。

图 3-517　向后合扇　　图 3-518　水平开扇　　图 3-519　两手左摆　　图 3-520　右脚上步

（4）两手推掌。

动作要求：上体向右转；重心前移至右脚，左脚跟离地；右手同时经下向右前方向划弧推掌；左手与胸高，立掌，掌心斜朝前，右手举起至头顶，扇顶朝左；目平视前方，见图 3-521。

5. 倒卷珠帘

（1）右手前举。

动作要求：身体重心落至右脚；左脚摆向体后，前脚掌着地；右手外旋下落至胸前，掌心朝上，臂自然伸直；左手同时划弧下落按至腹前；目视前方，见图 3-522。

图 3-521　两手推掌　　图 3-522　右手前举

（2）左手穿掌。

动作要求：上动不停，身体重心后坐，左脚跟落地，腿稍屈膝；右腿放松，脚跟离地，成右虚步；右手屈肘下落，回收至腹前，掌心朝上，虎口朝前，左手经右手上方向前方平穿，高与肩平；目视前方，见图 3-523。

6. 托云坐莲

（1）向左转体。

动作要求：身体左转 180°；右脚尖内扣约 135°，重心移至右脚；左脚跟离地向内转；右手腕内旋，经右向上划弧抬至头额右上方，掌心朝上，扇面水平，扇顶朝左；左手同时内旋下落至左胯旁，掌心朝下，指尖斜朝前方；目视前方，见图 3-524。

（2）坐莲架扇。

动作要求：右腿屈膝；左脚贴地前伸，腿自然伸直，膝盖贴于右膝盖内侧，脚外侧着地，成坐莲步；左手背附于左腰背后；右手扇架于头额右上方；目视前方，见图 3-525。

7. 白蛇吐信

（1）右腿斜摆。

动作要求：两脚蹬地，身体起立；重心移至左脚；右脚向左前摆起，脚尖外展，脚内侧朝上，高于左膝；右手经右后向下划弧撩向左前，掌心朝上，高与腰平；左手同时从背后抽出抬起，掌心朝下，高与肩平，两掌心上下相对成抱球状；目视两手前方，见图 3-526。

图 3-523　左手穿掌　　图 3-524　向左转体　　图 3-525　坐莲架扇　　图 3-526　右腿斜摆

（2）右脚横步。

动作要求：身体右转；左腿稍屈膝；右脚向右侧落步，脚跟着地；两手随体转向右平摆；目视前方，见图 3-527。

（3）左脚上步。

动作要求： 身体右转 90°；右脚尖外展 45°着地，重心右移至右脚；左脚上步，脚跟着地，脚尖外展；右手内旋至掌心朝左，随体右摆至体右侧，掌心朝前，立扇；左手同时向下落至腹前，掌心斜朝下；目视左手，见图 3-528。

（4）左手摆掌。

动作要求： 身体重心前移至左脚，左腿屈膝半蹲；右腿自然伸直，脚跟离地；左手经左小腿前向左下方划弧摆掌，掌心朝下，指尖斜朝左下方，手臂自然伸直；右手同时向右上方穿伸，扇面朝下，扇顶朝斜上方，两臂成一斜直线；目视左手，见图 3-529。

图 3-527　右脚横步　　　　图 3-528　左脚上步　　　　图 3-529　左手摆掌

（5）右脚盖步。

动作要求： 左腿蹬直，身体直立；右脚盖步，前脚掌着地；左手上抬，右手下落，两臂前后平举，掌心均朝下；目视左手前方，见图 3-530。

（6）左脚上步。

动作要求： 身体重心移至右脚；左脚上步，前脚掌着地；右手继续下落，屈肘收至右胯旁，掌心转朝下，扇顶朝右侧；左手同时上抬，与胸同高，掌心斜朝下；目平视前方，见图 3-531。

（7）勾踢穿扇。

动作要求： 左脚跟内旋落地，左脚稍屈膝，身体重心移至左脚；右脚尖勾起，由后向前擦地勾踢；左手上抬至头额左上方架掌，掌心斜朝上，右手扇顶同时向前上方斜穿；目视扇顶方向，见图 3-532。

8. 顽童探路

（1）右脚落地。

动作要求： 左腿屈膝；右脚落至左脚前，脚尖内扣；身体左转 180°；右脚尖

图 3-530　右脚盖步　　　　图 3-531　左脚上步　　　图 3-532　勾踢穿扇

内扣着地，右腿屈膝，重心移至右脚；左脚尖离地外展，然后左脚再向左侧横步，脚跟着地；左手随体转经左划弧下落，收至腹前，右手同时内旋至掌心朝下，经体前划弧下落，按至右胯旁；目视前下方，见图 3-533。

（2）右手背扇。

动作要求：身体左转；左脚尖外展，左腿屈膝半蹲；右腿伸直，脚跟离地；右手腕上翘，掌心朝内附于腰背后，扇顶朝上；左手经体前向左前上方划弧提起，虎口朝上，掌心朝右后方；目视左手，见图 3-534。

9. 拨云见日

（1）右手前摆。

动作要求：两脚动作不变；身体重心上提；右手从背后抽出，经右向前划弧摆起，高与腰平，掌心朝右下方；左手同时内旋下落，掌心斜朝下；目视两手，见图 3-535。

图 3-533　右脚落地　　　图 3-534　右手背扇　　　图 3-535　右手前摆

（2）右手云扇。

动作要求：左手动作不变；右脚向前方上步，脚跟着地；右手以腕为轴经左向右在头额前方云转一周至掌心朝上，扇顶朝前，扇面水平；左手附右前臂动作不变；目视前方，见图 3-536。

10. 斜身照影

（1）右脚独立。

动作要求：身体右转 45°；右脚尖外展 45°着地，重心移至右脚，右腿伸直；左腿屈膝向前提起，脚尖自然下垂；右手握扇向上托至面前；左手动作不变；目视前方，见图 3-537。

（2）左腿上抬。

动作要求：上动不停，左小腿向上抬，高与腰平，脚背朝上；右脚独立动作不变；两手动作不变；目视前方，见图 3-538。

图 3-536　右手云扇　　　　图 3-537　右脚独立　　　　图 3-538　左腿上抬

（3）左脚上蹬。

动作要求：上动不停，左脚勾脚尖，脚跟向前上方斜蹬，脚高过胸；右脚独立动作不变，双手动作不变；目视左脚前方，见图 3-539。

（4）左脚落步。

动作要求：左脚稍屈膝；左脚向前方落步，脚尖外展，膝微屈；右手腕内旋云扇，掌心朝上，扇顶朝前；左手同时下落至胸前立掌；目视前方，见图 3-540。

（5）两手推掌。

动作要求：两脚蹬直，身体重心前移至左脚；右脚跟离地；两手同时向前上方稍推掌；右手掌心斜朝上，扇顶朝左；左手掌心朝右；目视左下方，见图 3-541。

图 3-539　左脚上蹬　　　　图 3-540　左脚落步　　　　图 3-541　两手推掌

五、第四段

1. 书地断水

（1）右手下按。

动作要求：两脚动作不变；右手稍下按，左手同时下落至左胯旁，掌心斜朝下；目视前下方，见图 3-542。

（2）转体撩扇。

动作要求：身体左转 180°；右脚盖步，前脚掌着地；左脚稍屈膝，脚跟随体内转；右手随体转，经下向前方划弧撩扇平插，高与肩平，扇顶朝前；左手同时向上划弧，架至头额左前上方；掌心斜朝上；目视前方，见图 3-543。

图 3-542　右手下按　　图 3-543　转体撩扇

（3）向右转体。

动作要求：身体右转 90°，重心前移至右脚，腿自然伸直，左脚跟离地；右手经下向斜上方划弧，掌心斜朝左上方，扇顶朝右上方，左手同时外旋下落至体左侧，掌心斜朝上；目视扇顶方向，见图 3-544。

（4）左脚上步。

动作要求：身体左转，左脚向前上步，左脚尖外展落地，重心前移；右脚跟离地；右手经上划弧下落，按至腹前，掌心朝下，扇顶朝前；左手同时往下划弧抬起，掌心朝上，略高于肩；目视前方，见图 3-545。

（5）重心后移。

动作要求：身体重心后移至右脚，右腿屈膝，脚跟着地；左脚跟自然离地；右手经下收到腹前，掌心朝里，扇顶朝下；左手同时划弧上抬至头额左前上方翻掌，掌心朝上；目视前方，见图3-546。

图3-544　向右转体　　　　图3-545　左脚上步　　　　图3-546　重心后移

（6）歇步合扇。

动作要求：两脚屈膝下蹲成歇步；右手上提至胸前，手腕外旋，向前伸臂，合扇；掌心朝上，扇顶朝前，高与肩平；目视前方，见图3-547。

2. 金龙出海

（1）身体起立。

动作要求：两脚蹬地，身体起立，重心移至左脚；右脚向右前45°上步，脚跟着地；右手经下向后划弧，扇顶斜朝下；左手同时下落至体前，掌心朝下，高与胸平；目视前方，见图3-548。

图3-547　歇步合扇　　　图3-548　身体起立

（2）左脚勾踢。

动作要求：身体重心移至右脚，右腿伸直，右脚独立；左脚勾脚尖向前方上踢，脚高于腰；右手经上划弧，至前方开扇，扇顶朝前，掌心朝左；左手同时划弧下落至左胯旁，掌心朝下，指尖朝左前方；目视前方，见图3-549。

3. 平扫金光

（1）左脚落步。

动作要求：左脚向前方落步，脚跟着地，脚尖外展；右腿稍屈膝；右手外旋下落至腹前，掌心朝上；左手同时外旋上提至腹前，掌心朝上，两手平行，与肩同宽；目视扇面，见图3-550。

（2）双手侧举。

动作要求： 左脚尖外展落地，左腿稍屈膝，身体重心前移至左脚；右脚向前方上步，脚跟着地；身体向左转90°；两手同时收至腹前，再内旋腕向身体两侧划弧上抬至侧平举，掌心朝下；头向右转，目视扇顶方向，见图3-551。

图3-549 左脚勾踢　　　图3-550 左脚落步　　　图3-551 双手侧举

（3）双手内合。

动作要求： 身体左转约90°，右脚尖内扣约90°；左脚动作不变；两臂斜向内，向胸前平摆，掌心斜朝前，指尖相对，肘微屈；目平视扇，见图3-552。

（4）两手对拉。

动作要求： 右脚尖稍内扣，身体重心移至左脚，右腿屈膝；左脚向后插，前脚掌着地；双手向外对拉至肩前，肘微屈，掌心朝前；目视前方，见图3-553。

4. 凤凰出巢

（1）两手下落。

动作要求： 两脚动作基本不变；两手同时往外向下划弧至胯外侧，手腕稍外旋，掌心朝前，指尖斜朝下；目视前下方，见图3-554。

（2）独立托扇。

动作要求： 左脚跟稍内转，身体重心移至右脚；左脚向前屈膝提起，脚尖自然下垂；两手同时往体前向上画弧托起；掌心朝上；高过头顶；扇顶朝前；目视前方，见图3-555。

图 3-552　双手内合　　图 3-553　两手对拉　　图 3-554　两手下落　　图 3-555　独立拖扇

5. 喜鹊登枝

（1）左手立掌。

动作要求：身体稍向右转；两脚动作不变；右手握扇经前下落向右后方画弧，掌心朝前，扇顶朝斜下方；左手同时经右向下按至右肩前立掌；目视前下方，见图 3-556。

（2）左脚侧蹬。

动作要求：左脚勾脚尖向右前45°挺膝蹬脚，脚高与胸平；右脚独立动作不变；左手经下向左划弧按至左胯旁，掌心朝下，肘微屈；右手经右向上划弧抬至头额右前上方翻扇，掌心朝上，扇顶朝左；目视前方，见图 3-557。

6. 外劈华山

（1）左脚落步。

图 3-556　左手立掌　　图 3-557　左脚侧蹬

动作要求：右腿稍微屈膝；左脚向右前方落步，脚跟着地；两手动作基本不变；目视前下方，见图 3-558。

（2）右手下落。

动作要求：身体左转90°；左脚尖外展落地，重心移至左脚，左腿稍屈；右脚跟离地；右手继续向前下落至腹前，掌心朝里，扇顶朝下；左手经左向上划弧，屈肘收至左胸前，掌心朝右下方；目视右手，见图 3-559。

（3）右手合扇。

动作要求：身体稍左转；右脚上步，脚跟着地；左腿屈膝，左脚动作不变，左手右移至右胸前立掌；右手同时经左前臂内侧上提至脸前，掌心朝内，扇顶朝左，然后向前上方合扇，扇顶斜朝上，掌心斜朝上；目视扇顶方向，见图 3-560。

7. 回头望月

（1）向左转体。

动作要求：身体左转 180°；右脚尖内扣着地，重心右移，右腿屈膝；左脚尖外展；右手随体转略向前摆；左手同时划弧下落至左胯旁，掌心斜朝后，指尖斜朝下；目视前方，见图 3-561。

图 3-558 左脚落步　　图 3-559 右手下落　　图 3-560 右手合扇　　图 3-561 向左转体

（2）歇步下蹲。

动作要求：两腿屈膝下蹲成歇步；右手经体前下落至右胯旁，掌心朝里，扇顶斜朝下；左手经左向上划弧至左肩前上方，掌心朝右，肘微向下屈；目视前方，见图 3-562。

（3）右手开扇。

动作要求：上体右转，微向右倾；右手经右上抬至头右上方开扇，掌心斜朝上，扇顶朝左上方；左手向右划弧下落收至右胸前立掌，掌心朝右；头向左转，目视前上方，见图 3-563。

8. 外劈华山

（1）身体起立。

动作要求：两脚蹬地，身体起立，上体略向右转，重心移至左脚；右手外旋下落至胸前，掌心朝下，扇顶朝前；左手附于右前臂，掌心斜朝下；目视扇面，见图 3-564。

（2）右脚上步。

动作要求：右脚上步，脚跟着地；左脚动作不变；右手下落收至腹前，掌心朝里，扇顶朝下；左手稍下落，掌心朝下；目视前下方，见图3-565。

图3-562　歇步下蹲　　图3-563　右手开扇　　图3-564　身体起立　　图3-565　右脚上步

（3）重心右移。

动作要求：右脚前脚掌着地，右腿微屈，身体重心移至右脚；左脚跟离地；右手虎口朝上，大扇骨尖朝上，经左前臂内侧，向上提起，略高于肩；左手同时下按至腹前；目视右手扇面，见图3-566。

（4）丁步合扇。

动作要求：右脚动作不变；左脚收至右脚内侧，前脚掌着地，成丁字步；右手向右侧前上方合扇，掌心斜朝上，扇顶朝右上方；左手同时经左向后划弧，手背附于左腰背部；目视右手扇顶方向，见图3-567。

图3-566　重心右移　　图3-567　丁步合扇

9. 收式

（1）左脚上步。

动作要求：身体左转90°，左脚向前上步，脚跟着地，右脚动作不变；右手随体转稍向前平摆，左手同时从背后抽出摆至左胯旁，掌心斜朝下；目视正前方，见图3-568。

（2）右脚盖步。

动作要求：身体重心前移，左脚前脚掌着地，腿稍屈膝，右脚收至左脚跟内侧，两脚尖略外展；左手外旋经左向头额前上方划弧，掌心斜朝右；右手同时略向前摆，掌心斜朝左，两掌心相对，略宽于肩；目视前方，见图 3-569。

（3）直立还原。

动作要求：两腿自然伸直；两手经体前向下落至身体两侧，手臂自然放松，掌心朝内，扇顶朝下；目平视正前方，还原成预备式，见图 3-570。

图 3-568　左脚上步　　　图 3-569　右脚盖步　　　图 3-570　直立还原

思考题：

1. 武术中包括哪几种步型、手型？

2. 武术的作用是什么？

3. 武术的主要内容有哪些？

第四章 现代竞赛运动

作为成长于当代的大学生，必须要了解当前的竞技运动项目。本章重点介绍当代奥林匹克运动项目中的几大球类项目，以便于大家了解和掌握。

第一节 排球运动

一、排球运动的发展概况

纵观世界排球运动发展的一百多年的历史，大致可划分为娱乐排球和竞技排球两个时期。从 19 世纪末排球问世至 1947 年国际排球联合会成立前为第一个时期。这一时期国际间的比赛没有统一的组织、统一的竞赛制度和统一的竞赛规则，但有明显的地域特点。亚洲开展的是 16 人制、12 人制和 9 人制排球；欧洲推行的则是 6 人制排球。技术动作的内容有发球、传球、扣球和拦网等，战术简单。第二个时期是从国际排球联合会成立以来至今，1947 年由比利时等 14 个国家排球协会的代表聚会法国巴黎，创建了国际排球联合会（简称国际排联），总部设在巴黎。国际排联的成立标志着世界排球运动进入了一个有组织、有领导、有计划、迅速发展的时代，促进了排球运动的发展和提高。从此排球运动从娱乐游戏时代进入了竞技时代，并定期举办世界排球锦标赛、世界杯赛、奥运会排球赛等世界大赛。进入 20 世纪 80 年代，排球运动进入大发展、大变革时期，各种形式排球运动的开展，大大加快了排球的社会化、商业化和职业化的进程。促进了排球运动的发展和技战术水平的不断提高。自 1947 年国际排联成立后至 1998 年最新统计，其会员国总数已达 217 个，为世界上会员国最多的国际单项体育运动组织，排球运动已成为一项世界性体育运动项目。

二、排球运动的基本技术

1. 发球技术

比赛总是以发球开始的，有威力的发球可以直接得分或破坏对方的一传，起到先发制人、争取主动的作用，在心理上给对方以威胁。发球失误或发球后对方能很容易地组织进攻，就会直接失去发球权给本方防守带来困难。因此，发球既要有攻击性，又要有准确性。发球时队员应在发球区内，不得踏及端线和踏过发球区的短线及延长线。一只手平稳地将球向上抛起，用另一只手或手臂的任何部位将球击入对方场区，触球的一刹那即为完成发球。如球没抛好，允许抛球后球自由落地，只要不触及身体任何部位，可重新发球，但不得借此拖延比赛时间。第一裁判员鸣哨后 5 秒钟内必须将球发出，否则判发球违例。

飘球。发球的一种。发球时以手掌根的坚硬部位，短促有力地击球，使作用力线通过球心。球不旋转，但运行中因周围空气对球的压强不同而产生上下或左右的飘晃，常使接发球队员判断失误，从而增加了发球的威力，在比赛中被广泛运用。按发球的姿势，有正面上手发飘球和勾手发飘球。发出的球有前冲飘球、下沉飘球、高飘球、平飘球等。见图 4-1、图 4-2。

图 4-1　正面上手飘球

图 4-2　上手大力飘球

　　旋转球。发球的一种。发球时击球体中心的某一侧，使球产生旋转。旋转球转速快、力量大，可以使对方判断错误而造成接发球失误。按发球的姿势，有正面上手发旋转球、勾手大力发旋转球、侧面下手发旋转球 3 种。按球发出后的性能变化，有上旋球、下旋球、左旋球和右旋球。见图 4-3。

　　垫球。排球运动基本技术之一。是接发球、接扣球以及后排防守的主要技术动作，是组织反攻战术的基础。垫球技术的熟练程度和运用能力，是争取胜利的重要条件。有下面双手垫球、体侧垫球、正面低姿势垫球、背垫球、单手垫球、前扑垫球、鱼跃垫球、侧卧垫球、滚翻垫球、挡球和救入网球等。其中正面双手垫球是各种垫球技术的基础，适合接速度快、弧度平、力量大、落点低的各种来球，在排球比赛中运用较多。见图 4-4。

图 4–3　勾手大力发旋转球

　　垫球包括单手垫球、背垫球和鱼跃垫球三类。单手垫球一般在来球低、速度快、距离远时采用。单手垫球可结合滚动、前扑、鱼跃等动作来完成。垫球时用虎口或手背击球的后下部。击球时有向上翘腕的动作。见图 4–5。

　　背垫球即背向出球方向的垫球。常在接应同伴来球或第 3 次处理过网球时采用。鱼跃垫球适合在来球低而远时采用。队员先放低姿势上体前倾，以前脚用力蹬地向远处跃出，将击球手臂插入球下，用虎口或手背将球垫起。身体落地时两手先着地支撑，两肘缓慢弯曲以缓冲下落力

图 4–4　垫球

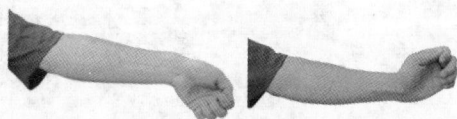

图 4–5　单手垫球

量，同时抬头、挺胸、挺腹、身体呈反弓形，形成手臂、胸部、腹部、大腿依次着地。手的支撑均要在身体重心运动的轨迹上。为扩大防守范围，有时还可用肘滑鱼跃垫球。见图 4–6。

2. 传球技术

　　传球技术。有正传、背传、侧传和跳传四种。这四种传球技术的传球手型基本相似，都是在额前上方击球。主要运用于二传，有顺网正面二传、调整二传、背二传、侧二传、跳二传、倒地二传、传快球、传平快球、二传吊球等。

　　背传是传球技术的一种，用力方向与正传相反，击球点比正传偏后，用力蹬腿、展腹、抬臂、伸肘，通过指腕弹力把球向后上方传出。背传动作比较隐蔽，

图 4-6　鱼跃垫球

能出其不意，迷惑对方，增加战术的变化。见图 4-7。

跳传是当一传来球较高时，二传手常跳起在空中作第二传。起跳后两手放在脸前，当跳至最高点时，两手伸至额上方击球，主要靠手臂和手腕的力量将球传出。在世界高水平比赛中常被运用。见图 4-8。

3. 扣球技术

扣球是进攻的最有效方法，是得分和得到发球权的重要手段。一个队攻击力的强弱，往往取决于该队的扣球技术水平。现代排球中扣球威力体现在速度、力量、高度、

图 4-7　背传球

变化和技巧等诸方面。扣球由准备姿势、判断、助跑、起跳、空中击球和落地动作衔接而成。主要有正面扣球、勾手扣球、快球、调整扣球、单脚起跳扣球。

4. 拦网技术

拦网是防守的第一道防线，得分、得发球权的重要手段，是反攻的重要环节。拦网水平的高低直接影响比赛的胜负。拦网由准备姿势、移动、起跳、空中击球和落地五个动作衔接而成，有单人拦网和集体拦网。成功的拦网能直接拦死对方的进攻，使本方由被动转变为主动，并能削弱对方的进攻锐气，给对方造成较大心理威胁。

图 4-8 跳传球

三、排球运动比赛的有关规定

排球是一项集体比赛项目，每队由 12 名队员组成，两队各派 6 名队员在由球网分开的场地上进行比赛。

比赛的目的是各队遵照规则，将球击过球网，使其落在对方场区的地面上，而防止球落在本方场区的地面上。每队可击球 3 次（拦网触球除外），将球击回对方场区。

比赛由发球开始，发球队员击球使其从网上飞至对方场区，比赛由此连续进行，直至球落地、出界或某一队不能按照规则的要求将球击回对方场区。

排球比赛采用五局三胜制，胜三局的队胜一场。比赛中，某队胜 1 球，即得 1 分（每球得分制）。接发球队胜 1 球时得 1 分，同时获得发球权，队员按顺时针方向轮转一个位置。每局比赛（决胜局第五局除外）先得 25 分并同时领先对手 2 分的队胜一局。当比分为 24：24 时，比赛继续进行至某队领先 2 分（26：24、27：25）为止。决胜局先得 15 分并同时领先对手 2 分的队获胜。当比分为 14：14 时，比赛继续进行至某队领先 2 分（16：14、17：15）为止。

发球犯规包括发球击球时的犯规和发球击球后的犯规。发球击球时的犯规：发球次序错误；发球队员在击球时或击球起跳时，踏及场区（包括端线）或发球区以外地面；发球队员在第一裁判员鸣哨允许发球后 8 秒钟内未将球击出；球未被抛起或持球手未清楚撤离就击球；双手击球或单手将球抛出、推出；将球抛起准备发球却未击球。发球击球后的犯规：球触及发球队其他队员或球的整体没有从过网区内通过球网的垂直平面；界外球；球越过发球掩护的个人或集体（在发球时，某一队员或两名以上队员密集站位或挥臂跳跃、移动遮挡接发球队员，且发出去的球从他或他们上空飞过，则构成个人或集体发球掩护犯规）。

位置错误是排球规则规定当发球队员击球时，如果场上队员不在其正确位置上，则构成位置错误犯规。下列情况之一者均为位置错误犯规：发球队员击球时，场上其他队员未完全站在本场区内；发球队员击球时，场上队员未按"每一名前排队员至少有一只脚的一部分比同列后排队员的双脚距中线更近"的规定站位；发球队员击球时，场上队员未按"每一名左边（右边）队员至少有一只脚的一部分比同排中间队员的双脚距左（右）边线更近"的规定站位。

击球时的犯规包括连击犯规、持球犯规、四次击球犯规、借助击球犯规。连击犯规：排球比赛时，运动员身体任何部分均可触球，但一名队员（拦网队员除外）连续击球两次或球连续触及其身体的不同部位即为连击犯规。但在第一次击球时，允许队员在同一击球动作中，球连续触及其身体的不同部位。持球犯规：排球运动员在比赛中，身体任何部分均可触球，但球必须被击出，不得接住或抛出，否则即为持球犯规。四次击球犯规：一个队连续触球四次（拦网除外）为四次击球犯规。队员不论是主动击球还是被动触及，均算该队员击球一次。借助击球犯规：队员在比赛场地内借助同伴或任何物体的支持进行击球，皆为借助击球犯规。

队员在球网附近的犯规包括过网击球犯规、过中线犯规、触网犯规和网下穿越进入对方空间妨碍对方比赛犯规等。对方进攻性击球前或击球时，在对方空间触及球为过网击球犯规。比赛进行中，队员整只脚、手或身体其他任何部分越过中线并接触对方场区，为过中线犯规。比赛过程中，队员触网或触标志杆不是犯规，但队员在击球时或干扰比赛情况下的触网或触标志杆为犯规。队员击球后可以触及网柱、全网长以外的网绳或其他任何物体，但不得影响比赛。比赛过程中，在不妨碍比赛的情况下，允许队员在网下穿越进入对方空间。若网下穿越进入对方空间的队员妨碍了对方比赛则为犯规。

同时击球：双方队员或同队队员可以同时触球。同队的两名或两名以上队员同时触到球，被计为两次或两次以上击球（拦网除外）。双方队员在网上同时击球后，如果球落入场内，应继续比赛，获得球的一方仍可击球三次。

拦网犯规：拦网犯规包括过网拦网犯规、后排队员拦网犯规、拦发球犯规和从标志杆外伸入对方空间拦网犯规几种情况。在对方进攻性击球前或击球时，在对方空间拦网触球为过网拦网犯规。判断过网拦网的依据是进攻队员与拦网队员触球时间的先后。后排队员或后排自由防守队员完成拦网或参加了完成拦网的集体，为后排队员拦网犯规。拦对方发过来的球为拦发球犯规。从标志杆外伸入对方空间拦网并触球为拦网犯规。后排队员进攻性击球犯规：后排队员在前场区内或踏及进攻线（或其延长线），将整体高于球网上沿的球，击过球网垂直面或触及对方拦网队员，则为后排队员进攻性击球犯规。

暂停和换人：在比赛中，每队最多可以请求 2 次暂停和 6 次换人。暂停时间限制为 30 秒钟。第 1~4 局，每局另外有 2 次时间各为 60 秒钟的技术暂停，每当领先队达到 8 分和 16 分时自动执行。决胜局（第 5 局）没有技术暂停，每队在该局中可请求 2 次 30 秒钟的普通暂停。

自由防守队员的有关规定：排球比赛的各队可以在最后确认的 12 名队员中选择 1 名作为自由防守队员（Libero）。自由防守队员身着区别于其他队员颜色的服装。比赛前，自由防守队员必须登记在记分表上，并在旁边注明"L"字样，其号码必须登记在第一局上场阵容位置表上。自由防守队员仅作为特殊的后排队员参加比赛，在任何位置上（包括比赛场区和无障碍区）都不得将高于球网的球直接击入对方场区完成进攻性击球。自由防守队员不得发球、拦网或试图拦网。自由防守队员在前场区进行上手传球且所传球的整体高于球网上沿时，其同伴不得在高于球网处完成对该球的进攻性击球。

四、排球运动比赛的技术性规定

排球比赛的技术性规定是非常严格的，要求每一位参加者必须了解和掌握。

1. 发球

发球队员必须在第一裁判员鸣哨 5 秒钟内，将球抛起或持球手撤离，在球落地前，用一只手或手臂的任何部分将球击出。如球未触及发球队员而落地，则被认为是第一次发球试图。在发球试图后，第一裁判员应及时鸣哨允许再次发球，发球队员必须在再次鸣哨后的 3 秒中将球发出。发球队员在击球时或击球起跳时，不得踏及场区（包括端线）或发球区以外的地面。击球后，可以踏及或落在场区内或发球区以外的地面。在每次发球时都允许有一次发球试图。

2. 队员的场上位置

在发球队员击球时，双方队员必须在本场区内各站两排，每排三名队员。发球队员不受场上位置的限制。队员的位置据其脚的着地部位来判定。在发球队员击球的一刹那，场上队员脚的着地部位必须符合其位置要求。在发球后，队员可以在本场区和无障碍区的任何位置上。

3. 网下穿越

在不妨碍对方比赛的情况下，允许队员在网下穿越进入对方空间。允许队员的一只脚或双脚越过中线触及对方场区的同时，脚的一部分还接触中线或置于中线上空。除脚以外，不允许队员身体的任何其他部位接触对方的场区。在比赛中断后，队员可以进入对方场地。

4. 触网

新规则规定触网为犯规，但队员在无试图击球的情况下，偶尔触网不算犯规。

5. 进攻性击球

指发球和拦网外的其他所有向对方的击球。前排队员可以对任何高度的球完成进攻性击球，但触球时必须在本场地空间。后排队员则允许在后场区对任何高度的球完成进攻性击球，但起跳时脚不得踏及或越过进攻线，击球后可以落在前场区。

6. 拦网

只有前排队员允许完成拦网，后排队员不得完成拦网。

7. 比赛中的击球

队员的身体任何部位都允许触球。但球必须被击出，不得接住或抛出，球可以向任何方向反弹。

第二节　篮球运动

一、篮球运动的发展概况

篮球运动起源于美国，是由马萨诸塞州斯普林菲尔德市（或译春田市）的基督教青年会训练体育学校体育教师詹姆士·奈史密斯博士于 1891 年设计发明的。奈史密斯博士从当时儿童用球向桃子筐内做投准的游戏而受到启发，综合了其他一些项目的活动特点，设计了按投掷的准确性来计算得分和判断胜负的一种游戏。因最初使用的是盛桃子的篮子和球，故取名为"篮球游戏"。1891 年 12 月 21 日，奈史密斯在馆内体育课做了第一次这种游戏比赛的试验。试验进行得非常成功，此后，这种游戏活动在美国得到广泛普及，并以惊人的速度向其他国家发展。至今，全世界拥有约 1 亿名篮球运动员，平均每天在现场观看篮球比赛的观众达 160 万人。

最初的篮球比赛由于没有明确的规则，经常出现推、拉、撞人等粗暴动作，影响比赛的顺利进行。鉴于这种情况，1892 年，奈史密斯博士制定了简单的 13 条比赛规则。

进入 19 世纪 30 年代以后，篮球运动登上了国际舞台，成为一项世界性的运动项目。1936 年 6 月 18 日，由美国等八个国家在瑞士日内瓦成立了国际业余篮球联合会。1950 年，在阿根廷的布宜诺斯艾利斯举行了第一届世界男子篮球锦标赛。

篮球运动的发展总是与技战术的改进、身体素质的提高、攻与守的对抗和竞赛规则的变化密切联系着的。它们之间相互制约、相互促进，推动着篮球运动不断向更高层次发展。

二、篮球运动的基本技术

篮球技术是在篮球比赛中所运用的各种专门动作、方法的总称。它们是篮球比赛的基础。篮球运动是一项集体性和对抗性项目。因此每个篮球运动员既要在对抗中完成技术动作，又要在集体需要的情况下，合理地运用技术。随着篮球运动攻防对抗的发展，运动员身体素质的提高和规则的演变，促使篮球技术不断地发展和创新。篮球运动的实践表明：运动员掌握的技术动作越多，技艺越高，运用越合理，他在比赛中的主动性就越强。技术越好的球队，就越容易集中全队的技术优势完成各种战术配合与对手进行对抗，并能在困难的条件下夺取比赛的胜利。

在篮球比赛中，运动员的身体素质、运动技能、智慧和心理素质等都是通过技术的运用表现出来的，从而也体现出运动员的运动技巧、应变能力和创造性。在现代篮球比赛中，衡量运动技巧的标准是：在完成各种战术配合时，运用各种技术动作的能力。这表现在完成各种技术动作具有准确性和实效性；在激烈的对抗中具有出色的控制球的能力和应变能力。

篮球技术是篮球战术的基础。任何战术意图和先进的战术配合的实现，都取决于运动员掌握技术动作的数量和质量，没有技术也就谈不上战术。全面、熟练、先进的技术必然促进战术的发展和变化，战术的不断发展和演变又促进技术的发展和提高。技术和战术之间是相互联系、相互影响、相互促进、共同发展的辩证关系。

篮球技术分为进攻技术和防守技术两大部分。每一部分都有许多技术类别。各类技术动作又有许多不同的方法，各种动作方法又都可能在不同条件下去完成。

1. 进攻技术

（1）投篮。

1）技术动作。投篮技术动作包括两个方面，其一是投篮时的身体姿势，其二是持球手法。

原地投篮时，要两脚前后自然开立，两膝微屈，上体稍前倾，重心落在两脚之间。这样既便于投篮集中用力，也利于变换其他动作。移动中接球跳投、运球急停跳投或行进间投篮时，跨步接球与起跳动作既要连贯衔接，又要迅速制动，使身体重心尽快移到支撑面的中心点上，以保证垂直起跳。身体姿势正确就能保证身体重心移动与投篮出手的方向一致，就能保持身体平衡。控制身体平衡是保证出球方向准确的基本条件。见图 4-9。

2）瞄准点。瞄准点是指投篮时眼睛注视的目标，是提高投篮命中率的重要环节。由于投篮有直接命中和碰板命中两种，所以瞄准点也有两种，即直接命中瞄准点和碰板命中瞄准点。

图 4-9　原地投篮

3）出手动作。投篮时球最后出手的动作，是投篮能否准确命中的关键。它直接影响着投篮的方向、力量、弧度和旋转。出手动作包括正确的投篮手法和全身的协调用力。投篮时全身协调用力要有一定的顺序，整个动作要协调连贯，轻松柔和，掌握好节奏。

4）抛物线。抛物线是指投篮出手后，球在空中飞行的弧形轨迹。抛物线的高低与投篮出手的角度和出手力量有关。在实际运用中，应根据不同的距离、队员的身高、跳投跳起的高度、不同的投篮方式及防守干扰情况等采用不同的抛物线投篮。

5）球的旋转。球的旋转是影响投篮准确性的因素之一。投篮出手时手腕、手指的动作和力量，决定球的旋转方向和速度。正确的投篮手法会使球适宜的旋转。

（2）持球突破。

1）蹬跨。队员在突破前，两脚左右开立，略宽于肩，屈膝降低身体重心，重心落在两脚之间，两脚跟稍提起。双手持球于胸腹之间，注意保护球。突破时，用虚晃或瞄篮等假动作吸引对手，用移动脚前掌内侧蹬地的同时，中枢脚力碾地，上体前倾并转体，重心前移，以带动移动脚迅速向突破方向跨出。跨出的第一步要稍大，以缩小后蹬腿与地面所成的角度，增加后蹬力量，争取第一步就接近甚至超越对手。第一步落地后，膝关节要保持弯曲，脚尖指向突破方向，以便第二步的蹬地加速。

2）转体探肩。在蹬地跨步、上体前移的同时，要转体探肩，使身体重心继续前移，加快突破速度，同时占据空间有利位置和保护球。

3）推放球。在蹬跨、转体探肩的同时，将球由体前推引至远离防守队员一侧，并在中枢脚离地前推按球离手，球落于跨出脚前的外侧，用远离对手一侧的手运球，使球反弹高度在腰膝之间。

4）加速。在完成上述动作后，已获得起动的初速度，这时中枢脚要积极、有力地蹬地，加速超越对手。

以上几个环节，几乎是在同一时间完成，它们之间紧密衔接，相互影响。只有熟练地掌握这几个环节，动作连贯，一气呵成，快速，才能达到突破的目的。

（3）原地持球交叉步突破。

动作方法：以右脚做中枢脚从防守队员左侧突破为例。突破时，左脚向左侧前方迈出一小步，把防守队员引向自己左侧的同时，用左脚前掌内侧迅速蹬地，向右侧前方跨一大步，上体稍右转，左肩向前下压，重心向右前方移动，将球推引至右侧，用右手推按球于左脚右侧前方，接着右脚蹬地加速超越对手。

动作关键：积极蹬地，起动突然；转体探肩应与跨步相连；推按球离手必须在中枢脚离地之前；跨步脚尖指向突破方向。整个动作协调连贯。见图4-10。

图4-10 原地持球交叉步突破

（4）原地持球同侧步突破。

动作方法：以右脚做中枢脚从防守队员右侧突破为例。突破时，上体积极前倾的同时，左脚迅速向左前方跨一大步，同时上体左转，左肩积极下压。右脚内侧用力蹬地，在右脚离地前，用右手推按球于左脚外侧前方，然后左脚迅速跨步抢位，加速运球超越对手。见图4-11。

动作关键：起动要突然，跨步、运球要快速连贯，中枢脚离地前球要离手。

图 4-11　原地持球同侧步突破

（5）接传球。

1）传球技术分析。传球的方式和种类较多，要达到比赛对其的要求，涉及的因素也多。但从一个传球过程来看，传球是由持球方法、传球方法、球的飞行路线和球的落点四个部分组成。其中传球手法是关键，它直接影响球的飞行路线和落点。

持球方法。传球出手的过程是一个功能性过程。即球受外力作用后，以一定的速度、方向、角度和旋转方式离手，完成既定的飞行轨迹，到达传球队员所要求落到的位置上。因此，采用正确的持球方法，就是为球所受的外力选择正确的力点，以有利于出手前对球的控制和不同的传球距离、方式的要求。持球方法有双手持球和单手持球两种，方式的选择要依据运用的需要。

传球的手法虽然是主要的，但脚蹬地、腰腹和手臂用力与腕、指的配合，也是不可忽视的。特别是前臂动作的伸、摆、绕等不同用力方法，可以增加出球点，扩大出球面，提高传球的灵活性，增强传球的威力。

球的飞行路线有直线、弧线和折线三种。由于比赛中攻守队员站的位置、距离和移动的速度及意图等情况不同，所以选择传球路线和飞行的速度也有所不同。

球的落点。传球要有针对性。球的落点是指传出的球与接球同伴相遇的方位。传球时，要根据接球同伴的位置、移动速度和意图及其防守队员的情况来定，要考虑到传球的高低、远近、快慢、用力等情况。将球传到远离防守队员一侧的位置，又与接球同伴恰好相遇，做到人到球到，便于接球后顺利地衔接下一个攻击动作。

2）接球技术分析。接球可分为双手接球和单手接球两种。但无论是双手接球或是单手接球，都要经历准备接球、接球和接球后动作这三个环节。

准备接球。注意观察持球同伴的传递意图和时机，用余光注视来球方向和落点。迅速抢占有利的接球位置，向同伴做出示意性动作，提示球的落点。

接球。肩、臂、腕、指要放松，伸臂迎球，手指自然分开，当手指触及球时，用力握球。同时手臂随球后引，缓冲来球力量，保持身体平衡。

接球后动作。接球后要注意保护好球，并注意捕捉战机，及时衔接下一个攻击动作，尽量减少球在手中停留的时间。

（6）双手胸前传球。接球时，两眼注视来球，两臂伸出迎球，两手手指自然张开，拇指相对呈"八"字形，其余手指朝前上方，两手成一个半球形。当手指接触球后，用力握球，同时两臂随球后引缓冲来球力量，双手持球于胸腹之间，成基本站立姿势，并为传球、投篮、突破做好准备。

动作关键：两臂迎球前伸要快，触球后握球要稳，回引缓冲来球力量。

（7）运球。

1）身体姿势。运球时应保持两脚前后自然开立，两膝微屈，上体稍前倾，头抬起，眼睛平视。非运球手臂屈肘平抬，用以保护球。脚步动作的幅度和下肢各关节的屈度随运球速度和高度的不同而有所变化。

2）手臂动作。运球时，五指张开，用手指和指根以上部位及手掌的外缘触球，掌心不触球。

3）球的落点。运球时应控制球的落点，使球完全保持在自己所能控制的范围内，以便随时利用自己的上体、臂、腿来保护球；而且也要便于技术运用。

4）手脚协调配合。运球时既要使移动速度和运球速度协调一致，又要保持合理的动作节奏。能否保持脚步动作和手部动作协调一致，关键在于按拍球的部位、落点的选择和力量大小的运用。

（8）高运球。

动作要领：运球时，球反弹的高度在腰、胸之间叫高运球。它是在没有防守队员阻挠的情况下，为了加快向前推进的速度或在进攻中调整进攻速度和攻击位置时所采用的一种运球方法。

动作方法：上体稍前倾，抬头看前方，以肘关节为轴，用手拍按球的后上方，把球的落点控制在身体侧前方。手脚协调配合，使球有节奏地向前运行。

动作关键：手拍按球的部位正确，手脚协调配合。

（9）低运球。

动作要领：运球时，球反弹的高度在膝关节以下的运球叫低运球。当受到对手紧逼或接近防守队员时，常采用这种运球方法保护球和摆脱防守。

动作方法：两膝迅速弯曲，重心降低，抬头看前方，上体前倾，靠近防守队员一侧，用上体和腿保护球。同时，用手腕、手指力量短促地拍按球，以便更好地控制球和摆脱防守，继续前进。

动作关键：两膝弯曲迅速，降低重心，上体前倾；拍按球短促有力，手脚协调配合。

2. 攻防技术

（1）移动。

1）准备姿势。队员在场上需要有一个既稳定又机动的准备姿势，用来保持身体平衡和有较大的应变性，以便利于迅速、协调地进行移动，去完成各种行动。准备姿势为两脚开立，约同肩宽，步法有平站和斜站，两膝微屈并稍内收，身体重心的投影点落在两脚之间，脚跟稍提起，上体稍前倾，两臂自然屈肘置于体侧，目视场上情况，此姿势又称基本站立姿势。

2）身体协调用力。脚步动作是通过脚前掌的蹬地、碾地或脚跟先着地的抵地制动等动作使力作用于地面和地面的反作用力来实现的。而脚给地面的作用力与来自腿部的伸展力是分不开的，即踝、膝、髋关节预先弯曲到一定的角度，然后主动伸展，使力通过脚部动作施加于地面。与此同时，腰、胯协调用力，配合或加大对地面的作用力，并利用地面支撑反作用力来克服人体重力和惯性力以保持身体平衡和重心的控制与转移，从而使人体获得起动、起跳、旋转、制动等位移的变化。各种脚步动作虽然主要是下肢踝、膝、髋关节肌肉合理的动作过程，但也离不开身体其他部位的协调配合。特别是腰、胯用力的配合，它对带动上体，使动作协调配合、调整或转移身体重心、保证人体集中到力量与地面的反作用力很好地结合，都起着很重要的作用。同时，上肢应协同动作，就能更好地保证各种脚步动作的协调性、快速性和实效性。

（2）起动。起动是队员在场上由静止状态变为运动状态的突变动作。进攻队员快速起动，抢占了有利位置，便会给防守带来威胁；防守队员起动及时，往往使进攻受阻，造成对手失误和夺取球权。运动员在场上的速度往往体现在起动速度上。

动作方法： 准备姿势成基本站立姿势。起动时，上体迅速前倾或侧转，同时后脚或起动方向的异侧脚的前掌短促有力蹬地，手臂积极摆动，两脚交替蹬地，前两三步要短促而快，在最短的距离内充分发挥最快速度。

动作关键： 重心转移快，快速蹬地和摆臂，碎步加速。

（3）跑。跑是队员在场上改变位置、提高速度的重要方法。篮球场上的跑具有快速、多变的特点，也是移动中运用最多的一项基本技术，在教学和训练中应占有重要的地位。在比赛中经常运用的跑有以下几种：

1）变速跑是队员跑动中利用速度的变化来完成攻守任务的方法。

动作方法： 加速跑时，上体迅速前倾，脚前掌短促而有力蹬地，前两三步要短促而迅速，手臂相应地摆动；减速跑时，步幅可稍大，上体直起，脚前掌用力抵住地面减缓向前的冲力，从而降低跑速。

动作关键： 加速时，上体迅速前倾，蹬地突然，短促有力。减速时，上体直立，步幅放大并用脚掌抵地缓冲。

2）变向跑：是队员在跑动中突然改变方向，摆脱防守或堵截进攻的一种方法。

动作方法：以从右向左变向跑为例，变向跑时，最后一步右脚着地，脚尖稍向内扣，用脚前掌内侧用力蹬地，屈膝，腰部随之左转，上体向左前倾移重心，左脚向左前方跨出，这一步要快，右脚迅速随着跨一步稍大，继续加速跑。

动作关键：右脚蹬地，屈膝内扣，转移重心，变方向的第一步向斜前方迈出要快。

3）侧身跑：是队员向前跑动中为了观察场上情况，侧转头和上体进行跑动的一种方法。

动作方法：向前跑动的同时，头部和上体自然转向有球一侧，脚尖朝着跑动方向，既能保持跑速，又能及时观察场上情况。

动作关键：自然转体，脚尖朝前，看球跑动。

4）后退跑。后退跑是由攻转守时，队员为了及时观察场上情况，而运用的背对前进方向的跑动方法。

动作方法：两脚提踵，用脚前掌交替蹬地，小腿积极后收向后跑动，上体放松、两臂屈肘协调摆动，保持身体平衡。

动作关键：提踵，脚前掌蹬地，小腿后伸，两臂配合。

（4）急停。急停是在跑动中突然制动的一种动作方法，是各种脚步动作衔接和变化的过渡动作。比赛中急停多与其他技术结合在一起运用。急停分跨步急停和跳步急停两种。

1）跨步急停。

动作方法：急停时先向前跨出一大步，用脚跟先着地过渡到全脚抵住地面，并迅速屈膝，上体稍向后仰，后移重心。然后，连贯跨出第二步，脚着地时，脚尖稍向内转，用脚前掌内侧蹬住地面，两膝弯曲，身体稍向侧转（右脚跨出第一步，身体稍向右转）并微向前倾。两臂屈肘自然张开，协助维持身体平衡，重心落在两脚之间。

2）跳步急停。

动作方法：跑动中用单脚或双脚起跳，离地不高，上体稍后仰，然后两脚同时落地，用全脚掌着地，并迅速用脚前掌内侧蹬住地面，两膝弯曲，两臂屈肘微张，保持身体平衡，重心落在两脚之间。

动作关键：跨步急停第一步时脚掌抵地屈膝，上体侧转移重心；第二步用力抵地体内转，臀下坐降重心。跳步急停时，起跳稍离地，落地屈膝降重心。

（5）转身。转身是以一脚做轴，另一脚蹬地向不同方向跨移，得以改变身体方向的一种方法。转身在比赛中运用广泛，经常与其他技术动作结合运用。

动作方法：转身时，重心移向做轴脚，另一脚的前掌内侧蹬地，同时做轴脚脚前掌用力碾地，腰部带动上体随着移动脚转动，向前或向后改变身体方向。在身体移动过程中，要保持身体重心平稳，不要起伏。转身后，重心应移到两脚之间。转身可分为前转身和后转身。移动脚向做轴脚脚尖方向进行弧形移动的叫前转身。移动脚向做轴脚脚跟方向进行弧形移动的叫后转身。

（6）滑步。滑步是防守移动的一种主要方法。它易于保持身体平衡，可向任何方向移动。滑步可分为侧滑步、前滑步、后滑步三种。

动作方法：

1）侧滑步。两脚左右开立，略宽于肩，保持屈膝降低重心的姿势，上体微向前倾，两臂张开，抬头注视对手。向左侧滑动时，左脚向左迈出的同时，右脚蹬地滑动，跟随左脚移动，如此连续移动。向右侧滑步时，方法同上，但方向相反。滑动时注意重心平稳和控制防守面积，身体不要上下起伏，两脚保持宽步幅，不要并步和交叉。

2）前滑步。由两脚前后站立开始，向前滑步时，前脚向前迈出一步，着地的同时，后脚前掌内侧蹬地，紧随着向前滑动，保持前后开立姿势，注意屈膝降低重心。

3）后滑步。动作方法与前滑步相同，但方向相反。

（7）后撤步。后撤步是将前脚移动变为后脚的一种方法。防守队员为了保持有利位置，特别是当进攻队员从自己前脚外侧持球突破或摆脱时，常用后撤步并与滑步、跑等结合运用进行移动。

动作方法：做后撤步时，用前脚的脚前掌内侧蹬地，同时腰部用力向后转动，后脚碾蹬地面，前脚快速后撤，紧接滑步，调整防守位置。后撤角度不宜过大，身体不要起伏。

动作关键：前脚蹬地后撤要快，后脚碾地扭腰转胯要积极。

（8）碎步。碎步又称滑跳步，是防守移动步法之一。在平步防守时运用较多，多用于外线防守。

动作方法：两脚左右开立，略宽于肩。两膝保持弯曲，不停顿地用脚前掌蹬地，用小而快的步法向左、右、前、后移动。如向右移动时，右脚借助蹬地的力量向右移动半步，左脚紧跟右脚滑动半步，保持平步防守姿势，上体不要起伏。

动作关键：移动步幅短小，衔接轻快，屈膝蹬移，重心平稳。

（9）攻击步。攻击步是防守队员突然跨步前蹿进行抢球、打球或破坏对手接球、传球、投篮等攻击性的一种步法。

动作方法：做攻击步时，后脚猛力蹬地，前脚突然迅速向前跨出逼近对手。落地时，重心略前移，前脚同侧手臂前伸做干扰和抢截性防守动作。

动作关键：动作要突然、迅速，身体重心平稳。

（10）跳。跳是队员在场上争取高度及远度的一种动作方法。篮球比赛中很多技术动作需要队员空中完成，队员必须能单脚、双脚起跳，会在原地、跑动中和对抗条件下向不同方向跳，连续跳等。并要求起跳快，跳得高，滞空时间长，更好地在空中完成各种攻守动作。

1) 双脚起跳。起跳前，两脚开立约同肩宽，两膝快速弯曲下蹲，两臂相应后摆，上体稍前倾。起跳时，两脚用力蹬地，伸膝，提腰，两臂迅速向前上方摆，使身体向上腾起。上体在空中自然伸展，腰部用力保持平衡。落地时，用脚前掌先着地，并屈膝缓冲下落的重力，保持身体平衡，以便衔接下一个动作。双脚起跳多在原地应用，也可以在上步、并步、跳球或助跑情况下应用。

2) 单脚起跳。起跳时，踏跳脚脚跟先着地，迅速过渡到脚前掌用力蹬地，同时提腰摆臂，另一腿快速屈膝上提，当身体达到最高点时，摆动腿自然伸直与起跳腿合并。落地时，双脚要稍分开，注意屈膝缓冲，以便衔接其他动作。单脚起跳多在助跑情况下运用。

(11) 抢篮板球。

1) 抢占位置。抢占有利位置是抢篮板球技术的关键环节。要根据投篮的方向、距离、弧度判断球未中反弹的落点以及观察对手的动向，快速移动抢占有利位置。不论是进攻队员还是防守队员，抢篮板球时，都应积极抢占球篮与对手之间的位置，把对手挡在身后。同时注意球的落点及对手动向，准备起跳抢球。

2) 起跳。在抢占位置的同时，要做好起跳的准备。两膝微屈，上体稍前倾，两臂稍屈置于体侧，重心落在两脚之间。注意观察判断球反弹的方向和落点，及时起跳力争在最高点将球抢获。

3) 空中抢球动作。起跳在空中抢球时，应该用背或肩挡住对手，双手在头上张开，根据进攻或防守的位置和球反弹方向，采用双手、单手和点拨球等方法进行抢球。

双手抢篮板球。跳起在空中时，腰腹用力控制身体平衡，身体充分伸展尽量占据空间面积，两臂用力伸向球落点的方向，当身体和手到达最高点时，双手将球握紧，腰腹用力，迅速收臂将球拉回身前，两肘稍向外张注意保护球。

单手抢篮板球。起跳后身体和手臂在空中充分伸展，抢球手臂伸向球的落点，当身体达到最高点指端触球时，用捻指、屈腕、屈肘动作，迅速握住球，将球拉回胸前，另一手迅速护球。

点拨球。点拨球的动作方法与单手抢篮板球相似。当遇到身材较高大或球的落点离自己较远而不易获球时，可用指端点拨球的侧下方，将球点拨给同伴，或将球挑拨到便于自己接获球的位置。

4) 得球后的动作。得球后落地要稳，保持身体平衡，注意保护球。进攻队员抢到篮板球后应及时投篮或在空中直接补篮。如无投篮机会应迅速传出或运出，重新组织进攻。防守队员抢到篮板球，最好在空中即将球传出。如果空中不能传球，落地后应侧对前场，观察场上情况，先看远处，后看近处，迅速将球传出，或运球突破后及时传球。

3. 防守技术

（1）防守对手。

1）脚步动作。脚步动作是指防守中采用的以滑步为主的移动步法，它是防守技术的基础。做滑步动作时，为了便于随时变换动作方向和速度，要始终保持屈膝，重心落在两脚之间，不要并步和交叉，以免造成重心不稳，失去身体平衡。

2）手部争夺球动作。在防守中合理有效地与对手争夺球，是建立在准确判断、快速移动抢占有利位置和快速准确的手臂动作基础上的，同时还需要同伴的配合。注意动作幅度不要过大，用力不可太猛，要控制身体平衡，避免犯规。

3）个人防守技术要素。具备了快速、灵活的脚步动作，掌握了抢、打、断球技术，还必须了解防守对手的基本规律。在具体运用时，"以球为主，人球兼顾"，选择和抢占有利的防守位置，采取正确的姿势，保护适当的距离，运用灵活多变的步法，以宽阔的视野观察判断对手的意图，随时依据对手和球的动向及时调整防守位置、距离和角度。

（2）打球。

1）打持球队员手中的球。持球队员持球于腹部以上部位时，或接高球下落时，一般采用自下而上的打球方法。上步逼近对手的同时前臂前伸，掌心向上，手腕用力带动手指和手掌击球的下部，用短促的力量将球打掉。对手持球于腹部以下部位时，一般采用从上往下的打球方法。上步逼近对手的同时，前臂前伸，掌心向下，扣腕，用手指和手掌外侧击球的上部，用短促的力量将球打掉。

2）打运球队员的球。以对手右手运球为例。当运球队员向前推进时，防守队员用侧后滑步移动，用右手臂堵住其左面，防止其变向运球，左手臂干扰运球，当球刚从地面弹起，尚未接触运球队员的手时，突然跨出一步，用接近球的手臂，以短促的手指、手腕和前臂力量，从侧面迅速地将球打出，并及时向前抢球。如运球队员从防守队员左侧突破时，防守队员可以左脚为轴做前转身，右脚跨出一大步，在运球队员的背后用手指、手腕和向前伸臂的抄打动作，击球的后侧下部，将球打出。

3）打行进间投篮队员手中的球。当进攻队员突破上篮时，防守队员侧身跟随防守。当对手跨出第一步时，就要靠近他，当他跨出第二步准备起跳时，迅速移到他的左侧稍前方，同时用左手将其向上举的球，向斜下方击落。

4）"盖帽"。当投篮队员球尚未出手，或刚一出手的一刹那，或正飞向球篮而未下落时，防守队员跳起将球打落，称为"盖帽"。"盖帽"前要根据进攻队员的投篮动作及其身高和弹跳等特点，迅速移动接近对手，选择有利位置，降低身体重心，并判断好对手的起跳和出手时间。当对手投篮时，防守队员立即跟随起跳，身体和近球手臂充分伸展。在对手举球至最高点或球离手的一刹那，用手封盖球或用手腕、手指力量向侧或向前点拨球。

（3）断球。

1）横断球。是从接球队员的侧面跃出截获球的动作。断球时，屈膝降重心，准备起动。当球从传球队员手中传出的一刹那突然起动，用单脚或双脚用力蹬地跃出，身体伸展，两臂伸向来球，将球截获。

2）纵断球。是从接球队员身后或侧后跃出截获球的动作。当防守队员要从接球人员右侧向前断球时，右脚先向右侧前方跨出半步，然后侧身跨左脚绕到对手身前，同时重心前移，左脚或双脚用力蹬地向前跃出，身体伸展，两臂前伸将球截获。

3）封断球。是在封堵持球队员传球时截获球的动作。当持球队员暴露了传球意图，或传球动作较大及仓促传球时，防守队员可在对方球出手的一刹那，突然起动，迎上伸臂封堵将球截获。

（4）抢球。

1）抢球的方法。抢球的动作方法有拉抢和转抢两种。抢球时，首先要靠近对手，下手要突然、果断。当双手手指接触球后要用力握球，突然猛拉，或利用前臂和手腕、手指的转动力量将球夺过来。为了加大夺球的力量，可以利用转体动作，迅速将球抢下。

2）抢球的时机。当进攻队员刚接到球，持球不稳时；对手抢篮板球落地，未保护好球时；持球转身，将球暴露时；运球停止刚拿起球时，防守队员都可大胆地抢球。

三、篮球运动的保健知识

练习前做一些对膝盖强烈刺激的热身运动，例如全屈膝运动、兔跳等，别做得太过分，同时要训练强化膝关节周围的运动。

1. 脚踝扭伤

练习前用胶布（绊创膏、绷带）缠绕脚踝，可以预防扭伤。但最有效的方法是做脚踝的准备操，一脚侧踢球运动，同时亦能强化该部位的肌肉。若不幸扭伤，先将患部位冷敷，再施加适当的压力。冷敷时只可用冰水，加压时则先垫以海绵，再从海绵上方用具有弹性的绷带包扎。

2. 手指的戳伤

因手指受到强烈地冲击而产生。预防方法：要充分地做好手指的准备运动。手指的戳伤，依程度可分五种：扭伤、脱臼、骨折、腱断裂、挫创伤（皮肤裂开）。若发生扭伤，其治疗方法同其他部位的扭伤，先行冷敷，待 2~3 天之后，则在该部位保温同时按摩。脱臼时要能忍受疼痛，让医疗人员将手指拉直，恢复原状，然后和前法相同地处置。至于手指严重的戳伤、骨折、腱断裂则不许乱动，应该速送医治疗。

3. 肌肉离位

对肌肉施加急激的力量（屈、伸），致肌肉中之肌纤维或是肌肉之肌膜的一部分发生断裂，而引起内出血。预防方法：在练球前，将各部位的肌肉揉一揉，舒松一番，尤其是肌肉坚硬的球员，在忽冷忽热的季节里更要特别注意。治疗方法如下：若发生在腿部，首先要将膝盖固定2~3天，不可任意移动同时用水或冰冷敷。缠上绷带，能够防止内出血的扩大，如此处置后，再稍加保温，同时从事轻松的活动。该治疗的特征在于：内出血停止之后，虽然身体尚觉僵硬，也要稍微活动。

4. 脚踵疼痛

脚部的运动，尤其是长久的练习忽动忽停的动作时，使脚踵倍觉疼痛。这种病也叫踵骨病，这是由于脚部着地时，脚踵的骨头与皮肤之间的脂肪组织，受到多次急剧地冲击而受到损伤。其预防方法：将柔软的海绵垫在脚跟下，或是在脚跟内侧垫上棉花，如此一来，虽受到下方的力量，亦可防止皮下组织被压迫到侧方。治疗脚踵疼痛的方法不易操作，只有在疼痛消除之前，尽量避免脚踵受到强力地冲击。这种毛病若是不予理会，往往会变成慢性病，很难治疗，最好在病状的初期就加以处置。

5. 膝盖损伤

膝盖受到强烈撞击时容易发生损伤。预防方法：使用护膝。倘若受到强烈的打击、撞伤，治疗方法视其情形而定，严重者得动手术。

6. 球鞋摩擦所造成的脚伤

只要穿上干净且无皱纹的球袜，再穿上适脚的球鞋，应该会有某种程度的预防效果。若是因球鞋的摩擦而产生的水疱，不要贸然将水疱弄破，最好先将该部位消毒，再用消毒过的缝针将里面的液挤出，然后贴上创可贴。

四、篮球运动比赛的有关规则

1. 基本规则一

（1）比赛方法。一队五人，其中一人为队长，候补球员最多七人，但可依主办单位而增加人数。比赛分四节，每节各12分钟，每节之间休息5分钟，中场休息10分钟。比赛结束两队积分相同时，则举行延长赛5分钟，若5分钟后比数仍相同，则再次进行5分钟延长赛，直至比出胜负为止。

（2）得分种类。球投进篮筐经裁判认可后，便算得分。3分线内侧投入可得2分；3分线外侧投入可得3分，罚球投进得1分。

（3）进行方式。比赛开始由两队各推出一名跳球员至中央跳球区，由主审裁判抛球双方跳球，开始比赛。掷界外球。

（4）选手替换。每次替换选手要在 20 秒内完成，替换次数则不限定。交换选手的时间选在有人犯规、争球、叫暂停等。裁判可暂时中止球赛的计时。

（5）罚球。每名球员各有 4 次被允许犯规的机会，第五次即犯满退场（NBA 中为 6 次）。且不能在同一场比赛中再度上场。罚球是在谁都不能阻挡、防守的情况下投篮，是作为对犯规队员的处罚，给予另一队的机会。罚球要站在罚球线后，从裁判手中接过球后 10 秒内要投篮。在投篮后，球触到篮筐前均不能踩越罚球线。

（6）违例。

1）普通违例：如带球走步、两次运球、脚踢球或以拳击球。

2）跳球时的违例：除了跳球球员以外的人不可在跳球者触到球之前进入中央跳球区。

2. 基本规则二

（1）24 秒钟规则。进攻球队在场上控球时必须在 24 秒钟内投篮出手（NBA、CBA、CUBA、WNBA 等比赛均为 24 秒，全美大学体育联合会比赛中为 35 秒）。

（2）10 秒钟规则。球队从后场控球开始，必须在 8 秒钟内使球进入前场（对方的半场）。

（3）5 秒钟规则。持球后，球员必须在 5 秒钟之内掷界外球出手，FIBA 规则规定罚球也必须在 5 秒钟内出手。

（4）3 秒钟规则。分为进攻 3 秒和防守 3 秒。进攻 3 秒：进攻方球员不得滞留于 3 秒区 3 秒以上；防守 3 秒：当某防守方球员对位的进攻方球员不在 3 秒区或者 3 秒区边缘且彻底摆脱防守球员时，防守方球员不得滞留禁区 3 秒以上。

（5）侵人犯规。与对方发生身体接触而产生的犯规行为。

（6）技术犯规。技术犯规是指所有不包括与对方队员接触的队员犯规。

（7）取消比赛资格的犯规。球员做出的不体现运动员精神的犯规动作，比如打人。发生此类情况后，球员应立即被罚出场外。

（8）队员 5 次犯规。无论是侵人犯规，还是技术犯规，一名球员犯规共 5 次（NBA 规定为 6 次）必须离开球场，不得再进行比赛。

（9）违例。既不属于侵人犯规，也不属于技术犯规的违反规则的行为。主要的违例行为是：非法运球、带球走、3 秒违例、使球出界。

（10）队员出界。球员带球或球本身触及界线或界线以外区域，即属球出界。在球触线或线外区域之前，球在空中不算出界。

（11）干扰球。投篮的球向球篮下落时，双方队员都不得触球。当球在球篮里的时候，防守队员不得触球。球碰板后对方不得碰球，直到球下落。

（12）被紧密盯防的选手。被防守队员紧密盯防的球员必须在 5 秒钟之内传球、运球或投篮，否则其队将失去控球权（NBA 规则中无此规定）。

（13）球回后场。球队如已将球从后场移至前场，该球队球员便不能再将球移过中线，运回后场。

第三节　足球运动

一、足球运动发展概况

足球全球化既是机遇也是挑战。足球的全球化发展和其他领域的全球化进程一样，它既是世界足球运动发展的一个新阶段，同时也是个充满危机的新时代。对于足球落后的国家和地区来说，足球全球化是他们快速成长的机遇，国外的高水平联赛为他们提供了更开放的交流平台，使他们的水平有机会在这个环境中得到提高。同时，借鉴国外足球的管理经验和联赛的运行机制，可以迅速提高足球运动的管理水平，从而帮助本国足球运动健康发展。此外，通过教练员和球员的交流有助于加快足球优秀人才的培养等。但是，足球全球化的挑战同样严峻，譬如如何使这种全球化成为真正的"全球化"，而不是足球欧洲化，避免"马太效应"的出现，实现全世界足球运动的共同发展就是一个非常现实的问题。当今世界足球与经济的联系越来越紧密，它们之间的矛盾也越来越突出，面对足球全球化的挑战，我们必须认清发展趋势，吸收各国先进的经验，处理好各种矛盾，抓住机遇，科学地应对各种挑战，使足球运动更好地发展。

二、足球运动的基本技术

1. 颠球

颠球是指运动员用身体的各个有效部位连续地触及球，并加以控制尽量使球不落地的技术动作。颠球的分类：颠球共分为十二部位。其中包括脚内外两侧颠球、脚背正面颠球、大腿颠球、胸颠球、肩颠球和头颠球。见图4-12。

2. 踢球

踢球是指运动员有目的地用脚把球击向预定目标的技术。

（1）脚内侧踢球。

特点：触球面积大，可控性强，出球平稳准确，是短距离传球和射门的常用脚法。

动作方法：踢球时应直线助跑，跨步支撑时眼睛要看球。脚落地时足尖应与出球方向保持一致，距球10~15厘米，膝关节微屈，两臂自然张开，维持好身体平衡。踢球腿以髋关节为轴由后向前摆动，在前摆过程中髋关节外展，脚翘起，

脚内侧与出球方向约呈 90°，以大腿带动小腿快摆击球。击球时脚跟前顶，脚腕用力绷紧，以脚内侧部位击球的后中部。击球后，踢球腿应继续保持击球时的形状随球前摆。见图 4-13。

图 4-12 颠球

图 4-13 脚内侧踢球

（2）脚背内侧踢球。

特点： 踢摆动作顺畅，幅度大，触球面积大，出球有力，且性能和线路富于变化，是中远距离射门和传球的重要方法。

动作方法： 斜线助跑，助跑方向与出球方向约呈 45°，支撑脚以脚掌处着地，踏在球的侧后方 25~30 厘米处，膝关节微屈，足尖指向出球方向，身体稍向支持脚一侧倾斜。在支持脚着地的同时，身体顺势向出球方向转动，踢球腿以髋关节为轴，大腿带动小腿呈弧形由后向前摆动。当膝盖提到接近球的内侧垂直上方的一刹那，小腿加速前提，脚尖稍外转，脚面绷直，脚趾扣紧，脚尖指向斜下方，以脚背内侧部位击球的后下部。踢球后，踢球腿随球继续前提。见图 4-14。

图 4-14　脚背内侧踢球

（3）脚背正面踢球。

特点： 踢摆幅度大，动作顺畅，便于发力。但出球线路及性能缺乏变化，适用于远距离的传球和大力射门

动作方法： 直线助跑，随着身体与球接近，两眼要紧紧地盯住球。跨步支撑时步幅要大而积极，支持脚一般踏在球的后沿侧方 10~15 厘米处，足尖与出球方向一致，膝关节微屈。踢球腿在跨步支撑的同时大腿后引，小腿尽力后屈。在支持脚着地的同时，弓身送髋。在支撑腿由斜撑过渡到直撑的同时，以髋关节为轴，大腿带动小腿由后向前摆动。当膝盖提至接近球的后上方时，小腿加速前提。击球瞬时，脚背绷直，脚腕压紧，以脚背的正面击球的后中部。击球后，踢球腿应随球继续前摆。

3. 运球

运球是运动员在跑动中为将球控制在自身范围内，用脚部进行的推拨球的动作。

（1）脚背内侧运球。

特点： 控球稳，运球速度较慢，适用于掩护性运球或运球变向。

动作方法：身体稍侧转并自然协调放松，步幅小，上体前倾，运球腿提起外展，膝微屈外转，提踵，脚尖外转，使脚背内侧正对运球方向，在运球脚落地前用脚背内侧推拨球，使球随身体前进。

（2）脚背正面运球。

特点：直线推拨速度快，但路线单一，运球时前方需要有较大的纵深距离。

动作方法：运球时身体持正常跑动姿势，上体稍前倾，步幅不宜过大，运球腿提起，膝关节稍屈，膝关节前送，提踵，脚尖下指，在着地前用脚背正面部位触球后中部将球推送前进。

（3）脚背外侧运球。

特点：灵活性、可变性强，易于控制运球方向和发挥运球速度，并便于对球进行保护。

动作方法：运球时身体保持正常跑动姿势，上体稍前倾，步幅不宜过大，运球腿提起，膝关节稍屈前摆，脚趾稍内转斜下指，使脚背外侧正对运球方向，在运球脚落地前用脚背外侧推拨球的后中部。

4. 接球

接球是指运动员用身体的有效部位，将运行中的球有目的地接控在所需位置上的动作方法。

（1）脚内侧接地滚球。

特点：接球平稳，可靠性强，动作灵活多变，用途广泛。

动作方法：支撑脚脚尖上对来球，膝关节微屈，同侧肩正对来球。接球腿提膝大腿外展，脚尖微翘，脚底基本与地面平行，脚内侧正对来球并前迎，当脚内侧与球接触的一刹那迅速后撤，把球接在脚下。

（2）脚掌接球。

特点：动作简单，控球稳定可靠，适用于接迎面地滚球或反弹球。

动作方法：身体正对来球方向，移动前迎，支撑脚站在球的侧面（或前或后均可），脚尖正对来球方向，膝关节微屈。同时接球腿提起，膝关节微屈，脚尖勾起，使脚底与地面约呈小于45°角（且脚跟离升地面），一般以前脚掌接触球的上部为宜。在触球瞬间接球脚可前脚掌下点将球停住，也可根据需要在接球的同时将球推向前方或拉向身后。见图4-15。

图4-15　脚掌接球

（3）大腿接球。

特点：接触球部位面积大，动作简单易做，适用于接有一定弧度的落降高球。

动作方法：面对来球方向，根据球的落点迅速移动到位，接球腿大腿抬起，当球与大腿接触的瞬间大腿下撤将球接到需要的位置上。

（4）挺胸式胸部接球。

特点：触球点高，面积宽，接球稳，适用于接胸部以上的高空球。

动作方法：面对来球站立（两脚左右或前后开立），两膝微屈，重心置于支撑面内，上体后仰，下颌微收，两臂自然张开，维持身体平衡。接触球瞬间，两脚蹬地，膝关节伸直用胸部轻托球的下部使球微微弹起于胸前上方。见图4-16。

图4-16　挺胸式胸部接球

5. 头顶球（前额正面头顶球）

特点：触球部位平坦，动作发力顺畅，容易控制出球方向。

（1）原地顶球。

动作方法：身体正对来球方向，眼睛注视运动中的球，两脚左右开立（或前后开立），膝关节微屈，重心置于两脚间的支撑面上（或后脚上），两臂自然张开，当球运行到将垂直于地面的垂线时，两腿用力蹬地，迅速向前摆体，微收下颌，在触球瞬间颈部做爆发式振摆，用前额正面击球中部，上体随球前摆。

（2）跳起顶球。

动作方法：两膝屈，重心下降，然后两脚用力蹬地起跳，同时两臂屈肘上摆，在身体上升阶段展腹挺胸，两臂自然张开，眼睛注视来球，身体自然呈背弓。当球运行至身体额状面时，迅速收腹，上体前摆，触球瞬间颈部做爆发式振摆，用前额正面将球顶出。同时两腿向前做振摆，球顶出后两腿屈膝屈踝落地。见图4-17。

图4-17　头顶球

6. 抢截球

（1）正面抢球。

动作方法： 抢球者两脚前后开立，迎着运球者而站，两膝微屈，身体重心下降并置于两脚间，当运球者与抢球者间的距离缩小到一定范围（即抢球者上前跨一大步可能触及球），运球者脚触球后即将落地或刚刚落地时，抢球者后脚用力蹬地并跨步向前，以脚内侧去堵截球，当已堵住球时，另一只脚应迅速上步。若抢球脚堵住球，对手也堵住球时，则抢球者应将另一只脚迅速前移做支撑脚，抢球脚在不脱离球的情况下迅速向上提拉，使球从对手脚面滚过，身体重心也迅速跟上并将球控制好。见图4-18。

（2）侧面合理冲撞抢球。

动作方法： 当防守者并肩与运球者跑动追球时，防守者重心稍下降，靠近对手一侧的手臂紧贴身体，利用对方同侧脚离地的过程，用肘关节以上部位适当冲撞对手同样部位，使对手身体失去平衡，趁机将球控制住。见图4-19。

图4-18 正面抢球

图4-19 侧面合理冲撞抢球

7. 原地掷界外球

动作方法： 两手手指自然张开，持球的后半部，两拇指靠近，虎口相对。两脚前后或平行开立，膝关节稍屈，将球举在头后，身体重心放在两脚上，上体后仰。掷球时，两脚蹬地，收腹屈体，同时两臂快速前摆，身体重心前移，手腕、手臂、腰和腹部同时用力将球掷出。见图4-20。

图4-20 原地掷界外球

8. 守门员技术

（1）准备姿势。

动作方法：两脚左右开立，约与肩同宽，两膝自然弯曲，身体略向前倾，两脚跟稍提起，重心放在前脚掌上，两臂自然弯曲，掌心向下，两眼注视来球。

（2）上手接球。

动作方法：接球时，两手自然张开，拇指相对，食指与拇指呈一"桃形"，要接触球的后中部，触球部位以手指为主，手掌上端轻微触球（掌心不能触球）。在接球的一刹那，两手要有缓冲动作，将球牢牢接在手中。见图 4-21。

图 4-21　上手接球

（3）下手接地滚球。

动作方法：分直立接球和单膝跪立接球两种。直立接球时，两脚要自然并拢，脚尖对准来球，上体前屈，两臂自然下垂，手指自然张开，手心向前，两手接球底部。接球后，两臂同时弯曲，并互相靠拢，将球抱至胸前。见图 4-22。

图 4-22　下手接地滚球

三、足球运动的保健知识

足球运动损伤是指运动员在足球运动过程中所发生的对身体的各种伤害。

1. 足球运动员损伤的特点

足球运动的损伤与其他运动损伤不同，有其自身特点和规律。足球运动是一项全天候运动，争夺激烈，猛烈的身体接触和凶狠冲撞较多，因而足球运动员的损伤发生率较高；足球运动技术复杂，加之脚的本体感受相对较差，且经常在非正常状态下进行工作，因而足球运动员的下肢容易受到损伤；足球比赛的剧烈，要求运动员需要进行长时间、大强度的系统训练，身体负荷较大，容易产生机能性疲劳损伤。

（1）常见损伤。足球运动员训练、比赛中常见的损伤是挫伤和擦伤，其次是

撕裂伤、关节的扭伤、大小腿肌肉的拉伤，胫、腓骨的碰伤，脚部、头、颈部和肘部以及锁骨的损伤也较为多见，损伤部位以膝关节、踝关节、大腿、小腿、足部以及髋部为主。

（2）损伤的原因。粗野及犯规是损伤的主要原因。

（3）损伤的预防。对运动员、教练员加强职业道德教育；加强技术训练，合理安排运动负荷；全面发展身体素质，尤其注意发展踝关节、膝关节及大腿、小腿肌群的力量和柔韧性；加强裁判执法工作，严格执行比赛规则。

2. 常见损伤的处理

（1）挫伤。受伤后应立即进行局部冷敷、外敷挫伤药等，适当加压包扎，并抬高患肢，以减少出血和肿胀。严重的及时送医院救治。

（2）擦伤。较轻擦伤，可以用生理盐水或其他药水冲洗伤部，涂抹红药水或紫药水。较大的擦伤应用生理盐水棉球清洗创面异物，用碘酒或酒精在伤口周围消毒，之后，撒上云南白药或纯三七粉，盖上凡士林纱布，适当包扎。

（3）拉伤。拉伤后立即采用氯乙烷镇痛喷雾剂等进行局部冷敷，加压包扎，并把患肢放在使受伤肌肉松弛的位置，以减轻疼痛，严重者立即送医院治疗。一般拉伤 48 小时后才能开始按摩。

（4）撕裂伤。处理时，轻者可先用碘酒或酒精消毒，然后用云南白药或其他药物和方法止血，再用消毒纱布覆盖，并适当加压包扎，严重者立即送医院治疗。

（5）关节扭伤。急救处理时，应仔细检查韧带是否部分撕裂或完全断裂，关节是否失去功能，注意以冷敷、加压包扎或固定关节为主，外敷活血止痛的药物，严重者立即送医院治疗。

（6）关节脱位。能够及时复位最好。如果不行，就做一下适当的固定，尽快送往医院。

（7）骨折。骨折有闭合性骨折、开放性骨折、复杂性骨折之分。急救时，如有休克、大出血等危及生命的并发症时，先抢救休克和大出血；骨折固定前尽可能不要移动伤肢；对开放性骨折的伤员要先止血，然后尽快送医院；固定伤肢的用具，长短宽窄要合适；固定的伤肢要注意保暖。

四、足球运动比赛的有关规则

1. 队员人数

上场比赛的两个队每队队员人数不得超过 11 人。

每队必须有一名守门员。

（1）每队在比赛时可有 1~2 名替补队员，如果是"友谊比赛"，可以有 5 名以下的替补队员。

（2）在经裁判员同意后，在比赛暂停时，替补队员可替换队员。

（3）只有在被替补队员下场后，替补队员才能上场。

（4）未经裁判员同意，任何队员不得上场或下场。

2. 比赛时间

比赛时间应分为两个相等的半场，每半场 45 分钟。特殊情况双方同意另定除外，并按下列规定执行：

（1）在每半场中由于替补、处理伤员、延误时间及其他原因损失的时间均应补足，这段时间的多少由裁判员决定。

（2）在每半场时间终了时或全场比赛结束后，如执行罚球点球，则应延长时间至罚完为止。除经裁判员同意外，上下半场之间的休息时间不得超过 5 分钟。

3. 比赛开始

（1）比赛开始前，应用投币方式选定开球或场地，先挑的一方应有开球或场地的选择权。比赛应在裁判员发出信号后，由开球队的一名队员将球踢入（即踢动放在比赛场地中央的球）对方半场开始。在球被踢出前，每个队员都应在本方半场内，开球队的对方队员还应当保持距球不少于 9.15 米；球被踢出后，须滚动到它自己的圆周距离时，才应认为比赛开始，开球队员在球经其他队员触或踢及前不得再次触球。

（2）在进一球后，应由负方一名队员以同样方式，重新开球继续比赛。

（3）下半场开始时，两队应互换场地，并由上半场开球队的对手开球。

4. 罚则

（1）任何违反本章规则的开球都应重开。如开球队员在球经其他队员触或踢及前再次触球，则应由对方队员在犯规地点重新开球。

（2）踢间接任意球。如队员在对方球门区内犯规，则这个任意球可以在球门区内的任何地点执行。

（3）开球不得直接射门得分。

（4）比赛如因本规则未规定的原因暂停时，球并未越出边线或球门线，则恢复比赛时，裁判员应在暂停时球所在的位置坠球，球着地即恢复比赛，如果比赛暂停时球在球门区内，则应在比赛暂停时球所在位置最近的、与球门线平行的球门区线上坠球，坠球时在球落地之前，队员不得触球，否则应由裁判员重新坠球。

5. 成死球的情况

当球不论在地面或空中全部越过球门线或边线时。

当比赛已被裁判员停止时。

6. 计胜方法

除规则另有规定外，凡球的整体从门柱间及横木下越过球门线，而并非攻方队员用手掷入、带入，故意用手或臂推入球门（守门员在本方罚球区内除外），均为攻方胜一球。在比赛中，胜球较多的一队为得胜队，如双方均未胜球或胜球

数目相等，则这场比赛应为"平局"。

7. 越位

（1）凡进攻队员较球更接近于对方球门线者，即为处于越位位置。下列情况除外：该队员在本方半场内；至少有对方队员两人比该队员更接近于对方的球门线。

（2）当队员踢或触及球的一瞬间，同队队员处于越位位置时，裁判员认为该队员有下列行为，则应判为越位：在干扰比赛或干扰对方；企图从越位位置获得利益。

（3）下列情况，队员不应被判为越位：队员仅仅处在越位位置；队员直接接得球门球、角球或界外掷球。

（4）队员被判罚越位，裁判员应判由对方队员在越位地点踢间接任意球。如果该队员在对方球门区内越位，那么这个任意球可以在越位时所在球门区内任何地点执行。

8. 犯规与不当行为

队员故意违反下列九项中的任何一项者，即踢或企图踢对方队员。绊摔对方队员，即在对方身后或身前，伸腿或屈体绊摔或企图绊摔对方。跳向对方队员。猛烈地或带有危险性地冲撞对方队员。除对方正在阻挡外，从背后冲撞对方队员。打或企图打对方队员或向对方吐唾沫。拉扯对方队员。推对方队员。用手触球，例如：用手或臂部携带、推击球（守门员在本方罚球区内除外）。

以上情况都应判由对方在犯规地点踢直接任意球。如犯规地点在对方球门区内，该任意球可以在球门区内任何地点执行。如果守方队员在本方罚球区内故意违反上述九项中的任何一项者，应判罚球点球。在比赛进行中，如守方队员在本方罚球区内故意违反上述九项中任何一项时，则不论当时球在什么位置，都应判罚球点球。

9. 任意球

任意球分两种：直接任意球（这个球可以直接射入犯规队球门得分）及间接任意球（踢球队员不得直接射门得分，除非球在进入球门以前曾被其他队员踢或触及）。

队员在本方罚球区内踢直接或间接任意球时，在球被踢出罚球区前，所有对方队员都应站在该罚球区外。当球滚至球的圆周距离，并出罚球区后比赛即为恢复。守门员不得将球接入手中后再踢出进入比赛，如球未被直接踢出罚球区，则应令重踢。队员在本方罚球区外踢直接或间接任意球时，所有对方队员在球被踢出前应至少距球 9.15 米，除非他们已站在自己的球门线上，当球滚动至球的圆周距离时，比赛即为恢复。如果对方队员在任意球踢出前，进入罚球区或距球少于 9.15 米，裁判员应令其退到规定的位置后，方可执行罚球。踢任意球时，须

将球放定。踢任意球的队员将球踢出后，在球经其他队员踢或触及前，不得再次触球。

罚则： 如踢任意球的队员在球被踢出后，经其他队员踢或触及前再次触球，则应判由对方队员在犯规地点踢间接任意球。如队员在对方球门区内犯规，则这个任意球可以在球门区内的任何地点执行。

10. 罚球点球

罚球点球应从罚球点上踢出，必须明确主罚队员。踢球时除主罚队员和对方守门员外，其他队员均应在该罚球区外及比赛场内，并至少距罚球点 9.15 米处。对方守门员在球被踢出前，必须站在两门柱间的球门线上（两脚不得移动）。主罚队员必须将球向前踢出；在其他队员踢或触及前不得再次触球。当球滚动至球的圆周距离时，比赛即为恢复。罚球点球可直接射门得分。当比赛进行中执行罚球点球，以及在上半场全场比赛终了而延长时间执行或重踢罚球点球时，如踢出的球触及任何一个门柱或两个门柱；或触及横木；或触及守门员；或连续触及门柱、横木或守门员而进入球门，只要没有犯规现象发生，均应判为胜一球。

罚则： 对违反本章任何规定者，应作如下处理：

（1）如守方队员犯规，则球未罚中应重罚。

（2）如踢罚球点球队员以外的攻方队员犯规，则球罚中无效，应重罚。

（3）如踢罚球点球队员在比赛恢复后犯规，则应由对方队员在犯规地点踢间接任意球。

11. 掷界外球

当球的整体不论在地面或空中越出边线时，应由出界前最后触球队员的对方队员，在球出界处掷向场内任何方向。

掷球时，掷球队员必须面向球场，两脚均应有一部分站立在边线上或边线外，不得全部离地，用双手将球从头后经头顶掷入场内。球一进场内比赛立即恢复。掷球队员在球被其他队员踢或触及前，不得再次触球。掷界外球不得直接掷入球门得分。

罚则：

（1）如球不按规定的方法掷入场内，应由对方队员在原处掷界外球。

（2）如掷球队员掷球入场后在球被其他队员踢或触及前再次触球时，应由对方队员在犯规发生地点踢间接任意球。如队员在对方球门区内犯规或在本方球门区内犯规，则应踢间接任意球。

12. 球门球

当球的整体不论在空中或地面从球门外越出球门线，而最后踢或触球者为攻方队员时，由守方队员在球门区内任何地点直接踢出罚球区恢复比赛。守门员不得将球接入手中后再踢出进入比赛。如球未被直接踢出罚球区，即未进入比赛，

应令重踢。踢球门球的队员在球被其他队员踢或触及前，不得再次触球。踢球门球不得直接射门得分。踢球门球时，对方队员在球被踢出罚球区前都应站在罚球区外。

罚则： 踢球门球的队员将球踢出罚球区后，在球被其他队员踢或触及前再次触球，应判由对方队员在犯规发生地点踢间接任意球。

13. 角球

当球的整体不论在空中或地面从球门外越出球门线，而最后踢或触球者为守方队员时，由攻方队员将球的整体放走。在离球出界处较近的角球区内踢角球。

踢角球时，不得移动角旗杆。角球可直接胜一球。踢角球队员的对方队员在球未进入比赛时，即球未滚动至球的圆周距离时，不得进入距球 9.15 米以内。踢角球队员在球被其他队员踢或触及前，不得再次触球。

罚则：

（1）踢角球的队员，在球被其他队员踢或触及前再次触球时，裁判员应判由对方队员在犯规发生地点踢间接任意球。

（2）如有任何其他犯规，角球均应重踢。

第四节　网球运动

一、网球运动发展概况

网球是 2 人或 4 人在中隔一网的场地上，用球拍往返拍击一个有弹性的橡胶小球的球类运动。

网球运动起源于法国，可以追溯到 12~13 世纪法国传教士在教堂的回廊里用手掌击球的游戏。13 世纪以后开始在法国、英国的宫廷中盛行，称为皇家网球。到 18 世纪资产阶级兴起后，网球运动才冲出了宫廷，逐渐流行于欧洲大陆，以后又在全世界范围内发展起来，成为一项深受人们喜爱的球类运动。19 世纪后期网球传入我国。解放后，特别是改革开放以来，我国网球运动得到了迅速的发展。1912 年 3 月 1 日法国、英国、澳大利亚等 12 国代表在巴黎开会成立了国际网球联合会。

近年来，随着我国国民经济的不断发展，在我国老年人和青年人中，特别是高等学校中，出现了"网球热"的势头，群众性的网球运动正在悄然兴起。网球这项体育运动一定会迅速普及和提高。

二、网球运动的基本技术

1. 握拍

分东方式、西方式、大陆式和双手握拍四种。目前，国内外专家一致公认东方式握拍为最好的握拍法。东方式握拍分为正手握拍和反手握拍两种。

（1）正手握拍法。将大拇指与食指间所形成的"V"字形对准拍柄右上斜面，手掌和第二掌指关节紧贴右垂直面，五指包绕拍柄，食指稍离中指，掌根基本与拍柄底部平齐。见图4-23。

（2）反手握拍法："V"字形需向左移动，对准拍柄左上斜面上缘，拇指直伸紧贴左垂直面，第二掌指关节紧贴右上斜面。见图4-24。

图 4-23　正手握拍　　　　　　　　图 4-24　反手握拍

2. 击球

（1）正手击球。正手击球的机会比较多，因而是网球运动中最基本、最主要的击球方式。其击球动作深长、有力，速度较快，也是最容易取胜的重要击球技术。正手和反手击球均有平击、切削和上旋等几种打法。平击球的速度快，力量大，球被击出后飞行弧线偏直，在地面反弹时较低，易于控制球路和球速。上旋的球飞行弧度高，下落快，反弹后跳的高，不易触网。下旋球产生下旋并向前飘行，落地后反弹很低。见图4-25。

（2）反手击球。反手击球是在底线附近回击来球和进攻对方必须掌握的基本技术。可分为单手和双手。见图4-26。

图 4-25　正手击球　　　　　　　　图 4-26　反手击球

3. 发球

发球是现代网球运动最重要的技术之一。基本上分为平击发球、切削发球和旋转发球三类。有效的发球应具有攻击性，并在速度、力量、旋转和落点方面有所变化。切削发球带有侧旋的特点，安全率较高，是一般选手常用的发球技术，它可用于第一发球或第二发球，也可用于单打或双打。平击发球几乎没有旋转，球速快、力量大，直线飞行，常用于第一发球，成功率虽然低，但一旦成功往往能直接得分。旋转发球带有侧上旋的特点，飞行弧度大，落地弹跳高，但技术难度相对较大，一般适用于高水平运动员的第二发球。

4. 接发球

接发球是网球运动中较难掌握的技术之一。这是因为接球员处于防守地位，球一发出，就需对发来的各种不同球速、落点和旋转的球作出快速的判断和反应，并且要选择各种适当的击球技术来完成接发球动作，而这些技术的运用，要比一般来回击球的难度要高。

5. 截击球

截击球是网前进行的一种攻击性击球方法，即在球落地之前，便将来球击回对方场地。它回击速度快、力量重、威力大，使对方难以应付，是迅速取胜的一种有效手段。截击球分为正手截击和反手截击两种。

6. 高压球

同截击球一样，属于上网击球技术，是用以对付对方挑高球的，其动作类似发球，在头部上空用扣杀动作还击来球。堪称击球中的一门"重炮"，是迅速制胜的锐利武器。采用高压球，合适的步法是前提，击球时不要迟疑。

7. 挑高球

挑高球技术在高水平的网球比赛中较少见，而在一般水平的网球比赛中运用较多。当一方在比赛中处于被动地位，而对手高压球水平也不很高的情况下，用挑高球来破坏对方的进攻节奏，使自己赢得时间回到有利的位置；或者挑球过顶，迫使对方退回底线救球，使自己上到网前，反守为攻。因此业余选手掌握此技术很有必要。

8. 随机球

随机球是一种上网前的综合击球技术。即球的落点一般在发球线附近时，就得上前击球，并随球上网。打好随机球，对于上网抢攻得分是至关重要的。

9. 放短球

放短球就是把球刚好"吊"过网。短球放的好，可迫使疲劳的对手从底线上网，而又够不着球。放短球要求多采用手腕动作，带有削击的特点。在一般情况下，放短球有一定的危险性，因此，应用放短球技术要谨慎。

10. 反弹球

反弹球技术是一种难度大的击球技术。比赛中，通常是对方将球击到另一方的脚下，这是既不能向前击凌空球，又来不及退后打落地球，非得在离地面很近处看球刚刚弹起时打。因此反弹球往往是在万不得已的情况下运用的一项高难技术。反弹球节奏快，借力打，球速快，掌握此项技术，往往能在比赛中变被动为主动，使对方因仓促还击而失分。打反弹球注意力要更多地集中在击球时机上，后摆稍短，身体重心要低些。

三、网球运动的保健知识

1. 肩膀

网球运动员用于向内侧旋转肩膀的肌肉（胸大肌、前三角肌、腹外斜肌）通常与比用于向外旋转的肌肉（后三角肌、脊下肌）强壮三分之一。每次当你发球或正手击球时所用的都是向内旋转的肌肉群，这使得它们变得愈加结实，所以通常用于外向旋转的肌肉群需要通过锻炼与之平衡才能避免受伤。

肩部调整锻炼：一手拿哑铃，单膝跪在椅子上，另一手支撑保持平衡，背部要平，慢慢将手中哑铃平举，将重心移至身体中心，如此往复。以 10~15 次为一组，做三组。

2. 前臂和手腕

前臂和手腕中较优势的肌肉群要比占劣势的强壮百分之三十。其中使手腕向内的前旋肌要比使手腕向外的后旋肌强壮百分之四十，这种不平衡是由于发球和平击抽球时的手掌内旋造成的。

前臂和手腕调整锻炼：坐姿，脚踩一根弹性较弱的练习橡皮筋，右手轻松放置右腿上，手心朝下握住橡皮筋，左手手心向下放在右前臂上保持稳定，在右臂不离开右腿的情况下努力抬起右手，保持一秒钟。每只手重复 15 次。

3. 腿

用于发球和发力向前追球时的四头肌要比腘肌强壮一倍。这种不平衡倒不必担心，这是每个运动员都有的比例。

腿部调整锻炼：可以利用蹲坐锻炼四头肌。在肩部放重量适当的杠铃。单腿笔直前伸，使两腿呈 90°，然后保持背部垂直挺身，直到成站立姿势。15 次为一组。

4. 躯干

因为网球选手每次抽球时都收缩腹肌，所以他们的腹肌通常比后背肌要强壮得多，这和普通人刚好相反。

躯干调整锻炼：面朝下俯卧，向前伸展双臂，同时向上抬腿和双臂，保持 5 秒钟，如此往复 20 次左右。

5. 肋斜肌

所谓肋斜肌是指髋部上方肋部的腹肌，它们的收缩使躯干旋转。打网球使得两侧的肋斜肌都很强壮，因为需要正手和反手的击球。正是因为这些肌肉提供了开放式步法所需的旋转，所以网球运动员应该经常锻炼它们。

肋斜肌调整锻炼：平躺在地，屈膝。双手握住网球拍在身体同侧，双臂抬斜划过身体，同时抬升躯干。做 20 次后换边。

四、网球运动比赛的有关规则

1. 发球

（1）发球前的规定。发球员在发球前应先站在端线后、中点和边线的假定延长线之间的区域里，用手将球向空中任何方向抛起，在球接触地面以前，用球拍击球（仅能用一只手的运动员，可用球拍将球抛起）。球拍与球接触时，就算完成球的发送。

（2）发球时的规定。发球员在整个发球动作中，不得通过行走或跑动改变原站的位置，两脚只准站在规定位置，不得触及其他区域。

（3）发球员的位置。每局开始，先从右区端线后发球，得或失一分后，应换到左区发球。发出的球应从网上越过，落到对角的对方发球区内，或其周围的线上。

（4）发球失误。未击中球；发出的球，在落地前触及固定物（球网、中心带和网边白布除外）；违反发球站位规定。

发球员第一次发球失误后，应在原发位置上进行第二次发球。

（5）发球无效。发球触网后，仍然落到对方发球区内，接球员未做好接球准备，均应重发球。

（6）交换发球。第一局比赛终了，接球员成为发球员，发球成为接球。以后每局终了，均依次互相交换，直至比赛结束。

2. 通则

（1）交换场地。双方应在每盘的第 1、3、5 等单数局结束后，以及每盘结束双方局数之和为单数时，交换场地。

（2）失分。发生下列任何一种情况，均判失分。

1）在球第二次着地前，未能还击过网。

2）还击的球触及对方场区界线以外的地面、固定物或其他物件。

3）还击空中球失败。

4）故意用球拍触球超过一次。

5）运动员的身体、球拍在发球期间触及球网。

6）过网击球。

7）抛拍击球。

（3）压线球。落在线上的球都算界内球。

3. 双打

（1）双打发球次序。每盘第 1 局开始时，由发球方决定由何人首先发球，对方则同样地在第 2 局开始时，决定由何人首先发球。

第 3 局由第 1 局发球方的另一球员发球。第 4 局由第 2 局发球方的另一球员发球。以下各局均按此次序发球。

（2）双打接球次序。先接球的一方，应在第 1 局开始时，决定何人先接发球，并在这盘单数局，继续先接发球。双方同样应在第 2 局开始时，决定何人接发球，并在这盘双数局继续先接发球。他们的同伴应在每局中轮流接发球。

（3）双打还击。接发球后，双方应轮流由其中任何一名队员还击。如运动员在其同队队员击球后，再以球拍触球，则判对方得分。

4. 计分方法

（1）胜 1 局。每胜 1 球得 1 分，先胜 4 分者胜 1 局。双方各得 3 分时为"平分"，平分后，净胜两分为胜 1 局。

（2）胜 1 盘。一方先胜 6 局为胜 1 盘。双方各胜 5 局时，一方净胜两局为胜 1 盘。

（3）决胜局计分制。在每盘的局数为 6 平时，有以下两种计分制。

1）长盘制：一方净胜两局为胜 1 盘。

2）短盘制：决胜盘除外，除非赛前另有规定，一般应按以下办法执行。先得 7 分者为胜该局及该盘（若分数为 6 平时，一方须净两分）。首先发球员发第 1 分球，对方发第 2、3 分球，然后轮流发两分球，直到比赛结束。第 1 分球在右区发，第 2 分球在左区发，第 3 分球在右区发。每 6 分球和决胜局结束都要交换场地。

（4）短盘制的计分。

1）第 1 个球（0∶0），发球员 A 发 1 分球，1 分球之后换发球。

2）第 2、3 个球（报 1∶0 或 0∶1，不报 15∶0 或 0∶15），由 B 发球，B 连发两分球后换发球，先从左区发球。

3）第 4、5 个球（报 3∶0 或 1∶2，2∶1，不报 40∶0 或 15∶30，30∶15），由 A 发球，A 连发两球后换发球，先从左区发球。

4）第 6、7 个球（报 3∶3 或 2∶4，4∶2 或 1∶5，5∶1 或 6∶0，0∶6），由 B 发 1 分球之后交换场地，若比赛未结束，B 继续发第 7 个球。

5）比分打到 5∶5，6∶6，7∶7，8∶8……时，需连胜两分才能决定谁为胜方。但在记分表上则统一写为 7∶6。

6）决胜局打完之后，双方队员交换场地。

第五节 乒乓球运动

一、乒乓球运动发展概况

1926 年，国际乒乓球联合会正式成立，并决定举行第一届世界乒乓球锦标赛。从 1926 年到 1951 年，世界各国选手大都使用表面有圆柱形颗粒的胶皮拍。击球时增加了弹性和摩擦力，可以使球产生一定的旋转，因而出现了削下旋球的防守型打法。20 世纪 50 年代初，奥地利人发明了海绵球拍，日本运动员道德在世界比赛中使用，并一举夺得第十九届世界锦标赛的四项冠军，打破了欧洲运动员的垄断地位。由于日本运动员利用这种球拍创造的远台长抽进攻型打法，具有正手攻球力量大、速度快、发球抢攻威胁大等优点，因而速度慢、旋转弱、攻击力不强的欧洲防守型打法被逐渐取代，使日本夺得了 50 年代乒乓球运动的优势，1952 年到 1959 年，在 49 项次世界冠军中，日本队夺得 24 项次，占 47%。这是乒乓球运动水平的第一次大提高。

1959 年，中国团获得了第二十五届世界乒乓球锦标赛男子单打冠军后，中国运动员开始登上了国际乒坛。逐渐形成了以"快、准、狠、变"为技术风格的直拍近台快攻打法。在 1961 年第二十六届世界锦标赛中，中国队既过了欧洲关，又战胜了远台长抽加秘密武器——"弧圈球"打法的日本选手，第一次夺得了男子团体世界冠军。并连续获得第二十七、二十八届男子团体冠军。60 年代，中国乒乓球技术水平位于世界最前列，乒乓球运动的优势由日本转移到中国。这是乒乓球运动水平的第二次大提高。

在日本、中国乒乓球运动发展的同时，欧洲运动员从失败中总结经验教训，经过近二十年的努力，终于取日本弧圈球技术和中国近台快攻打法之长，创造出适合于他们的先进打法，即以弧圈球为主结合快攻的打法。代表人物是匈牙利的克兰帕尔和约尼尔。以快攻为主结合弧圈球的打法，是以正反手快攻为主要技术，用反手快拨、快攻力争主动，以正手拉弧圈球寻找机会扣杀为得分手段。这两种打法的特点是放置较强、速度快、能拉能打、低拉高打、回旋余地较大。乒乓球运动又被推进到放置和速度紧密结合的新高度。这是乒乓球运动水平的第三次大提高。

20 世纪 70 年代以来，由于国际交往和学习研究的加强，各种打法互取长短，使乒乓球技术得到了更快的发展和提高。现在，乒乓球已发展成为各国人民喜爱的运动项目之一。国际乒乓球联合会也已拥有 127 个会员协会，是世界上较

大的体育组织之一。由国际乒联和各大洲乒联举办的世界锦标赛、世界杯赛、洲际比赛及各种规模和形式的国际比赛不胜枚举。1982 年，国际奥委会关于从1988 年起把乒乓球列为奥运会正式比赛项目的决定，必将引起世界各国对乒乓球运动的进一步重视，推动乒乓球运动更快的发展。

二、乒乓球运动的基本技术

1. 握拍法

握拍法即指单手持球拍的方法。世界上流行着直式和横式两种握拍方法，两种握法各有千秋 ，实践时应因人而异，扬长避短。

（1）直式握拍法。正面拇指第一指节和食指第二指节握拍，拍柄压住虎口（两指间距离适中），背面中指，无名指和小指自然弯曲斜形重叠，中指第一指节顶住球拍的后上部使球拍保持平稳。

（2）削攻型握法。正面拇指自然弯曲紧贴拍柄左侧，第一指节用力下压，其余四指自然分开托住球拍背面。见图 4-27。

（3）横式握拍法。中指、无名指和小指自然地握住拍柄，拇指在球拍正面轻贴在中指的旁边，食指自然伸直斜放于球拍的背面，虎口轻微贴拍，击球时拇指和食指帮助手腕调节拍形和加力挥拍作用。正手攻球时食指向上移动，反手攻球时拇指向球拍中部移动帮助手腕下压加大击球力量。见图 4-28。

图 4-27　削攻型握法　　　图 4-28　横式握拍法

2. 准备姿势

击球前后，身体保持的合理姿势即为准备姿势。合理恰当的准备姿势有助于判断来球，及时移动到位，运用各种基本技术完成击球动作。

动作要点：两脚开立约与肩宽，两膝微屈稍内扣以前脚掌内侧着地，身体重心在两脚中间，上体微前倾，下颌微收，两眼注视来球，持拍手臂自然弯曲手腕放松，球拍自然后仰置于腹前，左手自然弯曲抬起高于台面。

3. 基本步法

步法训练不能忽视，灵活的步法是抢占合理位置熟练运用各种手法击球的前提。

（1）单步。以一脚为轴，另一脚向前后左右移动一步。

（2）跨步。以来球同方向的脚向侧跨出一大步，另一脚再跟着移动一步。

（3）跳步。以一脚蹬地，两脚同时离地向前后左右跳动。

（4）侧身步。以左脚为轴，右脚向左右移动一步，或左脚先向左跨一步，右脚向左后移动一步。

（5）交叉步。以来球方向的脚向来球方向移动一大步，另一脚随着移动一步。

基本步法的重点、难点是判断及时，脚快蹬，步法灵活移重心。

4. 发球与接发球

乒乓球比赛是从发球和接发球开始的，两者的好坏都能直接得分或失分，因此要重视发球和接发球技术的练习。

（1）发球的动作要点（以右手为例）。

1）反手平击发球。站位左半台离台 30 厘米，右脚稍前身体略向左转，左手掌心托球，右手持拍于身体左侧。持球手轻轻向上抛球，同时持拍手向后引拍，上臂自然靠近身体右侧，待球下落低于球网时，持拍手以肘关节发力，由左后向右前挥拍击球中部，拍面稍前倾，第一落点在本台中区。

2）正手平击发球。站位中近台偏右左脚稍前，身体稍右转，球向上抛起，持拍手由右后向前挥动。其余同反手平击发球。

3）反手发急球。准备姿势同反手平击发球。抛球同时持拍手向左后方引拍，待球下落到网高时，持拍手由左后向右前加速挥拍，拍面稍前倾，以前臂和手腕发力为主击球中上部，第一落点靠近本方端线，第二落点在对方端线附近。

4）反手发右侧上（下）旋球。站位和准备姿势同反手平击发球。抛球同时持拍手向左后引拍，用前臂带动手腕向右前上方挥动，拍面逐渐向左稍前倾，拇指压拍手腕内转从球的中部向右侧上摩擦，第一落点本方端线，第二落点对方左角。若发落点短的球时，前臂向前力量减小而增强手腕摩擦力量，第一落点本方中区；若发下旋球，击球时拇指加力压拍，使拍面略后仰从球的中部向侧下摩擦。

5）正手发左侧上（下）旋球。站位左半台，抛球同时持拍手迅速向右上方引拍，身体随即向右转，手臂自右上方向左下方挥摆，球拍从球的右侧中下部向左侧面摩擦，若发左侧下旋球时，手臂自右上方向左前下方挥摆，拍从球的右侧中部向左侧下部摩擦，第一落点本方端线附近。

6）正手发奔球。站位近台左脚稍前，身体略向右转，两膝微屈上体稍前倾，持拍手自然放于身前。抛球同时拍手向右后上方引拍，手腕放松拍面较垂直，待球下落至与网同高时，上臂带动前臂由右后方向左前方挥摆，腰同时向左扭转。击球刹那拇指压拍的左侧，手腕同时从后向前使劲抖动，球拍沿球的右侧中部向侧上摩擦，第一落点本方端线，第二落点对方右角。

7）正手发短球。同发奔球，其区别是触球刹那突然减力并向左下切球，第一落点本方中区，第二落点对方近网处。

（2）接发球的动作要点。视对方发球站位而定的接发球站位要恰当，判断来球的旋转性能、飞行弧度，落点要准确，移动回击手法要适当。

（3）发球的重点、难点是发球手法、发球的隐蔽性和准确的第一落点。接发球的重点、难点是正确判断来球的旋转性能、飞行弧度和落点。

5. 挡球与推挡球

挡球是初学者首先应学习的一项基本技术。推挡球是我国近台快攻传统打法的独特技术。

动作要点（以右手为例）：

1）挡球。近台中偏左站位左脚稍前，屈膝提踵含胸收腹，重心在前脚掌上，持拍手置于腹前，上臂靠近身体右侧，球拍半横状。前臂和手腕顺来球路线向前伸出主动迎球，上升期击球中部，拍面与台面几乎垂直，拍触球后立即停止，迅速还原成准备姿势。

2）推挡球。近台中偏左站位右脚稍前，击球时提起前臂上臂后收肘部贴近身体，在上升时期或高点期击球中上部。击球时适当用伸髋转腰动作加大手腕发力，并用中指顶住拍背向前用力。

挡球与推挡球的重点与难点是正确的拍面、身体的协调配合和准确的线路落点。

6. 攻球

攻球从大的动作结构来讲，可分为正手攻球和反手攻球两大类。攻球是快速进攻最重要的一项技术，杀伤力强，是解决战斗的关键技术。

动作要点（以右手为例）：

1）正手攻球。近台中偏右站位左脚稍前，身体斜对球台，持拍手自然放松置于腹前，拍半横状。顺来球路线略向右侧引拍，约与台面齐高，拍面与台面约成 80°，前臂与台面基本平行。当球从台上弹起，持拍手由右侧向左前上方挥动，以前臂快速内收发力配合手腕内转沿球体做弧线挥动，在上升期击球的中上部，击球位置在身体右前方一前臂距离处。

2）反手攻球。站位近台右脚稍前，持拍手自然弯曲置于腹前偏左，重心偏于左脚。顺来球线路向后引拍。当球从台上弹起，持拍手由左后向右前上加速挥拍，前臂发力为主，手腕外转，拍面前倾，重心移至右脚，左右胸前击球上升时期的中上部。

攻球的重点、难点是挥拍发力和正确恰当的击球点。

7. 搓球

搓球是近台还击下旋球的一种基本技术，特点是站位近、动作小，回球多在台内进行，也是初学削球必须掌握的入门技术。

动作要点（以右手为例）：

1）慢搓。近台站位右脚稍前，持拍手臂自然弯曲。击球时用前臂和手腕向前下方用力，拍面后仰，在下降期击球中下部。

2）快搓。站位及击球方法与慢搓相同，击球时拍面稍横立避免出界或回球过高。

搓球的重点与难点是前臂和手腕的挥拍路线和用力方法。

8. 削球

削球是我国乒乓球传统手法之一，也是乒乓球防守技术之一，削球技术正在向转、稳、低、攻方向发展。

动作要点（以右手为例）：

1）正手远削。站位中台左脚稍前，上体稍向右转重心落于右脚，持拍手臂自然弯曲于腹前。顺来球方向向右上方引拍与肩同高，拍面后仰。当球从台上弹起时，持拍手上臂带动前臂由右上向左前下方加速切削，手腕向下转动用力，在右侧离身体40厘米处击准下降期球的中下部，并顺势前送。见图4-29。

2）反手远削。中台站位右脚稍前，上体左转重心落于左脚，持拍手自然弯曲放松置于胸前。顺来球路线向左上方引拍约与肩高，拍柄向下。当球弹起时持拍手从左上方向右前下方挥动，拍面后仰，用前臂和手腕加速用力切削，球拍在胸前偏左30厘米处击准下降期球的中下部，并顺势挥至右侧下。削球的重点与难点是手臂、腰、腹和腿的协调用力。见图4-30。

图4-29 正手远削　　图4-30 反手远削

9. 乒乓球综合技术

（1）左推右攻。左推右攻打法是以近台正手攻球为进攻，以反手推挡为防守和助攻的主要手段，其风格是"快，准，狠，变，转"。

动作要点：站位近台中偏左，判断准确及时，移动抢占合理的击球位置，用适当的击球手法回击来球（见前述的推挡球和正手攻球）。

左推右攻的重点与难点是灵活熟练地移动步法和正确击球手法的协调配合。

（2）推挡侧身攻。推挡侧身攻是用推挡压住对方反手或中路，然后侧身攻击的一种方法。

动作要点：站位近台偏左，左右脚替换要及时适当，身体右转舒展适宜，击球手法要正确。推挡侧身攻的重点难点是右脚向左脚后面移动熟练，侧身舒展保持正确的击球点。

（3）发球抢攻。发球抢攻是快攻型打法利用发球力量争取主动和先发制人的主要手段。

动作要点： 发球手法正确，采用配套发球；移动转换快，手法和脚步协调配合，攻击果断有力。发球抢攻的重点与难点是发球多变、急、刁、转，手法和步法协调配合，攻击果断有力。

三、乒乓球运动的保健知识

1. 环境检查

球台四周要较宽敞，不要有太近的障碍物，以免运动中受到伤害；地面要干燥，水要及时拖干，防止滑倒受伤。

2. 做好准备活动

运动前应做一些专门性练习，如慢跑、徒手操，活动各关节、韧带、肌肉，使人体能适应乒乓球运动的各项要求。

3. 控制运动负荷

对于中老年人应避免进行竞技性的比赛，因为随着竞技程度的加剧，运动强度也会升高很多，这对于心脏功能较弱的人来讲，可能会产生不良影响，应引起足够的重视。因此要根据个人体质、体能状况妥善控制，避免过度疲劳，一般每次练习 30~40 分钟，心率在 120~130 次/分，就可以达到锻炼效果。对于有心血管疾病的患者，则另当别论。

4. 做好整理放松活动

运动后及时进行整理放松运动，可采取慢跑、四肢放松摆动、局部按摩等多种措施。整理活动时间一般为 5~10 分钟。

5. 防止运动损伤

乒乓球运动时，腕、肘、肩、腰部用力较大，常易引起手腕关节肌腱牵引过度及肩关节周围的腱鞘炎，其他如膝关节、腰部也会因运动不当而引起损伤，因此要循序渐进，运动量由小到大，要掌握正确的打球方法，避免引起损伤。

四、乒乓球运动比赛的有关规则

1. 发球

（1）发球开始时，球自然地置于不持拍手的手掌上，手掌张开，保持静止。

（2）发球时，发球员须用手将球几乎垂直地向上抛起，不得使球旋转，并使球在离开不执拍手的手掌之后上升不少于 16 厘米，球下降到被击出前不能碰到任何物体。

（3）当球从抛起的最高点下降时，发球员方可击球，使球首先触及本方台区，然后越过或绕过球网装置，再触及接发球员的台区。双打中，球应先后触及

发球员和接发球员的右半区。

（4）从发球开始到球被击出，球要始终在台面以上和发球员的端线以外，而且不能被发球员或其双打同伴的身体或衣服的任何部分挡住。

（5）在运动员发球时，球与球拍接触的一瞬间，球与网柱连线所形成的虚拟三角形之内和一定高度的上方不能有任何遮挡物，并且其中一名裁判员要能看清运动员的击球点。

2. 击球

对方发球或还击后，本方运动员必须击球，使球直接越过或绕过球网装置，或触及球网装置后，再触及对方台区。

（1）失分。以下情况均判失分：未能合法发球；未能合法还击；击球后，该球没有触及对方台区而越过对方端线；阻挡；连击；用不符合规则条款的拍面击球；运动员或运动员穿戴的任何物件使球台移动；运动员或运动员穿戴的任何物件触及球网装置；不执拍手触及比赛台面；双打运动员击球次序错误；执行轮换发球法时，发球一方被接发球一方或其双打同伴，包括接发球一击，完成了 13 次合法还击。

（2）一局比赛。在一局比赛中，先得 11 分的一方为胜方；10 平后，先多得 2 分的一方为胜方。单打的淘汰赛采用七局四胜制，团体赛中的一场单打或双打采用五局三胜制。

（3）次序和方位。

1）在获得 2 分后，接发球方变为发球方，以此类推，直到该局比赛结束，或直至双方比分为 10 平，或采用轮换发球法时，发球和接发球次序不变，但每人只轮发 1 分球。

2）在双打中，每次换发球时，前面的接发球员应成为发球员，前面的发球员的同伴应成为接发球员。

3）在一局比赛中首先发球的一方，在该场比赛的下一局中应首先接发球，在双打比赛的决胜局中，当一方先得 5 分后，接发球一方必须交换接发球次序。

4）一局中，在某一方位比赛的一方，在该场比赛的下一局应换到另一方位。在决胜局中，一方先得 5 分时，双方应交换方位。

（4）间歇。在局与局之间，有不超过 1 分钟的休息。在一场比赛中，双方各有一次不超过 1 分钟的暂停。每局比赛中，每得 6 分球后，或决胜局交换方位时，有短暂的时间擦汗。

（5）竞赛方法。已经举办过的 5 届奥运会乒乓球比赛，竞赛方法大同小异，但均不完全相同，主要是采用分组预选和单淘汰加附加赛或排名淘汰赛加附加赛的方式。

第六节 羽毛球运动

一、羽毛球运动发展概况

1. 羽毛球运动的起源

14~15 世纪时的日本，当时的球拍为木质，球是樱桃核插上羽毛做成。这种游戏时兴的时间不长便消失了。18 世纪时，印度的蒲那城，出现类似今日羽毛球活动的游戏，以绒线编织成球形，上插羽毛，人手持木拍，隔网将球在空中来回对击。

现代羽毛球运动诞生于英国。1873 年，在英国格拉斯哥郡的伯明顿镇有一位叫鲍弗特的公爵，在庄园里进行了一次"蒲那游戏"的表演。因这项活动极富趣味性，很快就流行开来。此后，这种室内游戏迅速传遍英国，"伯明顿"（Badminton）即成为英文羽毛球的名字。

2. 羽毛球运动的发展

1877 年，第一本羽毛球比赛规则在英国出版。

1893 年，在英国成立了世界上第一个羽毛球协会。1899 年，该协会举办了第一届"全英羽毛球锦标赛"，每年举办一次，沿袭至今。

羽毛球运动从斯堪的纳维亚到英联邦各国，20 世纪初流传到亚洲、美洲、大洋洲，最后传到非洲。

1934 年，成立了国际羽毛球联合会，总部设在伦敦。

1939 年，国际羽毛球联合会通过了各会员国共同遵守的《羽毛球竞赛规则》。

20 世纪 20~40 年代欧美国家的羽毛球运动发展很快，其中英国丹麦、美国、加拿大的水平相当高。20 世纪 50 年代亚洲羽毛球运动发展很快，马来西亚取得两届汤姆斯杯赛冠军。同时印度尼西亚队在技术和打法上有所创新很快取得了霸主地位。20 世纪 60 年代以后羽毛球运动的发展逐渐移向亚洲。

1981 年 5 月，国际羽毛球联合会重新恢复了中国在国际羽联的合法席位，从此揭开了国际羽坛历史上新的一页，进入了中国羽毛球选手称雄世界的辉煌时代。

在 1988 年汉城奥运会上羽毛球被列为表演项目，在 1992 年巴塞罗那奥运会上羽毛球被列为正式比赛项目。从此羽毛球运动进入新的发展时期。

二、羽毛球运动的基本技术

1. 握拍技术

（1）正手握拍技术（以下介绍的所有基本技术均以右手握拍者为例，左手持

拍者则反之）。一切在身体右侧的正手正拍面击球及头顶后场击球都用正手握拍法，正手握拍技术的动作要领是：①先用左手握住球拍的中杠，使拍框与地面垂直。②张开右手，使虎口对准拍柄斜棱上的第二条棱线，此时眼睛从左至右可同时看见四条棱线，然后用近似握手的方法握住拍柄，拇指和食指贴在拍柄两侧的宽面上，其余的三指自然握住拍柄。③拍柄与掌心不要握紧，应留有空隙。握拍的位置可视个人的情况而定。④握拍力度适宜，恰似握着一个鸡蛋，重则破损，轻则滑落。

（2）反手握拍技术。一切在身体左侧的反手反拍面击球都用反手握拍法，反手握拍技术的动作要领是：①在正手握拍的基础上，将球拍柄稍向外旋，拇指顶贴在拍柄第一斜棱旁的宽面上，也可将大拇指放在第一、二斜棱之间的小窄面上，食指稍向下靠。②击球时，靠食指以后的三指紧握拍柄，同时拇指前顶发力击球。③为了便于发力，掌心与拍柄间要留有充分的空隙。

（3）练习步骤是：①让握拍手自由转动拍柄后，按照正确的技术动作要领，用肉眼观察由握拍手独立调整完成正手握拍动作或反手握拍动作。②通过反复练习，逐渐过渡到不用肉眼观察，全凭手上的感觉便可完成正确握拍。③在实战中，视来球的各种不同角度和方向，握拍手可自如地选择正手或反手握拍法击球，握拍力度应适宜。

2. 发球技术

在羽毛球比赛中，任何一个球的竞技都始于发球，发球质量高可有效地陷对手于被动，为得分创造条件，甚至可直接得分。就发球的姿势而言，有正手发球、反手发球之分。人们可视自己的习惯或战术的需要来选用正手或反手发球，一般情况下，单打中多采用正手发球，而在双打、混合双打中常用反手发球。就球飞行的角度和距离而言，可将其分为后场高远球、后场平高球、后场平射球和网前小球四种。

无论用何种方式发球，在把握好发球时机的同时，还要注意发球动作的隐蔽性、突变性、落点多样性等特点。

（1）正手发球技术。正手发球是在身体的右侧采用正拍面击球的一种发球方式，在实战中被广泛采用。正手发球可根据不同的战术需要发出不同的球，如后场高远球、后场平高球、后场平射球和网前小球等不同弧度的球。见图4-31。

图4-31 正手发球

1）正手发后场高远球。正手发后场高远球是用正手握拍法，以正拍面将球击得又高又远，球飞行到对方的端线上空后突然改变其方向，呈垂直线落至端线（底线）附近的一种发球，由于球处于对方

端线，可有效地调动对方并削弱其进攻的威力。在单打中这种发球被普遍采用。

2）正手发后场平高球。正手发后场平高球是用正手握拍法，以正拍面击出飞行弧度较发后场高远球低的一种发球。球飞行的高度以对方跳起无法拦截为佳。由于球飞行弧度不高，速度相对就快，是单打战术中具有一定进攻性的发球。双打中若与发网前小球配合使用，则可以增加对方接发球的难度。

3）正手发后场平射球。正手发后场平射球是用正手握拍，以正拍面击出飞行弧度较正手发后场平高球还要低的一种发球。球的飞行弧度几乎是擦网而过，直射对方后场。由于速度极快，故突击性很强，是单、双打中发球抢攻战术常用的一种发球。在比赛中，在发球方有准备而接发球方无准备的情况下，这种发球以它的快速、突变，立即陷接发球方于被动。

4）正手发网前小球。正手发网前小球是用正手握拍以正拍面击球，使球轻轻擦网而过，落在对方前发球线附近的一种发球。由于它的飞行弧度低、距离短，可以有效地限制对方直接进行强有力的进攻，是单、双打中较常见的一种发球。在双打中，由于双方场上的移动范围较单打相对要小，对发网前小球的质量要求更高，如球过网稍高，对方可通过扑、推而直接进行接发球抢攻。所以双打中发网前小球时的站位可适当接近前发球线，引拍动作摆幅小，击球时拍面击球的摩擦力及击球的角度要控制好，在规则允许的范围内提高击球点，尽量使球贴网而过，以削弱对方接发球的威力。

（2）反手发球技术。反手发球技术是在身体的左前方用反拍面击球的一种发球方式。同正手发球技术一样，用反手同样能发出各种不同弧度的球；与正手发球不同的是，反手发球时动作的力臂距离相对要小，发球时对球的控制力更强，加之反手发球动作更具一致性、隐蔽性和突然性，因此在比赛中，尤其是在双打比赛中被广泛采用。在实战中，发球方根据双打战术的特点和需要，常以发反手后场平高球、后场平射球和网前小球为主。

1）反手发后场平高球。用反手握拍，以反拍面击出同正手发后场平高球飞行弧度一样的球，称为反手发后场平高球。

2）反手发后场平射球。用反手握拍，以反拍面发出与正手发后场平射球同样飞行弧度的球，称为反手发后场平射球。

3）反手发网前小球用反手握拍，以反拍面击出与正手发网前小球飞行弧度一样的球，称为反手发网前小球。

三、羽毛球运动的保健知识

打球前，尤其是比赛前，必须做好充分的热身运动，在天冷季节尤为重要。

注意正规步伐的练习，养成习惯性的"羽球"步伐可减少受伤。能做到不用低头看脚就能跑到位，并同时加强手臂力量训练。

尽量找机会和高手打球，可以让高手击球前喊出球的落点，练习用正规步伐跑位，养成习惯。

和水平接近的对手打球时，一定要根据自身的实际情况打球，切忌打"疲劳球"、"赌博球"，人疲劳时，精力不宜集中，较容易受伤，做到"锻炼、提高第一，比赛第二"。

打球时一定要穿"羽毛球鞋"和"羽毛球袜"。"羽毛球鞋"有专门设计的保护脚趾和脚踝的功能；"羽毛球袜"和普通的运动袜也是不同的，很厚，可起到缓冲与增强摩擦的作用。打羽毛球时，最忌随便穿鞋袜。

受到干扰时要注意保护自己，并向前倾斜收回身体，双打打球时切记不能回头，以防击中人体面部。

打完球要马上用干毛巾擦去汗水，换上干衣服，预防感冒。

羽毛球运动的普及程度越来越高。但是，多数爱好者都是没有经过专业人员指导，凭自己的感觉和习惯打球。殊不知，不注意动作规范、科学，长期以错误的姿势打球，很容易造成运动损伤。羽毛球运动的损伤绝大部分属于软组织损伤，主要涉及肌肉、筋膜、肌腱、腱鞘、关节囊与韧带等。

四、羽毛球运动比赛的有关规则

1. 基本规则一

（1）球场。球场应是一个长方形，用宽 20 毫米的线画出。场地线的颜色最好是白色、黄色或其他容易辨别的颜色。测试正常球速区域的 4 个 40 毫米 × 40 毫米的标记，应画在单打发球区边线内沿，距端线 530 毫米和 990 毫米处。这些标记的宽度均包括在所画的尺寸内，即距端线外沿 530~570 毫米和 950~990 毫米。所有场地线都是它所确定区域的组成部分。如果面积不够画出双打球场，可画一单打球场，端线也为后发球线，网柱或代表网柱的条状物应放置在边线上。

（2）网柱。从球场地面起，网柱高 1.55 米。网柱必须稳固地同地面垂直，并使球网保持紧拉状态，网柱应放置在双打的边线上。如不能设置网柱，必须采用其他办法标出边线通过网下的位置。例如，使用细柱或 40 毫米宽的条状物固定在边线上，垂直向上到网顶绳索处。在双打球场上，不论进行的是双打还是单打比赛，网柱或代表网柱的条状物，均应置于双打边线上。

（3）球网。球网应是深色、优质的细绳织成。网孔方形，各边长均为 15~20 毫米。网上下宽 760 毫米。网的顶端用 75 毫米的白布对折而成，用绳索或钢丝从夹层穿过。白布边的上沿必须紧贴绳索或钢丝。绳索或钢丝须有足够的长度和强度，能牢固地拉紧并与网柱顶部取平。球场中央网高 1.524 米，双打边线处网高 1.55 米。球网的两端必须与网柱系紧，它们之间不应有空隙。

（4）羽毛球。羽毛球可由天然材料、人造材料或用它们混合制成。只要球的

飞翔性能与用天然羽毛和包裹羊皮的软木球托制成的球的性能相似即可。羽毛球应有 16 根羽毛固定在球托部。羽毛长 64~70 毫米，且每一个球的羽毛从托面到羽毛尖的长度应一致。羽毛顶端围成圆形，直径为 58~68 毫米。羽毛应用线或其他适宜材料扎牢。球托直径 25~28 毫米，底部为圆形。羽毛球重 4.74~5.50 克。用合成材料制成裙状或羽毛。由于合成材料与天然羽毛在比重、性能上的差异，尺寸和重量可允许不超过 10% 的误差。球的检验：验球时，站在端线外，用低手向前上方全力击球，球的飞行方向须与边线平行；一个具有正常速度的球，应落在离对方端线 530~990 毫米之间的区域内。非标准球：只要球的一般式样、速度和飞翔性能不变，经有关国家组织批准，可以变通以上条款。

（5）球拍。球拍由拍柄、排弦面、拍头、拍杆、连接喉组成整个框架。拍柄是击球者握住球拍的部分。拍弦面是击球者用于击球的部分。拍头界定了拍弦面的范围。拍杆的部件连接拍柄与拍头。连接喉（如果是这样的结构）连接拍杆与拍头。拍头、连接喉、拍杆和拍柄总称拍框。拍框总长度不超过 680 毫米，宽不超过 230 毫米。拍弦面应是平的，用拍弦串起拍头十字交叉或其他形式编织而成。编织式样应保持一致，尤其是拍面中央的编织密度不得小于其他部分。拍弦面长不超过 280 毫米，宽不超过 220 毫米。不论拍弦用什么方式拉紧，规定拍弦伸进连接喉的区域不超过 35 毫米，连同这个区域在内的整个拍弦面长不超过330 毫米。球拍不允许有附加物和凸出部，除非是为了防止磨损、断裂、振动，或调整重心的附加物，或预防球拍脱手而将拍柄系在手上的绳索；但尺寸和位置应合理。不允许改变球拍的规定式样。

2. 基本规则二

（1）运动员。"运动员"系指所有参加比赛的人。双打比赛以两名运动员为一方，单打比赛以一名运动员为一方。有发球权的一方叫发球方，对方叫接发球方。

（2）掷挑边器。比赛前，双方应掷挑边器。先发球或先接发球。一个场区或另一个场区。输方在余下的一项中作出选择。

（3）交换场区。第一局结束；第三局开始前；第三局中或只进行一局的比赛中，当领先的一方得分为 11 分一局的 6 分或 15 分一局的 8 分时。运动员未按规定交换场区，一经发现立即交换，已得分数有效。

思考题：

1. 简述排球的竞赛规则。

2. 篮球运动中投篮的技术动作有哪些？

3. 足球运动中有哪些常见损伤，如何处理？

4. 网球运动中有哪些握拍手法？

5. 简述羽毛球运动中正手发高远球的方法。

第五章 体育旅游运动

    体育旅游是以体育资源为基础，通过各种体育活动来规划、设计、组合引起人的消费欲望与需求，进而参加与感受体育活动和大自然情趣的一种旅游形式。旅游者的异地体育亲身体验是体育旅游的本质特征和发展方向，以参与体育活动为主要目的的旅游活动，是体育健身与旅游的结合。体育和旅游既是无穷无尽的全民健身资源，又是全民健身的重要途径和基本方式。体育和旅游只有充分发挥健身资源优势，服务于全民健身，提高人民的健康水平，才能真正实现人与自然的和谐发展。当前，随着物质水平的提高，人们对生活质量的要求也越来越高，但万变不离其宗，"健康第一"是主要目的，随着人们经济水平的提高和体育旅游业的快速发展，越来越多的人喜欢以各种形式参与各种各样的体育旅游健身活动，以达到健身、休闲、娱乐等目的。人们性别、年龄、学历、职业、居住环境和经济状况的不同，对体育旅游健身运动的需求也各有差别，总体趋势是人们虽然对体育旅游健身缺乏了解，但有参与体育旅游健身的强烈愿望。体育旅游健身的特性就是能更好地促进人们身心健康、缓解和消除疲劳、增强体质、防范"文明病"，它是一个令人兴奋的话题，是 21 世纪最具吸引力的朝阳产业。不同人群对体育旅游项目的喜爱程度受不同社会特征的影响。如青少年中喜欢野外探险、滑雪、漂流、野营、攀岩、潜水等项目的人较多，而中老年人中喜欢垂钓、民族体育等项目的人较多。本章重点介绍几项当前热门的体育旅游项目，通过对这些项目的学习和锻炼，可以消除疲劳、放松心情，缓解身体和心理上的紧张，取得机体平衡发展的效果。

第一节 攀岩运动

    攀岩运动也属于登山运动，攀登的对象主要是岩石峭壁或人造岩墙。攀登时不用工具，仅靠手脚和身体的平衡向上运动，手和手臂要根据支点的不同，采用各种用力方法，如抓、握、挂、抠、撑、推、压等。攀岩时要系上安全带和保护

绳，配备绳索等以免发生危险。最早的攀岩者当然是远古的人类，可以想见的是，他们为了躲避猎食者或者是敌人，而在某个危急的时候纵身一跃，从而成就了攀岩这项运动。而人类最早的攀登记录，是公元 1492 年法国国王查理三世命令手下去攀登一座石灰岩塔，高度为 304 米，当时他们就带着简单的钩子和梯子，凭着经验和技巧登顶成功。那次攀登成为历史上第一个有记录并使用装备的攀岩事件。然而之后长达几百年的时间里，历史上一直没有再留下人类新的攀登记录。一直到了 17 世纪中期，人们攀登高山的活动开始重新被记载下来。冰河地形以及雪山成为这些早期登山者主动迎接的挑战，而他们的足迹遍布了阿尔卑斯山区。在 1850 年，登山者已经发展出一些简单的攀登工具，以帮助他们通过岩壁和一些冰河地形。比如有爪的鞋子和改良过的斧头和木斧，这些都是现在冰爪和冰斧的前身。在阿尔卑斯山区，有另外一些人尝试不过多依赖工具，而是运用他们自己的身体来攀登高山。

一、攀岩运动的分类

攀岩运动一般根据攀岩的地点、攀岩的形式、比赛的形式、比赛的性质进行分类。

1. 按地点分类

攀岩运动按照地点基本可以分为自然岩壁攀登和人工岩壁攀登两种形式。

自然岩壁攀登指在野外攀爬天然生成的岩壁。自然岩壁攀登可以接近自然，充分体会攀岩的乐趣；岩壁角度、石质的多样性带来攀登路线的千变万化；由于岩壁固定，路线公开且可长期保留，所以自然岩壁的定级可经多人检测对比，成为攀岩定级的主要依据。但是野外岩场地处偏僻，交通不便，时间和金钱花费都较大；路线开发也比较费力。路线开发时间长后会老化。

人工岩壁攀登指在人工制造的攀岩墙上攀登，包括室内攀岩馆和室外人工岩壁。人工岩壁攀登对攀岩者来说安全性较高；交通方便，省时省力；不可预见因素少，可以定期训练或进行专项训练；人员密集，便于交流切磋；另外，人工岩壁可以对路线进行保密性设置从而成为攀岩比赛的主要形式。但是此形式缺少特殊地形，创意性少，自由发挥余地小；支点的可调性使得人工岩壁路线常变，定级主观性更强，准确度偏低，相对自然岩壁线路问题会比较尖锐，人工线路难度越大对力量要求越高。

2. 按攀登形式分类

攀岩运动按照攀登形式基本可分为自由攀登、器械攀登、顶绳攀登和先锋攀登四种形式。

自由攀登是指不借助主绳、快挂、铁锁等保护器械的力量，只靠自身力量攀爬。此种攀登形式在我国占主导地位，较符合体育的含义范畴，考验人体潜能。

器械攀登是指借助器械的力量攀登。在大岩壁攀登中较为常用，对于难度超过攀登者能力范围的路线有时也借助器械通过。其意义存在于攀登者的项目目标和活动历程中而不在于攻克难度动作。器械攀登对器械操作的要求较高。

顶绳攀登是指在岩壁上端预先设置好保护点，主绳通过保护点进行保护，攀登者在攀登过程中不需进行器械操作。它的特点是安全，脱落时无冲坠力，适合初学者使用。但对岩壁的要求苛刻，岩壁必须高度合适（8~20 米）且路线横向跨度不大，由于需要绕到顶部进行预先操作，架设和回撤保护点的工作都比较繁琐。

先锋攀登是指路线预先打上数个膨胀钉和挂片，攀登过程中将快挂扣进挂片成为保护点并扣入主绳保护自己，攀登者需要边攀登边操作。先锋攀登在欧洲尤其在法国最为盛行，它比传统攀登安全性高，可以降低心理恐惧对攀爬的影响，从而全力以赴突破生理极限，挑战最高难度；另外，在角度较大或横向跨度较大的路线中，先锋攀登方式比顶绳保护有更大的便利，可以让攀登者脱落后很容易地重新回到脱落处，对难点进行反复练习。

3. 按比赛形式分类

攀岩运动按照比赛形式基本可分为：难度攀岩、速度攀岩、抱石比赛和室内攀岩四种形式。

难度攀岩在比赛中，队员下方系绳保护，带绳向上攀登并按照比赛规定，有次序地挂上中间保护挂索。比赛岩壁高度一般为 15 米，线路由定线员根据参赛选手水平设定，通常屋檐类型难度较大。

速度攀岩如同田径比赛里的百米比赛充满韵律感和跃动感，按照指定的路线，以时间区分优劣。

抱石比赛线路短小，难度较大，需要较好的爆发力和柔韧性。比赛设置结束点和得分点，抓住得分点并做出一个有效动作得分，双手抱住结束点 3 秒得分。比赛一般有 4~6 条线路，一条线路 5 分钟时间。判定名次首先看结束点的多少，如果结束点同样多看得分点数量，最后看攀爬次数。

室内攀岩是在一个高而大的房间内设置不同角度、不同难度的人工岩壁，在上面装有许多大小不一的岩石点，供人用四肢借助岩点的位置，手攀脚登。室内攀岩的难易程度可由人直接控制。岩壁也分为人工岩壁和天然岩壁。人工岩壁是人为设置岩点和路线的模拟墙壁。可在室内和室外进行攀岩技术的训练，难易程度可随意控制，训练时间比较灵活，但高度和真实感有限。天然岩壁是大自然在地壳运动时自然形成的悬崖峭壁，给人的真实感和挑战性较强，可自行选择攀岩的岩壁和攀岩路线及攀登地点，而且天然岩壁的路线变化丰富。

4. 按照比赛性质分

攀岩运动按照比赛性质可分为速度攀岩、难度攀岩和大圆石攀岩，世界上每年都有这三类运动的比赛。

速度攀岩是指上方系绳保护，运动员按指定路线进行速度攀登的比赛。运动员按完成比赛路线所用的时间来决定每轮比赛的名次。

难度攀岩是以攀岩路线的难度来区分选手成绩优劣的攀岩比赛。结果是以在规定时间里选手到达的岩壁高度来判定的。

大圆石攀岩的岩石高度不得超过 4 米，每条路线不超过 12 个支点。攀登时运动员不系保护绳，每次比赛需要选择 10 条路线攀登。

二、攀岩运动的基本要领

攀岩运动的基本要领对于这个运动项目来说是至关重要的，是参加此项目必须要掌握的内容。

1. 抓

用手抓住岩石的凸起部分。

2. 抠

用手抠住岩石的棱角、缝隙和边缘。

3. 拉

在抓住前上方牢固支点的前提下，小臂贴于岩壁，抠住石缝隙或其他地形，以手臂和小臂使身体向上或向左右移动。

4. 推

利用侧面、下面的岩体或物体、以手臂的力量使身体移动。

5. 张

将手伸进缝隙里，用手掌或手指张开以此抓住岩石的缝隙作为支点，移动身体。

6. 蹬

用前脚掌内侧或脚趾的蹬力把身体支撑起来，减轻上肢的负担。

7. 跨

利用自身的柔韧性，避开难点，以寻求有利的支撑点。

8. 挂

用脚尖或脚跟挂住岩石，维持身体平衡使身体移动。

9. 踏

利用脚前部下踏较大的支点，减轻上肢的负担，移动身体。

三、攀登技术的分类

根据不同的地貌特点，可将攀登技术分为岩石作业和冰雪作业两大类，其中，岩石峭壁的攀登技术简称攀岩技术。攀岩是从登山活动中派生出来的一项运动。登山者即使选择最容易的路线攀登几千米的高峰，在途中也免不了要遇到一些悬崖峭壁，所以说攀岩也是登山运动的一项基本技能。

四、攀岩的基本方法——三点固定法

攀登岩石峭壁时身体要自然放松，以 3 个支点稳定身体重心，而重心要随攀登动作的转换移动，这是攀岩能否稳定、平衡、省力的关键。一个优秀攀岩运动员的攀登技术发挥得好坏，关键是两腿的力量是否能充分利用。只靠手臂力量攀登不可能持久。

1. 身体姿势

要想身体放松就要根据岩壁陡缓程度，使身体和岩壁保持一定距离，靠得太近，会影响观察攀岩路线和选择支点。但在攀登人工岩壁时要贴得很近。在自然岩壁攀登时，上、下肢要协调舒展，攀岩要有节奏，上拉、下登要同时用力，身体重心一定要落在脚上，保持面向岩壁、三点固定支撑、直立于岩壁、三点固定支撑、直立于岩壁上的攀登姿势

2. 手臂的动作

手在攀登中是抓住支点、维持身体平衡的关键，手臂力量的大小直接影响攀登的质量和效果。因此，一个优秀的攀岩运动员必须有足够的指力、腕力和臂力。对初学者来说，在不善于充分利用下肢力量的情况下，手臂的动作就显得更为重要了。手臂如何用力，在人工岩壁攀登和自然岩壁攀登时情况不同，前者要求第一指关节用力抠紧支点的同时，手腕要紧张，手掌要贴在岩壁上，小臂也要随手掌紧贴岩壁而下垂，在引体时，手指（握点）有下压抬臂动作，其动作规律是，重心活动轨迹变化不大，节奏更为明显。但攀登自然岩壁时其动作就变化很大，要根据支点不同采用各种用力方法，如抓、握、挂、抠、扒、捏、拉、推压、撑等。

3. 脚的动作

脚的动作要领是，两腿外旋，大脚趾内侧贴近岩面，两腿微屈，以脚踩支点维持身体重心，在自然岩壁支点大小不一和方向不同的情况下，要灵活运用。但要切记，膝部不要接触岩石面，否则会影响到脚的支撑和身体平衡，甚至会造成滑脱而使膝部受伤。另外，在用脚踩支点时，切忌用力过猛，并要掌握用力的方向。

4. 手脚配合

凡优秀攀岩运动员，上、下肢力量是协调运用的。对初学者或技术还不熟练的运动员来说，上肢力量显得更为重要，攀登时往往是上肢引体，下肢蹬压抬腿而移动身体。如果上肢力量差，攀登时就容易疲劳，表现为手臂无力，酸疼麻木，逐渐失去抓握能力。失去抓握能力后，即使有好的下肢力量，也难以继续维持身体平衡。所以学习攀岩，首先要练好上肢力量，上肢又要以手指和手腕、手臂力量为主，再配合以脚腕、脚趾以及腿部的力量，使身体重心随着用力方向的不同而协调地移动，手脚动作的配合也就自如了。

五、攀岩的装备

攀岩的装备器材是攀岩运动的一部分，是攀岩者的安全保证，尤其在自然岩壁的攀登中。因此，平时要爱护装备并妥善保管。攀岩装备分为个人装备和攀登装备。

1. 个人装备

包括安全带、下降器、安全铁锁、绳套、攀岩鞋、安全头盔、镁粉和粉袋等。攀岩用安全带与登山安全带有所不同，属于专用，并不适合登山，但登山用安全带可在攀岩时使用。我国大部分攀岩者多使用登山安全带，这是因为国内没有攀岩安全带生产厂家，而攀岩爱好者又常是登山人，于是两种安全带也就混用了。8字环下降器是最普遍使用的下降器。安全铁锁和绳套是攀登过程中休息或进行其他操作时自我保护之用的。一块小小的石块落下来，砸在头上就可能造成极大的生命危险，因此头盔是攀岩的必备装备。攀岩鞋是一种摩擦力很大的专用鞋，穿起来可以节省很多体力。当手出汗时，抹一点粉袋中装着的镁粉，立刻就不会滑手了。

2. 攀登装备

指绳子、铁锁、绳套、岩石锥、岩石锤、岩石楔，有时还要准备悬挂式帐篷。铁锁和绳套是连接保护点，下方保护攀登法必备的器械。岩石锥是固定于岩壁上的各种锥状、钉状、板状金属材料做成的保护器械，可根据裂缝的不同而使用不同形状的岩石锥。岩石锤是钉岩石锥时使用的工具。岩石楔是与岩石锥的作用相同但可以随时放取的固定保护工具。当准备在岩壁上过夜时使用的帐篷，须通过固定点用绳子固定保护起来悬挂于岩壁。

3. 其他装备

包括背包、睡具、炊具、炉具、小刀、打火机等用具，视活动规模、时间长短和个人需要携带。

第二节　漂流运动

驾着无动力的小舟，利用船桨掌握好方向，在时而湍急时而平缓的水流中顺流而下，在与大自然抗争中演绎精彩的瞬间，这就是漂流，一项勇敢者的运动。

在我国，漂流运动的起步较晚，大多数的水上漂流活动还仅仅停留在小范围的对自然河段的利用上，而真正开发出来的商业性河流资源还比较少。随着人们户外活动项目的不断拓展和技术技能的不断提高，也许在不久的将来，漂流也能

作为一项竞技性的运动给人们带来更多的刺激和欢乐。漂流运动从 20 世纪 50 年代起在中国开展，并在短时间内取得了很大的进步，尤其是女子四人皮划艇，就选手抗衡的能力而言，中国漂流运动正越来越受到世界的瞩目。在国内许多著名的江河中已开展起皮划艇的竞赛和橡皮艇的旅游，随着此项目在中国的普及和开展，中国的漂流也将会在不远的将来被越来越多的人所喜爱。

一、漂流的基本常识

现在国内较为多见的漂流主要是竹筏漂流、橡皮筏漂流，还有一些较为特殊的如黄河陕西、甘肃段羊皮筏漂流，等等。用作漂流的工具不同，要注意的事项也不一样。但是有一点是一样的，所谓漂流，显然是离不开水的。所以漂流时穿着要尽量简单、易干，但不要太薄或色彩太淡，鞋子最好是选择凉鞋，最好不要携带怕水的贵重物品，比如高级相机等，以防损坏丢失。要穿好救生衣。许多漂流的地方水都会很凉，所以不要随便下水。进行探险性漂流时，不仅要做一个出色的舵手，能在重重的旋涡中穿梭自如，而且还要学习如何在野外生存，掌握如何选择宿营地、如何寻找食物等野外生存技能。

激流在大小和形状方面各不相同。一些是短的、突然出现的一大股水，而另一些是半英里长的一泻而下的水。在河流的某些地段，水面由于错综复杂分布的巨石的影响而扩宽成缓慢流动的水面；在狭窄的悬崖缝中，则挤压而下。有些通道是直的；另一些通道则狭长扭曲，使主流与崖壁碰撞；一些有着一般的斜度但不被确定为上游河水；另一些则有着和上游河水完全不同的巨大的落差，以至于像一条地平线一样横跨在河流中。不同之处不可尽数；但形成这些不同的原因却只有几个：斜度——河床顺流而下的斜度；平整度——受石块、边缘形状以及砾石形状影响的河床表观；构造——河床的宽窄度；体积——顺流而下的水量。

二、漂流注意事项

漂流的时期为每年的 4~10 月。出发时，最好携带一套干净的衣服，以备下船时更换，同时最好携带一双塑料拖鞋，以备在船上穿。漂流时不可携带现金和贵重物品上船，若有翻船或其他意外事情发生，漂流公司和保险公司不会赔偿游客所遗失的现金和物品；若感觉机会难得一定要带相机的话，最好带价值不高的傻瓜相机，事先用塑料袋包好，在平滩时打开，过险滩时包上，而且要做好丢入水中的思想准备。

上船第一件事是穿好救生衣，找到安全绳；在天气气温不高的情况下参加漂流，可在漂流出发地购买雨衣；漂流船通过险滩时不要随便乱动，应紧抓安全绳，收紧双脚，身体向船体中央倾斜；若遇翻船，完全不用慌张，要沉着，因为穿有救生衣；不得随便下船游泳，即使游泳也应按照船工的意见在平静的水面

游，不得远离船体独立行动；

三、漂流工具的种类

漂流的河段不同，可选择的工具也不同。一般来说，橡皮筏适用范围最广，也最普遍、最常用；小木船适用于河道较直、少弯道礁石的河段；竹排则适用于风平浪静的河段。橡皮筏的适应性非常强，即使遭遇落差较大的瀑布或是险峻的河谷，也总能化险为夷。因为橡皮材料柔韧性能好，又有充气囊可以以柔克刚，一般的礁石奈何不得，一般也不用游客操心，漂流过程中自有舵工负责，舵工的主要任务就是把握好方向和平衡，遇到急流险滩和礁石时能妥善处理。橡皮筏上一般配有几片桨板，在平缓河段时，可在舵工指导下过一把以桨划水的瘾。竹筏（或称竹排）一般不宜在急流险滩中使用，容易被卡住或翻沉，但在风平浪静时漂行，却韵味十足。当然，这已经不是严格意义上的漂流了。小木船介于橡皮筏与竹筏之间，适应性比橡皮筏稍弱，其操作技术比橡皮筏要难一些，一般可坐8人漂流。乘坐橡皮筏或小木船都切忌站立或走动，必须注意保持船体平衡。

漂流之前要换上泳衣，以防衣服被浪花打湿，同时必须穿好救生衣。漂流之前，一定要视自己身体状况而定是否可行，老弱病残者切勿轻易尝试。贵重物品最好不要带去漂流，随身携带的物件可用塑料袋装好，系在安全绳上。一旦遭遇险情，首先不要惊慌，应在舵工指导下大家齐心协力共渡难关。倘若不幸被抛入水中，会游泳的人应尽量向岸边游，不会游泳的人尽量抓住河中的礁石或橡皮筏的安全绳，等待救援。

四、漂流的技术方法

漂流是一种体能与胆量的挑战，在寻求刺激、享受快乐的同时，要注意安全，并掌握一些技巧。漂流过程中，由于全程跌水区及大落差区很多，不要携带怕沾水的东西，以避免掉落或损坏。戴眼镜者应事先用橡皮筋把眼镜系上。必须全程穿着救生衣，防止不注意的时候翻艇。在漂流的过程中需注意沿途的箭头及标语，有助于提早警觉跌水区。在下急流时，要抓住艇身内侧的扶手带，坐在后面的人身子略向后倾，双人保证艇身平衡并与河道平行，顺流而下。当艇受卡时不能着急站起，应稳住艇身，找好落脚点后才能站起。

五、漂流时应对紧急情况的措施

漂流是一项与自然环境交融的自助旅游活动，由于需在情况不明的激流中乘漂艇，因此，了解关于漂流的情况及安全须知是必要的。

这里介绍几种在河上特殊的自救和救生技巧，如果所有的船员都熟悉这些程序，并能冷静快速地操作，这些紧急情况就不会变得严重。

1. 游过急流

游过急流尽管被认为是危险的,但却真的可以变得很有趣。应该平静面对急流,用脚避开前面的岩石。向后轻轻斜靠,让桨为自己把握方向。在大的波浪中深呼吸然后屏住呼吸面对泡沫状的浪尖,一直等到急流进入岸边旋涡或退回船上。最可怕的是挤在船和岩石之间。因此要远离船,特别是在顺流的一侧。然后举起桨求救。一把竖直举起的桨标志着告诉别的船只这里有一个人在船上。冰冷的水在不到十分钟的时间就可耗尽游泳者的力气,应特别小心。应对经过远程游泳的人实施针对体温过低和受到冲击的救护。

2. 与岩石碰撞

如果发现不能避开岩石(这种情况确实存在),可以在碰撞前调转船头或让船头撞上岩石。掉转船头将轻轻旋转船,绕开岩石;让船头撞上岩石将立即让船停下,可使你通过一些旋转来调整航线。如果船侧有岩石,全体船员最好在碰上之前,立即跳到离岩石最近的船侧。船员的重量将会让顺流船绕开岩石,逆流则流得更高。通过探测水前方的岩石,推开它让船员转到后面,划动桨,跳跃式站在船底或许也有帮助。

3. 沉陷(现代的自排水船不会沉陷)

如果以上的情形(与岩石相撞)导致沉陷,就应用绳子从岸上寻求帮助。一条这样的船常常被几吨的力量缠绕,但通常有一处没有这么严重。用一根粗绳绕成 D 形环,穿过水道(有必要可在前面打个孔),或船后面的船架。可以用一个拉力系统(由蝴蝶状的环或卡宾轮组成)帮助提升。尽力拉起船,离开水域,用船头或船尾的绳帮助拉向岸边。如果以上所有努力失败,则让人和东西都在岸边排成一条线,等水位改变。在激流探险中让船沉陷是最危险的,应牢牢记住每个人的人身安全比让船远离岩石更重要。

4. 陷在旋涡里

除非船凭着很大的惯性冲过旋涡,否则卷曲的波浪会撞回到船上而使它停下来,水也会立即灌进舱内,常常让船猛烈地旋转乃至倾斜。一些旋涡甚至会掀翻船,当然这并非很常见,因为船会因浸泡而加重。立即进入顺流的水中以避免可能发生的倾覆!措施是用桨或橹划动顺流的水以从旋涡中脱身而出,尽管旋涡表层的水通常都是逆流,其实在其下层及旋涡的旁侧都有水流,万不得已,用岸上的绳子也可把船从旋涡中拖出来。

5. 倾覆

由诸如大的旋涡、波浪、单侧的波涛及障碍(如石头和倒下的枯树等)所引发的。当遇到此种情况时,首先要试着跳开以避免撞击到障碍上。如果确定不会陷入船与石头之间的逆流中,应该尽量地浮在水面上,或者上岸避开这一段急流水域。全程尽量保持与同伴一起行动,如果有人失踪,应检查船下以确定他是否

被绳索或衣物缠住（这就是为什么必须确保没有松散的绳套）不要担心装备，首要的是确定每个人的安全。由于从倾覆的船内游向岸边非常困难，所以通常会需要其他船只的帮助，这应该在远离急流的平静水面来操作。救援船只逆水接近，捞起倾覆船只的一条缆绳，再把它牵往岸边，其余船只也应该沿途搭救落水者并尽可能快地清点人数。救护的对象按先后顺序依次是：自己；船上的其他乘员；装备。

6. 靠岸

急流与瀑布是不可避免的，在无人的急流区系上救生绳以帮助船驶过。并在岸上对船保持密切的控制，切记不可将绳索套在自己身上，在绳上打个结或将绳绕在树上都可有助于实现对船的控制。靠岸的时候务必带上所有随身物品。

第三节　高尔夫运动

高尔夫球是一种在幽美环境中进行的高尚娱乐活动，因为这种运动的设备昂贵，所以在一些国家又叫它"贵族球"。高尔夫球是一种以棒击球入穴的球类运动。如今，高尔夫球运动已经成为贵族运动的代名词。

一、高尔夫运动的起源与发展

高尔夫球起源于 15 世纪的苏格兰。当时的牧羊人常用赶羊的棍子玩一种击石子的游戏，比比谁击得远、击得准，这种游戏后来就演变成为高尔夫球。19 世纪，高尔夫球传入美国。1922 年，世界上第一次国际性比赛是美国对英国的"沃克杯"高尔夫球对抗赛。高尔夫球于 20 世纪初被引入中国。高尔夫球运动是在室外广阔的草地上进行，设 9 或 18 个穴。运动员逐一击球入穴，以击球次数少者为胜。比赛一般分单打和团体两种。1860 年，英格兰举行了最早的高尔夫球公开赛。在这一年中，印度、加拿大、新西兰、美国等国家也相继举办比赛，继而进行国际、洲际乃至世界性的比赛。现在的世界杯、英格兰和美国公开赛这三项比赛，可以说是高尔夫球的最高水平的竞赛。

二、高尔夫运动的场地

高尔夫球场一般设在风景优美的草坪上，中间需要有一些天然或人工设置的障碍，如高地、沙地、树木、灌丛、水坑、小溪等。球场的形状没有统一的标准。9 个球洞的场地面积为 3034 平方米；18 个球洞的场地面积为 6400 平方米。球洞直径 10 厘米，深约 10.5 厘米。每个球洞的旁边插一面小旗，距离洞口 100 米或 500 米处设一个发球点。

三、高尔夫运动比赛的有关规则

1. 基本规则

参赛者务必在公平的条件下进行比赛。比赛过程中必须要能客观地处理对自己有利的状况。以击球方式将球打进洞。

所谓打高尔夫球最基本原则就是将一颗球自球台连续打击至其进洞为止。简而言之，即是由第一杆开始，接着第二、第三杆，重复地击球，将球打进洞，除此之外便别无他法。若是拿着球移动，或是利用投掷、滚地等方法，都是违反规则的。当球被击出后，不论是在何种状态下行进，都应该等到球处于静止状态后才可继续进行比赛，此乃高尔夫不变的法则，绝对不可触摸或挪动球的位置，亦不能为求便于挥杆而改变周遭的环境。

2. 球杆数只限十四支

在正规的竞赛中，每位选手只能携带十四支以内的球杆参赛，球杆若少于十四支时可补充到十四支。比赛中可更换损坏或不堪使用的球杆，但以不耽误比赛为原则；而且不论补充或更换球杆，皆不得向球场上任何一位参赛者借用。球杆一旦借出后，直至比赛终止，借出的球杆将供借用者使用，借出的一方不得使用之。

3. 球的位置的有关规定

球的位置是所有比赛规则的一个基本出发点，所以为了保证自己对比赛规则有充分的了解，避免因犯规而失利，一定要记住以下有关规定：当整个球处在界外时，球为出界；判断标准是界线柱最内侧的点在地面上的连线，或有些情况下为边界线；当球的任何部分接触到水障碍区标记线时，球就是处于水障碍区了。要记住标志柱本身也是水障碍区的一部分；当球的任何部分接触到果岭时，球就是位于球洞区了，如果球在果岭边缘，有一部分突出于果岭之外，则不能算是在球洞区；如果球的任何部分位于发球区内，则应视为在发球区内架球。发球区是一个长方形的区域，宽度为两个球杆的长度，前面和侧面由发球区标记的外界限来决定。

4. 成绩的计算

高尔夫运动被称为绅士运动，当技术水准不同的球友会聚在一起比赛时，为了使比赛更公平、更具竞争，水平高的球友要让水平较差的球友，如何计算每一位球员的多少，即让分点出现了差点。最常用的差点计算方法是平均法，即差点 = 五次比赛的平均成绩 – 标准杆。

四、比赛注意事项

参加高尔夫比赛的最大禁忌就是迟到。若是与朋友间的比赛迟到，定会被列为最不受欢迎的球友；若是正式比赛场合中迟到，轻则受罚，重则丧失比赛资

格。迟到的罚则可依比赛形式分为两种；比杆赛中对迟到者处罚两杆；比洞赛则判第一洞输球。比赛迟到是参赛者的一大忌，应该极力避免。

五、运动精神

与许多其他运动项目不同，高尔夫球运动大多是在没有裁判员监督的情形下进行的。这项运动依靠每个参与者主动为其他球员着想和自觉遵守规则的诚实和信用。不论对抗多么激烈，所有球员都应当自觉约束自己的行为，在任何时候都表现出礼貌谦让和良好的运动精神。这就是高尔夫球运动的精髓所在。

1. 安全

球员在击球或进行练习挥杆时，应确保球杆可能击打到的地方及可能因击球或挥杆而被球或任何石块、小石子、树枝等打到的地方及其附近无人站立。在前面一组球员还没有走出球的射程可及范围之前，球员不应当打球。球员的击球可能会危及附近或前方的球场管理人员时，球员应当随时提醒有关人员。如果球员打球后球飞向可能会击中别人的方向，球员应当立即高声喊叫进行警告，在该场合告警的惯用语是"看球"。

2. 为其他球员着想

不要干扰或影响他人。球员在球场上要始终为其他球员着想，不应以走动、讲话或制造不必要的噪声干扰他人打球。球员应当确保自己带到球场的任何电子用品不会对其他球员造成影响。在发球台上，轮到自己发球之前球员不应先架球。当其他人准备打球时，球员不应站在球或球洞附近或站在球或球洞的正后方。

3. 对球场的保护

在离开沙坑前，球员应仔细地平整好他在沙坑内造成的所有坑穴和足迹以及他人在附近造成的坑穴和足迹。如果沙坑附近有沙耙，应当使用沙耙进行平整。

4. 避免不必要的损伤

球员应当避免对球场造成伤害，如在进行练习挥杆削起草皮，或因生气及其他任何原因用球杆杆头砸击地面。球员应严格遵守当地有关驾驶高尔夫球车的注意事项。

第四节　台球运动

一、台球运动的发展

台球运动至今已有五六百年的历史，关于台球的起源众说纷纭，目前尚无确

切考证资料。但到 18 世纪末，台球作为一种游戏在英国民间已很是盛行。19 世纪初，世界上第一个公共台球室在伦敦开设。最早的台球，桌面上只有两个白球，之后法国人觉得缺少挑战性，就增添了一个红球并改进打法。再往后英国人又将其发展成为在今天十分流行的落袋台球。现在的台球已发展成多种多样：有俄式落袋台球、英式落袋台球、开伦台球、美式落袋台球和斯诺克台球，其中斯诺克台球应用最为普遍，而且被官方认可，已成为一项比赛项目。

台球于一百年前传入我国，现在各大娱乐场所似乎都少不了它。21 世纪初，中国人将当时较为主流的美式台球、英式台球及花式九球各自的优势、特点融合为一体，并以和为贵的中国文化为主旨又赋予了更多的娱乐与智慧元素，将台球的尺寸、进球开口（十个）、台球的数量、规格、构造及规则等进行改进；由于其结合了世界各国的文化，很快就迅速发展成为今天风靡流行的中式斯诺克台球。1986 年，我国成立了中国台球协会，各省市也相继成立地方的台球协会。1960 年，举办了第一次全国台球赛。1985 年又在天津和上海先后举办了第二次全国台球邀请赛。1986 年 11 月又举办了第 2 次全国台球邀请赛。1994 年在北京第四十中学与星伟体育用品有限公司联合首次创办了台球运动专业班，得到了考生、家长和社会的青睐，并得到亚洲与世界台球联合协会的支持。为贯彻"中国台球走向世界，面向未来"的方针，培养国家急需的有文化理论和高技术水平的新型台球运动员、裁判员和管理人才。1995 年在台球专业班的基础上，正式成立了中国第一所"北京台球运动学校"。1996 年星伟体育用品有限公司又与北京体育大学联合创建了运动系台球项目，为中国培养高级台球专业人才创造了条件。

二、台球运动的分类

台球流行于世界各国，从不同的角度有不同的分类方法，可以从国度、台球的数量以及台球的击球技巧进行分类。首先按照袋口分为：落袋台球、开伦台球；按照国度分为：法式台球、英式台球、美式台球、中式斯诺克台球；按照规则及打法分为：斯诺克台球、8 球、9 球、3 球开伦、4 球开伦。

思考题：
1. 漂流运动的基本要领是什么？
2. 攀岩运动的注意事项是什么？
3. 高尔夫运动的界外球是如何界定的？
4. 台球的分类有哪些？

第六章 运动损伤与突发事件处理

　　旅游服务的工作不仅繁杂，且变化较大。它服务的对象是游客，是一个复杂的群体。因此对旅游人员处理突发事件的能力提出了更高的要求，不仅要具有专业知识，还要具有卫生防疫的知识。旅游人员在陪同游客旅游的过程中，为使旅游活动得以顺利进行，保护好游客的安全，应学习、掌握必要的卫生和保健知识。体育课通常可分为理论课和实践课两种类型。在实践课的各种身体练习的过程中，可通过一些突发事件对学生进行直接或间接的卫生保健知识的教育。本章主要介绍体育运动中的理论部分：运动损伤、突发事件处理以及卫生保健知识。如：脚腕扭伤后该如何处理；腿抽筋怎么办；出现中暑情况该如何及时治疗；出现骨折怎样处理等。这些无一不是在今后的工作中经常要运用到的知识，这些知识的掌握对以后更好地工作会起到非常大的作用。

第一节　运动损伤的基本处置手段

　　加强医务监督，提高自我保健意识。防止运动损伤的首要任务是医务监督。面红耳赤，大口喘气，满头大汗，说明运动负荷大了，应立即调节，采取减少练习次数，降低练习强度，缩短练习时间和距离等措施；面色发白，虚汗满面，走路摇晃，说明体力不支，应立即休息。在上、下午的最后一节课时，特别应注意自己的身体变化，此时大都是腹空肚饿，精力体力均不充沛了，所以要控制运动总量。

一、应急处置

　　发生损伤就会引起疼痛、肿胀、炎性反应等症状。为防止这些症状的加重所采取的应急手段即被称为"应急处置"。应急处置也被称为"RICE 原则"，主要包括：制动、冷敷、加压、抬高四个方面。

1. 制动

制动对于受伤的骨骼肌来说是不可缺少的。制动主要是立即停止运动，让患部处于不动的状态。运动终止后的制动可以控制肿胀和炎症，可以把出血量控制在最小的限度内。然后用石膏、拐杖或者支架把处置过的患部固定住。受伤后固定两三天，不仅可防止并发症的发生，而且对治疗也有一定的帮助。如果过早地活动患部，不仅会出现内出血等症状，还可能使其机能损伤进一步加重，使恢复时间拖得更长。

2. 冷敷

冷敷在应急处置中是效果最为明显的。因为冷敷既可以减轻疼痛和痉挛，减少酶的活性因子，同时又可以减少机体组织坏疽的产生，在受伤后 4~6 小时内所产生的肿胀也会得到一定程度的控制。冷敷还可以使血液的黏度增加，毛细血管的浸透性变少，减少限制流向患部的血流量。

3. 加压

在几乎所有的急性损伤中都采用加压包扎的方法，加压同冷敷和抬高一样都是最重要的处置手段。加压包扎既可使患部内出血及淤血现象减轻，还可防止浸出的体液渗入到组织内部。加压包扎有很多方法，可以把浸水的弹力绷带放进冷冻室，这样可同时起到冷敷和加压的作用。还可以使用毛巾及用海绵橡胶做的垫子来进行加压包扎。例如，踝关节扭伤时，可用"U"字形的海绵橡胶垫子套在踝关节上，然后用胶布或者弹力绷带固定。采用以上的加压包扎可以防止和减轻踝关节周围的浮肿。冷敷是间断性的而加压则在一天中都可以连续使用。

4. 抬高

抬高是把患部提到比心脏高的位置。同冷敷、加压一样，抬高对减轻内出血也是非常有帮助的。它不仅可以减轻通向损伤部位的血液和来自体液的压力以促进静脉的回流，而且患部的肿胀及淤血也会因此而得到相应的减轻。

二、应急处置的顺序

应急处置必须按照严格的顺序操作。

（1）停止运动，保持不动。

（2）掌握了解受伤的程度。

（3）在患部敷上冰袋。

（4）用弹力绷带把冰包固定住。

（5）把患部举到比心脏高的位置。

（6）感觉消失时或者 20 分钟后把冰袋拿掉。

（7）使用海绵橡胶垫子和弹力绷带做加压包扎。

（8）根据损伤的程度每一小时或一个半小时用冰袋进行冷敷直到患部的疼痛

得到缓解为止。

（9）睡觉时把弹力绷带拆去。

（10）睡觉时也要把患部举到比心脏高的位置。

（11）次日清晨重新进行一次应急处置。

（12）如果受伤严重，以上程序坚持做 2~3 天。

三、冷敷法的操作要领及注意事项

冷敷可使局部毛细血管收缩，减轻局部血管出血，有消炎、止血、止痛、皮肤散热、降低体温的作用。

冷敷的方法有两种，一种是用冰袋冷敷。在冰袋里装入半袋或三分之一袋碎冰或冷水，把袋内的空气排出，用夹子把袋口夹紧，放在发生损伤的部位。没有冰袋时，用塑料袋也可以。另一种冷敷法是，把毛巾或敷布在冷水或冰水内浸湿，拧干敷在患处，最好用两块布交替使用。若降体温时，可用毛巾或纱布包上冰块冷敷四肢、背部、腋窝、肘窝、腘窝和腹股沟等处，敷后用毛巾擦干。

冷敷时，要注意观察局部皮肤颜色，出现发紫、麻木时要立即停用。冷敷时间不宜过长，以免影响血液循环。老、幼、衰弱病人，不宜做全身冷敷。时间一长，毛巾或敷布等会变热，就失去了治疗作用，因此要经常更换。

四、热敷法的操作要领及注意事项

挫伤、肌肉撕裂伤、内出血等损伤发生时，开始用冷敷，2~3 天后恢复期时，为了促进血液循环，应使用热敷。

热敷能使肌肉松弛，血管扩张，促进血液循环，因此，它有消炎、消肿，减轻疼痛及保暖的作用。

热敷有两种方法。一种是用热水袋，水温是 60~80℃，以用手背试温不太烫为宜，将热水灌至热水袋的三分之二即可，排出袋内气体，拧紧螺旋盖，装进布套内或用毛巾裹好，放在患病部位。也可把盐、米或砂子炒热后装入布袋内，代替热水袋热敷。一般每次热敷 20~30 分钟，每天 3~4 次。另一种热敷法是把毛巾在热水中浸湿，拧干后敷于患病部位。在热毛巾外面可以再盖一层毛巾或棉垫，以保持热度。一般每 5 分钟更换一次毛巾，最好用两条交替使用。每次热敷时间为 15~20 分钟，每天敷 3~4 次。

不管用哪一种方法，都应注意防止烫伤，尤其是小孩、昏迷病人、老年人和糖尿病、肾炎等血液循环不好或感觉不灵敏的病人，使用热敷时，应随时检查局部皮肤的变化，如发红起泡时，应立即停止。热敷作为配合疗法除适用肌炎、关节炎、腰腿痛等运动损伤部位，还可用于初起的疖肿、麦粒肿、风寒引起的腹痛等。但是，各种内脏出血和关节扭伤初期有水肿时，当急腹症未确诊时，如急性

阑尾炎，面部、口腔的感染化脓，都禁用热敷。

对热敷和冷敷这两种湿敷法，要根据病情不同而选择使用，更要记住不同情况的处理原则。

第二节　常见的运动损伤处理与急救

一般性的运动损伤主要有扭伤、骨折、脱位、挫伤（跌伤）、肌肉拉伤、腱鞘炎等。下面对各种损伤的基本特点进行简单的介绍。

一、开放性软组织损伤

开放性软组织损伤是指皮肤表面受到摩擦后的损伤、撕裂伤以及刺伤和切伤等方面的伤害。

1. 擦伤

创口较浅、面积小的擦伤，可用生理盐水洗净伤口，创口周围用75%的酒精消毒，局部擦以红汞或紫药水，无须包扎。但面部擦伤最好不用紫药水。关节附近擦伤经消毒处理后，一般不采用暴露疗法，因为干裂易影响关节运动，一旦发生感染，也易波及关节。因此，关节附近多采用消炎软膏或多种抗生素软膏涂抹，并用无菌敷料覆盖包扎。对于出血比较严重的还要进行止血处理。

2. 撕裂伤

撕裂伤中，以头面部皮肤撕裂伤最为多见，如篮球运动中，眉弓被对方肘碰撞引起眉际皮肤撕裂等。若撕裂的创口较小，经消毒处理后，用粘膏或创可贴粘合即可。撕裂创口较大，则须止血，缝合创口。若伤情和污染较重时，应注射破伤风抗毒血清，并给以抗菌素治疗。

3. 刺伤和切伤

田径运动中被钉鞋或标枪刺伤，冬季滑冰时被冰刀切伤，其处理方法基本上与撕裂伤处理方法相同。

二、闭合性软组织损伤

闭合性软组织损伤指的是扭伤，主要是踝关节扭伤。为了避免出现踝关节扭伤，我们在运动前一定要做好准备活动。平时多加强踝部周围韧带肌肉的锻炼，多进行提踵跳及负重提踵练习，提高关节的力量和弹性。在跑跳练习中，强调脚掌着地的正确技术。当肌体处于疲劳和不良状态时，避免高难度动作的练习，减少运动负荷。

1. 扭伤

扭伤是运动中最常见的外伤，是指扭动关节时致使支撑关节的韧带受到伤害的损伤。关节活动范围超过正常限度时，附在关节周围的韧带、肌腱、肌肉撕裂面造成扭伤会引起血液及滑液流向关节囊而引起关节肿大，然后局部温度升高，有疼痛和发胀的感觉，皮肤发生变色。此时如果伸展肌腱、韧带、关节囊，很容易发生韧带的断裂和骨折。因为韧带和关节囊的血液量供给较少，所以需经过较长时间的治疗才能得到痊愈。各关节的周围都有很多的神经，所以扭伤时会感觉到非常疼痛。关节扭伤几次后，如果得不到适当的治疗，就会形成慢性的炎症、关节炎。

重度扭伤处理：应先止血、止痛。可把受伤肢体抬高，用冷水淋洗伤部或用冷毛巾进行冷敷，使血管收缩，减轻出血程度，减轻疼痛。不要乱揉和移动，防止增加出血。然后在伤处垫上棉花，用绷带加压包扎。受伤48小时以后改用热敷，促进淤血的吸收。

2. 踝关节扭伤

造成踝关节扭伤的原因为：运动前准备活动不充分，踝关节韧带的伸展性和弹性较差；脚着地技术不正确；跳起落地时身体失去平衡以及场地不平等。常见症状是：踝关节局部疼痛，迅速肿胀并逐渐延及踝关节前部，局部皮下淤血；跛行。当遇到这种情况时要立即停止运动，并用拇指压迫止血，检查韧带是否完全断裂。12小时内可用冰袋冷敷，加压包扎，防止毛细血管扩张继续出血，抬高患肢。24小时后，根据伤情可选用伤药外敷、理疗、针灸、按摩、药物痛点注射及支持带固定等。及早进行踝关节功能练习，如踝关节抗阻力活动、沙地上慢跑等，以加速踝关节的功能恢复。如果韧带完全断裂，应急救固定并送医院作进一步治疗。

三、户外损伤

户外运动时最容易出现损伤，一般情况下以外伤出血为主，但骨折的发生率也很高，因此，掌握外伤出血的处理方法，骨折后的快速包扎非常重要。

1. 外伤出血

一般外伤，锐性损伤较容易判断。锐性损伤受伤的部位一般就是着力的部位。表浅的伤口暴露较好，可能会有出血，容易判断。带上绷带和云南白药。学会清洁伤口，对无望保留的肌肉和皮肤要果断地用剪刀剪掉，用水和酒精清洁伤口，然后包扎。中国的云南白药、拔毒生肌散容易携带，比带消毒药水方便很多，直接倒在伤口上就行了。如果专业一点，可以带一个持针器、一个尖刀片和缝合针线。但记住，这些东西应与饱含戊二醛的消毒药棉放在一起，切不可用碘酊等。尖而长的物体造成的伤口表面可能无事，但可能有内出血。一般不可封

闭，如要包扎，包扎的范围一定要远大于伤口。如皮肤发蓝，触摸其下有波动感，要当机立断用尖刀扩大伤口察看。

2. 骨折

髋部或大腿骨折后需用"八"字形绷带将足踝与双腿都捆扎起来，这样可以防止断肢翻转或缩短。将一块夹板放于腿部内侧，另一块更长的夹板放于伤肢外侧，由胯部至足踝位，用绷绳捆扎固定。如果没有夹板，可在两腿之间夹上衬垫（折叠的毛毯或衣物都很理想），将伤肢绑扎固定于对称的另一条腿上。

膝部骨折时如果伤腿僵直，将夹板置于腿后。膝部加垫，如果有条件，用冰块冷敷膝部。如果伤腿弯曲，不要强行拉直，可将双腿并拢，腿之间加垫，用绷带扎牢。除非能得到及时的医疗援助，否则这都是权宜之计。如果没有希望得到外援，应尽可能将伤腿绑直。

小腿骨折要从膝上部开始固定夹板。或者在双腿间加垫、捆绑。将一块夹板放于腿部内侧，另一块更长的夹板放于伤肢外侧，由胯部至足踝位，用绷绳捆扎固定。如果没有夹板，可在两腿之间夹上衬垫（折叠的毛毯或衣物都很理想），将伤肢绑扎固定于对称的另一条腿上。

足部或踝部骨折，通常不用夹板，抬高足部以减缓肿胀。用枕垫或折叠毛毯包裹踝部及足部。踝部以上绑扎两圈，足部绑扎一圈。另外，如果没出现伤口，可以不必脱鞋，以提供固定作用，伤员足部不能负重。

骨折临时固定的注意事项：如为开放性骨折，必须先止血、再包扎、最后再进行骨折固定，此顺序绝不可颠倒。下肢或脊柱骨折，应就地固定，尽量不要移动伤员。四肢骨折固定时，应先固定骨折的近端，后固定骨折的远端。如固定顺序相反，可能导致骨折再度移位。夹板必须扶托整个伤肢，骨折上、下两端的关节均必须固定住。绷带、三角巾不要绑扎在骨折处。夹板等固定材料不能与皮肤直接接触，要用棉垫、衣物等柔软物垫好，尤其骨突部位及夹板两端更要垫好。固定四肢骨折时应露出指（趾）端，以随时观察血液循环情况，如有苍白、紫绀、发冷、麻木等表现，应立即松开重新固定，以免造成肢体缺血、坏死。夹板尽量选择平直和有一定韧性的。厚实的树皮用衬衣包裹是比较好的选择。坚韧，质轻，容易塑型。当然，固定是第一要务，切不可为了寻找较好的夹板而耽误第一处置时间。学会利用手头的装备，比带更齐全的装备更重要。

四、开放性软组织损伤的处理方法

开放性软组织损伤，一般都有不同程度的外出血，因此首先要及时止血，而后处理创口，以防感染。

1. 擦伤

小面积的擦伤，一般先用生理盐水或凉开水（也可用自来水）等冲洗伤口，

而后用红汞或紫药水涂抹伤口（脸部不宜涂紫药水），无须包扎；如果是关节部位较大面积的擦伤，注意不可用紫药水，可在创口上抹磺胺药膏或抗菌软膏，并用消毒敷料覆盖包扎，以防干裂影响关节活动；大面积、较深、严重擦伤或创口有异物的擦伤，应先用消毒镊子将异物取出，而后再进行创口处理。

2. 撕裂伤、切伤、刺伤

对于小的撕裂伤、切伤可用创可贴做简单固定；刺伤的创口一般比较深而小，可致使深层肌肉组织或内脏器官的损伤，有些刺入物还可能带入污物碎片，应先将其取出，再彻底清创、止血、消炎、包扎，同时应到医院用抗菌素治疗并注射破伤风抗毒血清，以防破伤风；对于撕裂伤、切伤、刺伤伤口大者，还需及时进行缝合和包扎。

五、闭合性软组织损伤的处理方法

闭合性软组织损伤包括急性损伤和慢性损伤两种。通常应按损伤的病理过程进行处理。

1. 急性损伤的一般处理原则

止动→止血防肿→活血散淤→消肿止痛。

止动。在闭合性损伤发生后，要"止动"的原因是：首先要检查有无合并伤，如：腹部挫伤后有无合并内脏器官破裂；头部挫伤后有无合并脑震荡等，要先处理合并伤，再处理软组织损伤。在确定无严重的合并伤后，进行下一步处理。

止血防肿。伤后 24~48 小时内，应进行冷敷、加压包扎、止动和抬高患肢。要停止伤部的活动或做局部固定，同时还应冷敷（如冷水浸泡或用冷毛巾敷患处，有条件的常用氯乙烷喷射表面，使局部组织降温和血管收缩，达到止血目的）、加压包扎（用棉花贴在患处，再以绷带加压包扎），还可外敷新伤药、内服止痛片（如跌打丸，七厘散），之后抬高伤肢，适当固定。

活血散淤，消肿止痛。受伤 24~48 小时后，可以开始在局部进行按摩、热敷、理疗等，促进组织的新陈代谢，加速淤血与渗出液的吸收，活血散淤，消肿止痛。当损伤基本恢复后，应开始适当地进行力量练习和肌肉、韧带的伸展练习。

2. 慢性损伤

慢性损伤的一般处理原则是改善伤部血液循环，促进组织新陈代谢，合理安排运动量。通常也采用按摩、热敷、功能锻炼等方法。

六、骨折和关节脱位的处理方法

体育运动中以四肢长骨的闭合性骨折为多见。骨折发生时有哗骨声，骨折发生后的症状一般都比较严重，主要表现为骨折处有疼痛、局部肿胀和皮下淤血，由于肢体失去杠杆和支持作用，导致功能障碍或失去活动能力。完全骨折后，局

部可出现畸形或"假关节",有压痛和震痛感。移动时可产生骨摩擦音,严重骨折常伴有出血和神经损伤,易产生休克,甚至危及生命。关节脱位时,局部有疼痛、压痛、肿胀、关节畸形和关节活动丧失的征象。

处理原则:抗休克→临时固定→送医院。如果出血,应止血→抗休克→包伤口→固定→送医院。即发生骨折或关节脱位后,都应首先止痛抗休克。对于开放性骨折,应先止血,再做局部无菌处理和包扎伤口,最后再就地取材,用夹板及绷带固定伤肢(非医护人员不能随意使用整复手法),简单处理后,应迅速送医院进行整复和治疗。

七、脑震荡

脑震荡发生后,会出现短则数秒、长则几分钟或更长时间的意识丧失。意识丧失时,呼吸表浅、脉搏稍缓、肌肉松弛、瞳孔放大但对称,神经反射减弱或消失。清醒后,患者不能回忆受伤情况、反应迟钝,并伴有不同程度的头疼、头昏、恶心、呕吐等。

脑震荡的处理方法是:立即使伤员平卧,头部冷敷,身体保暖。掐人中、合谷、内关等穴位,使昏迷者苏醒。对呼吸发生障碍的伤员,可做人工呼吸。对昏迷时间超过4分钟以上;两侧瞳孔大小不一;口、鼻、耳出血;眼球青紫及清醒后头疼、剧烈呕吐或又再度昏迷者,应立即送医院抢救。对短时间意识恢复的轻伤员,应尽可能使其平卧并送回住处休息,一般应卧床休息到头痛、头晕的症状完全消失。不宜过早参加运动,以免留下头痛、头晕的后遗症。

思考题:

1. 简述应急处置的顺序。
2. 简述冷敷法。
3. 简述热敷法。
4. 简述对脑震荡的处理方法。